信用评级机构监管法律问题研究

周俊杰 著

WUHAN UNIVERSITY PRESS
武汉大学出版社

图书在版编目(CIP)数据

信用评级机构监管法律问题研究/周俊杰著 .—武汉：武汉大学出版社,2018.10
ISBN 978-7-307-20590-1

Ⅰ.信… Ⅱ.周… Ⅲ.信用评级—法律监督—研究 Ⅳ.D912.280.4

中国版本图书馆 CIP 数据核字(2018)第 233389 号

责任编辑:林　莉　　　责任校对:汪欣怡　　　整体设计:汪冰滢

出版发行：**武汉大学出版社**　(430072　武昌　珞珈山)
(电子邮箱：cbs22@ whu.edu.cn　网址：www.wdp. com.cn)
印刷：北京虎彩文化传播有限公司
开本:720×1000　1/16　印张:14.75　字数:212 千字　插页:1
版次:2018 年 10 月第 1 版　2018 年 10 月第 1 次印刷
ISBN 978-7-307-20590-1　定价:49. 00 元

序

信用评级机构作为资本市场的“看门人”和“准监管者”，本应具有风险预警和稳定金融市场的作用，但其在次贷危机中不但未能发挥作用，反而推波助澜，使得整个金融市场更加动荡。从这次危机中信用评级机构扮演的角色不难看出，政府对信用评级机构的监管是不足的，仅仅依靠评级业的行业自律和政府的认证监管制度，不能满足资本市场发展对信用评级机构的监管要求。加强信用评级机构监管制度建设已经成为后危机时代完善金融监管法律制度的重要课题。正是基于这一思路，本书全面深入分析主要发达国家信用评级业监管的演进变迁和实践经验，着力厘清信用评级监管中的主要法律问题。其理论价值、内容创新及对实践的指导意义主要体现在以下几个方面：

第一，选题创新。由于我国的评级业仍处于发展阶段，国内对于评级业的研究特别是监管制度研究并不充分。然而，评级业在金融市场中的战略地位及其之于经济发展和经济安全的重要性是毋庸置疑的。因此，建立与我国经济社会发展相适应的较成熟的信用评级监管模式，对于形成稳定、有序的信用评级行业格局是十分重要的。这就有必要对评级机构监管这一问题进行全面深入分析，明晰监管中的主要法律问题，进而完善我国的信用评级机构监管法律制度。本书对此问题进行了初步探索，无疑对于推进我国信用评级业的健康发展以及法律监管体系的建立和实施具有现实意义。

第二，对评级机构监管框架的构建有所创新。本书在纵向上对评级机构监管制度的历史沿革进行分析，横向上对次贷危机后主要发达国家的监管制度变革进行比较分析后，梳理出评级机构监管制度中的四个主要问题，即市场准入、利益冲突、信息披露和法律责任，指出有效的监管架构应是对评级机构的全程监管：一是事前监管，即行业市场准入的监管，应建立合理的注册制度，在保证准入门槛的基础上采取不对称规制方式增加竞争，实现评级市场规模经济和有效竞争的双重目标；二是事中监管，应参照国际证监会组织的评级业务执业规范，重点加强避免利益冲突，增强独立性，应采取强制披露为主、自愿披露为辅的模式，强化评级信息披露，提高透明度；三是事后监管，即加强评级机构的法律责任，特别是在民事责任方面，应在“资本市场对评级信息的合理需求”和“投资者对于评级信息质量的合理期待”之间达成一种利益平衡，并对民事责任的确定标准以及对第三者责任和归责原则等难点问题进行了研究。

第三，关注监管变革的最新动态。当前各国对评级机构监管的制度变革正不断深化，本书对主要发达国家和国际组织关于评级机构监管的最新立法动态进行了跟踪，同时对于目前关于评级机构的最新诉讼案例也进行了跟踪研究，从而使得研究富有较新的信息含量，政策建议更具前瞻性。

当然，由于信用评级机构监管问题是一个非常前沿性的问题，不仅涉及法律理论研究，更具有非常广泛的政治经济方面的考量。而作者因学识、经验方面有限，研究中的错误与疏漏在所难免，还请学界同仁和广大读者批评指正。

目　录

引　言

一、论题的背景和意义

信用评级是指评级机构基于独立客观的分析，采用科学的评级模型和程序，就发行主体(或其发行的金融工具)的偿付意愿和偿付能力进行评估，并以简单直观的符号表示其评价结果并向公众发布的行为。信用评级与金融市场的发展息息相关，当金融市场发展至高级阶段，出现了众多形形色色的金融机构和不断创新的错综复杂的金融产品时，对于投资者而言，由于缺乏丰富的专业知识、足够的精力和充裕的时间对发行人及其产品进行全面的分析，往往难以作出正确的投资决策；对于发行人而言，迫切需要合适的渠道向投资者和监管部门传递表明自身优质的相关信息，防止因信息不对称而导致其融资需求遭遇逆向选择。信用评级机构作为信息服务中介机构，通过提供专业客观的评级报告，在投资者和发行人之间架起了信息桥梁，从而降低了市场交易中双方因信息不对称而产生的风险，有效缓解了投资者、监管部门等市场参与各方与融资者之间的信息不对称问题，充分发挥了对风险的提示、防范作用，提高了市场运转的效率和透明度，优化了市场资源的配置。评级机构也因此迅速成为金融市场不可或缺的重要组成部分。

自约翰·穆迪(John Moody)1909年对铁路企业债券进行评级以来，历经百年市场竞争机制的优胜劣汰，穆迪、标准普尔和惠誉等数家大型信用评级机构逐步建立了真实、公允、准确的良好声誉，也占据了评级市场的主要份额。而20世纪70年代美国建立的全国认可统计评级机构

(Nationally Recognized Statistical Rating Organization，NRSRO)制度，以及评级结果在金融监管规则中的广泛使用，进一步推动了信用评级机构的发展，赋予了其“准监管者”的职能，其评级结果直接影响或决定发行人的融资机会和成本、机构投资者的资产组合，以及受监管实体的合规成本。随着金融全球化的发展，三大机构的影响力也从美国国内延伸到了全球金融市场，逐步确立了其在全球金融市场上的霸主地位。

但是，近年来市场上连续发生信用评级丑闻，使得信用评级机构的独立性和声誉受到极大的质疑。1997 年东南亚金融中，穆迪、标准普尔和惠誉三家主流评级机构均未能提前预警；2001 年，排名世界 500 强第 7 位的美国安然公司在破产之前，其发行的债券一直被三大评级机构评为具备“投资价值”，但评级机构随后又在安然公司破产前迅速将其债券降为投机级，从而直接引发了安然公司的破产。在随后的世界通信公司案及意大利帕玛拉特案中，评级机构均有不良表现，其暴露出的问题已非偶然现象。

而在 2007 年春季始于美国次贷危机并蔓延至全球的金融风暴中，信用评级机构的不良表现再次将其推到了风口浪尖。2000 年开始，美国发行了大量的次级抵押债券，对于这些次级抵押债券，评级机构均给出了和传统抵押债券一样的最高信用评级，从而促进了该市场的迅速膨胀。但事实上，这种结构化金融产品的风险远高于传统债券，评级机构的评级并未起到风险提示的作用。2007 年春季，美国经济开始下行，评级机构先是调低了新发行的次级抵押债券评级，到了 7 月以后，对几乎所有的尚未到期的次级抵押债券评级予以调低，例如 7 月 10 日，穆迪调低了 399 种该类证券的评级，标准普尔将 612 种该类证券的评级展望调为“观望”，并在随后两天内对评级均予调低。这种大范围的调整迅速引起市场的恐慌，从而成为次级抵押债券危机全球蔓延的直接导火索。

评级机构一直被视为资本市场的“看门人”和“准监管者”，承担着风险预警和稳定金融市场的重要作用，但在次贷危机中，其作用未能发挥，反而引发了市场更为剧烈的波动。由此可见，当前各国对评级业的监管明显不足，仅凭行业自律或者简单的政府认证模式是无法满足资本市场发展对评级业的监管要求的。各国政府和有关国际组织纷纷对现有的信用评级机构监管制度重新审视。美国证券交易委员会(Securities and Exchange Commission，SEC)2008年起对评级机构展开了多项调查，并对《信用评级机构改革法案2006》作出了一系列的修改；2010年7月发布的《多德-弗兰克华尔街改革和消费者保护法案》设立专节对评级机构监管改革做出了框架性规定。2009年欧盟委员会出台了《信用评级机构监管规则》，并先后在2011年和2013年进行了两次修订。金融稳定理事会(Financial Stability Board，FSB)，国际证监会组织(International Organization of Securities Commissions，IOSCO)等国际组织纷纷就评级机构在危机中扮演的角色发表研究报告并提出改善监管的建议。各国监管当局和有关国际组织力求通过新的监管规则提高现有的信用评级监管水平，改善评级质量，从而恢复投资者信心和加强投资者保护。加强信用评级机构监管制度建设已经成为后危机时代完善金融监管法律制度的重要课题。

我国信用评级业从20世纪80年代末起步，经过多年发展，约有信用评级机构七十余家，从业人员两千余人，其中较具规模的有大公国际、联合资信、中诚信、远东资信等机构。但总体而言，由于起步较晚，并受制于我国经济发展水平和融资模式，我国信用评级机构无论规模还是经验都远不能和国外大型评级机构相提并论。同时，我国信用评级机构的法律监管体系尚未形成，难以实现对评级机构的有效监督和规范；信用评级机构行业目前处于多头监管之下，统一的市场监管体系尚未建立；缺乏行业自律机制，行业自律监管近乎空白。因此，我国信用评级业在面临加快发展任务的同时，强化监管的任务也同样重要，发展与监管必须协调并举，实现有效监管下的规范发展应是目标所在。有鉴于此，在对主要发达国家信用评级业监管的演进变迁和实践经验进行全面深入分析的基础上，明晰监管中的主要法律问题，进而对我国的信用评级业监管法律制度提出相关建议，无疑对于推进我国信用评级业的健康发展以及法律监管体系的建立和实施具有重要的现实意义。

二、国内外研究现状

国外对于信用评级业的研究大部分集中在经济学领域，多数集中在信用评级的作用、评级质量和评级方法等方面的分析，另有一些从产业组织学方面对评级业及其监管做出分析。多数的观点是，评级在资本市场中的作用日益重要，相应的评级机构的地位和权力也日益增加，因此应该对评级行为和评级机构加强监管。

Bottini(1993)认为信用评级机构存在的主要问题包括变更评级过于迟缓(时效性)、存在政治干预因素、主动评级、评级不准确且缺乏信息披露。信用评级机构之所以重要的原因在于评级广泛应用于监管，SEC 过于依赖评级以免除发行人在注册和披露方面的义务，建议由 SEC 负责评级机构的注册并对信用评级机构的认可提出基本标准，对信用评级机构实施有限的监管。他还对第一修正案与信用评级机构监管之间的关系进行分析，认为修正案致力于在保护信息的自由流动和免予伤害他人之间寻求平衡，由于评级信息越来越广泛地被个人投资者在投资决策中使用，SEC 也依靠具有准监管职能的评级机构的评级限制金融信息在公众中的传播，因此有限的监管没有违背第一修正案，从而保证联邦证券法可以继续提高对个人投资者的保护。

Partnoy(1999)分析了信用评级业的历史，认为声誉资本模型并没有得到历史和经济学分析的支持。就信用评级所包含的信息内容而言，他们并未维持良好的声誉，而他们之所以拥有强大的权力是因为他们可以出售监管许可证。拥有相应的评级就代表了符合监管的要求。建议可以通过一些市场化的措施代替监管中的信用评级。

Steven L. Schwarcz(2002)认为评级机构虽是私人机构，却在全球金融市场中发挥了重要作用，特别是在巴塞尔新资本协议的要求下，其作用更大，地位更高。因此，有必要建立有效的竞争机制和监管机制，促其发挥作用而不致失效。信用评级机构监管应有助于增加效率，通过增强评级机构的履职表现以消除评级机构不当行为的负面后果。

Fisch 和 Jacob(2004)讨论了安然和世通事件后对信用评级机构监管进行改革的呼声，分析了信用评级机构的角色及其服务对于市场参与者的价值，指出应立即对 NRSRO 的认可制度进行改革并加强信用评级机构的责任。

Hill 和 Claire(2004)分析了评级业的历史、商业模式和现有的监管架构，分析了安然事件中评级机构的表现，认为整体监管框架表现良好，只需要对认可制度进行改革。

Blaurock(2006)对美国、加拿大、比利时、荷兰等主要国家的评级机构监管进行了比较，他认为由于评级在经济领域和监管领域的广泛应用，评级机构拥有潜在的巨大的力量。但是，多数国家对评级机构和评级行为的监管都十分匮乏，巴塞尔新资本协议虽然强调了在银行资本充足率计算中外部评级的重要作用，但仅就外部评级认证提出了原则性标准，而各国在实践中对评级机构的法律责任的追究也遇到了明显障碍。单凭市场力量和自律机制无法保证评级机构的评级质量、可靠性和独立性，因而监管是必须的。IOSCO 的评级准则只具有劝说效力，更为有效的是建立法律监管框架。

Partnoy(2009)认为 2008 年次贷危机的主要原因在于评级机构并未真正发挥信息中介作用，整个金融市场对信用评级过于依赖。在次级抵押贷款证券化过程中，信用评级机构不仅提供有关资产化工具的风险，而且还利用其监管许可的便利帮助结构化融资者创造并维持结构化金融产品不符合实际的过高信用评级。这远远超过了标准的声誉模型中评级机构扮演的角色。建议未来将对评级的依赖最小化，通过消除监管许可和实施休克疗法消除投资者对评级的记忆。

Timothy E. Lynch(2009)分析了买方付费的盈利模式带来的利益冲突，认为历史和现实数据表明声誉并不能阻止信用评级机构屈从于外部压力以获得短期收益。他还审视了当时的信用评级机构监管制度——主要是 2006 年的法案和 SEC 颁布的监管新规，认为当时的监管要求并不能确保评级结果的充分精确和可信，在金融交易日益复杂模糊和内在联系日益紧密的背景下，无疑增加了评级机构潜在的因追求自身短期利益而损害公共利益的可能，同时也降低了投资者充分监督约束评级机构的能力。因此有必要寻求一种更为可靠的治理和监管机制确保金融的稳定和可持续发展，主要通过更多公共参与的治理模式维持金融稳定，提升作为私人部门的信用评级业为投资者服务的能力。

David J. Reiss(2009)首先分析了次贷危机的起源，他认为三大机构成为政府认可的金融市场看门人后，其对次级抵押债券的过高评级导致了该市场的泡沫。他还指出当前的改革很难弥补评级业存在的系统性与公共利益相悖的基础，监管者试图加强对市场重要参与者的监管，而保证对消费者的保护也同样重要。

Brigitte Haar(2013)认为欧盟现有的监管规则在民事责任方面没有很好地解决合同相对性的问题、侵权法下举证责任困难问题，以及过度责任情况下市场冻结风险的问题。由于一级市场的实际损失和源自二级市场再分配的损失的区别导致对评级机构民事责任问题的不同分析，他认为基于回吐利润原则确定的评级机构民事责任的限额，有助于充分平衡肆意评级给宏观经济带来损害与过度威慑所带来的市场冻结危险之间的矛盾。

Iris H-Y Chiu(2013)认为，欧盟《信用评级机构监管规则》兼有两个相互冲突的目标，一个是提高评级的准确性，另一个是恢复评级的市场约束，两个目标相互减损。该规则更重视对评级准确性的监管，试图建立一种产品监管模式，从而提高评级的公共利益福祉。但这是不合理的，也是与政策制定者致力于强化市场约束以提高评级质量和评级机构责任的目标不一致的，欧盟监管者应当重新审视这两个相互冲突的目标，制定并实施内在一致的监管制度。

国内对信用评级机构监管研究的专著较少。盛世平(2005)从美国相关案例入手，系统地对追究信用评级机构的法律责任的诉因、信用评级机构的抗辩和法院的观点进行了全面分析，并借鉴《美国公平信用报告法》中关于信用报告机构法律责任的态度，提出应根据“失职性违规”使信用评级机构承担相应法律责任的设想。高汉(2012)对评级机构的市场供给和需求进行分析，从经济学角度出发探讨了信用评级机构存在的主要问题，以此为基础分析出对评级机构加强监管的重要性，并对主要国家的相关监管举措进行了评价和分析。赵磊(2013)分析了美国信用评级失灵的原因，即资产证券化及资本市场本身存在的风险、信用评级机构面临的利益冲突以及投资者和监管部门对评级的过度依赖，提出单纯的声誉资本无法对评级机构施以有效的约束，防止信用评级失灵有赖于合理监管制度的制定和实施。

而在次贷危机爆发后，关于信用评级机构监管的论文逐渐增多。龚宇(2008)认为美国监管部门对信用评级结果的过分倚重使评级机构获得了强大的市场话语权，造成了其“权重责轻”的怪象。次贷危机将美国信用评级业监管体制之弊端暴露无遗。王彦鹏(2008)以深化金融创新为切入点，以评级机构的权力与管控权力的手段之对比分析为线索，进而揭示危机产生与发展的过程，认为在金融市场发生巨大变革的情况下，美国对于制衡评级机构权力的手段，无论是从行政监管还是民事或刑事责任追究来看，未能作出及时、有效的调整，是造成信用评级机构权力失控的原因所在。陈西怡(2008)的硕士论文通过借鉴证券信用评级制度较为完备的美国等国家的相关立法，对我国证券信用评级法律制度的构建以及证券信用评级法律制度中的监管模式、市场准入和业务规范、法律责任等相关问题进行了分析并提出相关建议。岳振宇(2009)指出国际信用评级屡屡失信，主要根源在于评级市场的垄断状态、不合理的收费模式、大量的利益冲突以及评级失信的法律责任缺失。要保证信用评级的客观、公正，必须完善信用评级准入制度、信用评级收费制度、信用评级利益冲突规避制度和信用评级的法律责任。陈三毛(2009)认为金融创新背景下的美国信用评级业其实存在着许多内在矛盾和困境。因此，增强评级市场竞争，改变现有的垄断市场结构；强化评级信息披露，提高评级活动的透明度；保证评级活动的独立性，促使评级结果的公正与客观等三个方面将是其监管政策未来的调整重点。罗平(2009)认为从晚近欧美信用评级机构监管体制改革的趋势来看，在监管规则中使用评级，必须首先确保评级质量，必须对评级机构进行实质性的监管。彭宇松(2009)对美欧信用评级业监管改革思路之比较进行分析，认为对信用评级的监管特许权和对行业竞争的认识不同导致了美欧不同的监管改革思路，根据中国评级业的发展现状，在较长一段时期内，欧洲监管模式对于建立中国信用评级业监管体制更具有借鉴意义。张强(2009)回顾了美国信用评级机构监管的历史变迁，指出信用评级机构监管中存在的问题，进而提出针对我国信用评级机构监管建议，认为应当从事前、事中、事后对信用评级机构进行全方位的监管，并通过建立行业协会加强行业自律。聂飞舟(2011)对《多德-弗兰克华尔街改革和消费者保护法案》颁布前后美国对评级机构监管规则的演化和发展动向进行了分析，对完善我国评级业监管制度提出了建议。赵艳阳(2011)的硕士论文从信用评级机构对第三人民事责任认定的难点入手，对责任的性质、归责原则、责任认定以及损害赔偿的请求权主体、承担主体和损害赔偿数额确定等方面进行了研究。彭秀坤(2012)的博士论文从信用评级机构的历史发展入手，分析了评级行业声誉资本机制失灵的原因，对美国、欧盟和国际社会其他成员的评级机构监管改革进行系统而深入的研究，对我国评级机构监管存在的问题及缘由进行了反思，主张我国未来评级机构的改革也应以加强监管为目标，重点对评级机构利益冲突、信用评级产品质量以及相应法律责任的法律制度进行构建。

三、研究框架

(一)基本思路

本书除引言和结语外共有七章，可以分成三个部分。第一部分是关于信用评级和评级机构监管制度的基本内容，包括第一章和第二章。这部分拟主要围绕这样几个问题展开：首先是信用评级机构如何而来，其法律地位如何。笔者通过对信用评级概念的分析，厘清了信用评级的构成要素，进而从经济学角度分析了信用评级存在的必要性及其主要作用，通过信用评级机构与征信机构、证券分析机构和财务审计机构的对比，指出了因他们在证券市场信息传递中所扮演的不同角色，相应的法律地位和法律责任也有明显的不同。其次是信用评级机构的权力从何而来。笔者通过对美国信用评级行业历史演进的分析，认为在声誉资本的作用下，信用评级业源自市场的权力被逐渐强化，评级业呈现寡头垄断局面，然而，当评级结果为监管规则所广泛援引后，信用评级机构相应地具备了准监管的公权力，此时，声誉资本的约束作用明显降低。笔者在对声誉资本理论和监管特许理论进行对比分析后，认为由于评级市场的自然垄断属性，评级机构作为私人组织却具有准监管者权力，评级本身的顺周期性等原因，对评级机构进行法律监管是有必要的。随后，笔者通过次贷危机后主要发达国家和国际组织对评级机构监管体制改革的对比分析，指出了当前监管变革的发展趋势和差异所在，一方面对评级机构强化法律监管已形成共识，在国际组织的协调下，监管规则有趋同的趋势，强化竞争，弱化对评级的依赖，增强评级机构的责任等都在各国监管规则中有所体现，加强对评级机构监管的跨境协调与合作也正在实施；另一方面，由于监管理念的不同，美国和欧盟的监管力度存在差异。综合以上分析，笔者认为目前情况下，自律监管和市场约束无法发挥正常作用，严格的监管制度对于评级业而言是合适的，法律监管为主、自律监管为辅已成为信用评级机构监管体制变革的大势所趋。

第二部分是全书的主体，重点分析了评级机构监管制度的核心问题，即如何监管，由第三章至第六章组成。

笔者认为从评级业的发展来看，目前存在几个突出矛盾。一是评级需求与供给的矛盾。金融市场的不断创新与发展，对评级的需求日益增长，但评级业是自然垄断行业，少量评级寡头垄断了市场的绝大份额，因此，市场中高质量信用评级的有效供给不足。二是评级机构具有的准监管权力和评级机构商事主体之间的矛盾。由于在监管规则中大量援引评级，评级机构具有了准监管者的权力，但是，评级机构作为私人企业具有天然的逐利性，当这种准公权力为私人主体所掌握，而又缺乏必要的法律约束和监督时，权力滥用则必然产生。三是在民事责任分担上评级机构与投资者的矛盾。评级机构始终认为评级作为一种观点受到言论自由原则的保护，投资者对评级报告的使用应当自负其责。而投资者则认为评级作为独立第三方专家的观点，对其高质量的合理期待是理所当然的，评级机构基于专家的信赖义务应承担相应的民事责任。因此，对评级机构法律监管的核心价值在于在新的市场环境下实现效率与安全的平衡。通过适度的市场竞争，尽可能地促进高质量信用评级的有效供给，确保市场效率；同时，对评级机构的行为加以合理约束，建立合理的责任分担体系，从而保护投资者的利益，维护金融市场的安全与稳定。

基于上述思路，本书第三章研究了如何完善信用评级准入制度以强化竞争，笔者在对评级市场垄断的成因及危害分析的基础上，指出由于评级市场的自然垄断属性，规模经济与有效竞争对市场的健康发展同样重要，因此，评级业的准入应当采取不对称管制措施，尽快缩小主流经营者和非主流经营者之间的差距，促进有效竞争的形成。笔者认为还应当重视建立科学的评级质量评估体系，消除监管对评级的依赖，从而适应评级业兼顾规模经济和有效竞争的双重要求。而通过明晰的认证制度规范评级机构的市场准入是对评级机构有效监管的首要环节。

第四章讨论了如何完善利益冲突规避制度以增强评级机构的独立性。笔者首先对利益冲突的产生原因进行了分析，特别指出在结构化金融产品评级中，发行人付费模式所引发的利益冲突被放大了，进而指出不管是评级分析师或者评级机构都面临诸多不可避免的利益冲突，因此对利益冲突进行规避和管理是保证评级独立性和公正性，提高评级质量的必然要求。笔者随后对美国和欧盟监管立法中有关利益冲突的规则进行了对比分析，并对三种替代发行人付费的方案的利弊进行了剖析。

第五章分析了如何完善信息披露以增强对评级机构的约束。笔者认为作为证券市场的重要组成部分，评级业的信息披露制度设计仍要坚持投资者保护和提高市场效率的双重目标，并对制约评级业信息披露效果的因素进行了分析，指出评级业的信息披露必须在双重目标中找准平衡点，披露得过于简单或是过于复杂均不可取。笔者随后对证券市场信息披露的演进进行了简要的回顾，并结合评级市场的情况对自愿披露和强制披露二者的利弊进行了分析，认为在现行市场条件下，评级市场的信息披露应以强制披露为主，以自愿披露为辅。

第六章探讨了评级机构监管制度中的核心问题，即如何完善评级机构法律责任体系问题。在分析美国有关案例的基础上，笔者认为构建合理的评级机构法律责任体系的关键在于，应在“资本市场对评级信息的合理需求”和“投资者对于评级信息质量的合理期待”之间达成一种平衡。而判定评级机构是否承担法律责任的标准应当是看其是否严格遵循了现行的执业准则，对被评对象提供的资料和信息履行了应尽注意之责。

第三部分是本书的第七章，在前述对国际信用评级监管法规和经验的比较分析基础上，笔者结合我国信用评级业的发展历程和现状，对我国现有的法律法规进行了检讨，并就我国信用评级机构监管的可行模式和应当重视的法律问题提出了建议。

最后是一个简单的小结。

（二）研究方法

本书尝试从经济学和法学的不同视角，综合运用交叉学科研究、比较分析、实证分析和系统分析等方法，对信用评级机构监管的法律制度和法律问题进行全面深入的研究。

交叉学科研究。信用评级机构作为证券市场的重要信息中介组织，对其法律监管势必涉及经济学相关领域的理论，无论是评级机构的产生，或是评级市场的自然垄断，以及利益冲突、信息披露等问题都有必要结合经济学角度的分析方能提出合理的法律制度设计。

比较分析法。本书既从评级机构监管制度历史沿革和变迁进行纵向分析，也对同一时期，不同国家和国际监管组织的监管改革进行横向分析，在对有关法律条文，学者论述进行充分深入的比较分析基础上，得出相应的观点和结论。

实证分析法。本书结合有关国家的案例，在实证分析的基础上，对评级机构的法律责任制度的构建提出了建议。

系统分析法。对评级机构的监管不是一个孤立的过程，而是一个系统的整体。本书注重系统分析，对评级机构监管事前、事中及事后各阶段中的主要法律问题进行了深入剖析，从而给出比较完整和全面的意见和建议。

第一章　信用评级与评级机构

随着市场经济的发展，人们从事经济活动由简单的物物交换、银货交换关系发展成为以借贷信用为依托的复杂经济关系，在金融市场中，信贷、债券、担保、保险、票据等均以信用为基础；由此也产生了违背信用责任和义务的信用风险，因而以评估信用风险，尤其是债务人偿债能力和意愿的信用评级制度便应运而生，作为一种解决信息不对称的制度安排，信用评级是市场经济发展到高级阶段的必然产物。

第一节　信用评级的概念与分类

一、信用评级的概念

(一)对信用的解读

信用在罗马法中对应的拉丁语是 Fides 及 Bona Fides。Fides 有信任、信义、诚实的含义，与英语中 credit，trust，faith，honesty 等词的意思基本一致或接近。而 Bona Fides 则被翻译为“诚实信用”。《牛津法律大辞典》将其解释为：“指在作为回报而得到或提供货物或服务时并不立即进行偿付，而是允诺在将来付给报酬的做法”，“当事人是否通过信用与另一方进行交易，取决于他对债务人的人格、偿还能力和提供的担保的评估。”①美国《布莱克法律词典》从两个方面对信用一词作了阐释：一是公司或个人及时借款或获得商品的“能力”(ability)，二是指债权人赋予债务人延期支付或承担债务缓期偿还的“权利”(right)。②

信用对民商事主体的权利能力和行为能力有着直接的影响。例如缺乏足够信用的民商事主体可能会受限进入特定市场进行交易。信用在此直接决定了其主体资格，成为了市场的准入凭证。同时，信用与民商事主体的财产利益密不可分，其专属性决定了当事人不可弃之亦不可与其自身剥离而单独转让，信用对民商事主体的依附性使之无法成为独立交易标的及财产利益。③

(二)信用评级的概念

信用评级源于“Credit Rating”一词，在我国还有“资信评级”“资信评估”等不同的译法。目前，我国主要监管机构所发布的有关监管法规中也没有加以严格区分。例如2005年的《证券法》第169条使用的是资信评级机构，中国人民银行2006年的《信用评级管理指导意见》使用的是信用评级，中国证券监督管理委员会2003年的《资信评级机构出具证券公司债券信用评级报告准则》中使用的是资信评级。因此，笔者认为上述均属同一概念，并无实质区别。本书采用信用评级这一译法。

2003年IOSCO的一份报告认为：信用评级是指对债务人能否按期偿还债务可能性的评估。④ 而在其2004年发布的《信用评级机构基本行为准则》中认为：信用评级是关于某一实体或者其信用承诺，债务或者债务类证券，或者发行人类似义务的信用的观点，这一观点通过建立一

---

① David M. Walker：《牛津法律大辞典》，李双元等译，法律出版社2003年版，第282页。

② Black's Law Dictionary(Fifth Edition). West Publishing Co, 1979, p. 331.

③ 刘迎霜：《公司债：法理与制度——以我国公司债法律制度梳理为中心》，华东政法大学2008年博士学位论文。

④ IOSCO. Report on the Activities of Credit Rating Agencies, September 2003, p. 3.

套标准的评级体系予以表达。①

美国证券交易法(Securities Exchange Act of 1934)将信用评级定义为对债务人或相关的特定证券、货币市场工具的信用的评价。② 2003年SEC的报告认为信用评级是信用评级机构发布的关于某一时期，特定的公司、证券、债务的信誉的观点。③

英国皇家银行学会将信用评级定义为："是一种对发行债券或者其他债务证券的利息按时全额支付的可能性，以及债务本金到期全部偿还可能性的量化判断或正式意见。信用评级由专门机构负责。长期债务的最高等级为AAA。"④

而国际三大评级公司的概念也各不相同，穆迪公司(Moody's)认为：信用评级是对个人偿债能力或者发行人总体信用质量的一种观点；⑤ 标准普尔公司(Standard & Poor's)认为：信用评级是对债务人某一特定金融债务、或特定融资计划的信誉的当前观点。⑥ 而惠誉公司(Fitch)认为：信用评级是关于某一实体履行金融承诺如利息、优先股息、偿付本金、保险索赔或者与交易对手的义务的能力的观点。⑦ 而在三大评级公司关于评级的说明中均表示，评级是一种观点，是分析师基于既定的标准和模型，对评级对象未来履约能力的一种主观判断，而非事实判断，

---

① IOSCO. Code Of Conduct Fundamentals For Credit Rating Agencies , December 2004, p. 3. 这一观点亦为欧盟证券监管委员会采用，Committee of European Securities Regulators (CESR), Technical Advice to the European Commission on Possible Measures Concerning Credit Rating Agencies, March 2005, p. 35。

② Securities Exchange Act of 1934, 15 U. S. C. § 78c(a)60.

③ SEC. Report on the Role and Function of Credit Rating Agencies in the Operation of the Securities Markets, January 2003.

④ 英国皇家银行学会(CIB)布莱恩·科伊尔编著：《信用风险管理》，周道许，关伟译，中信出版社2003年版，第371页。

⑤ Moody's. Moody's Rating Symbols & Definitions, June 2008, p. 1.

⑥ Standard & Poor's. Standard & Poor's Ratings Definitions, December 2008, p. 3.

⑦ http://www.fitchratings.com/corporate/fitchResources.cfm? detail=1, [2009-1-20].

因而不能用准确或者不准确来衡量。

美国《银行和金融大百科全书》的定义为：以一套相关指标体系为考量基础，标示出个人和经济体偿付其债务的能力（偿债历史记录）和意愿的值。① 这一定义涵盖两层内容，其一，信用评级不仅分析评级对象的资信现状，还需考察其资信历史；其次，资信评级要揭示评级对象在客观方面有无能力如期偿债，在主观方面有无意愿如期偿债。

日本学者黑泽孝义在《债券评级》一书中认为，债券评级的目的是"对债券能否如约偿还本例的可靠性程度进行测定（审查）并告知投资者，保护投资者免受情报不足而产生的损失"。② 这里强调的是信用评级的信息传递作用。

石新武在《资信评估的理论和方法》中指出："信用评级主要是指由信用评级机构根据科学的指标体系，采用严谨的分析方法，运用明确的文字符号，对各类经济主体和金融工具的资信状况进行客观公正的评估，并确定它的资信等级的一种评价活动。"③这可以说是一种狭义上的解读。

朱荣恩在《资信评级》一书中认为，信用评级是由专业的独立机构或部门，根据独立、客观、公正的原则，采用一整套科学的综合分析和评价方法，通过收集定性、定量的信息对影响经济主体（主权国家、地方政府、工商企业、金融机构等）或金融工具（债券、优先股、结构性融资、资产证券化、商业票据等）的风险因素进行综合考察，从而对这些经济主体或金融工具在特定时间内按时偿付债务（利息、本金、优先股股利等）的能力和意愿进行评价，并用简单明了的符号将这些意见向

---

① 欧志伟，萧维等：《中国资信评级制度建设方略》，上海财经大学出版社 2005 年版，第 35 页。

② 黑泽孝义：《债券评级》，梁建华等译，中国金融出版社 1991 年版，第 44 页。

③ 石新武：《资信评估的理论和方法》，经济管理出版社 2002 年版，第 10 页。

市场公开，达到为投资者服务目的的一种管理活动。① 这一定义对信用评级的主体、客体、原则、方法、内容和结果做了完整的说明。强调了评级的内容是对按时偿付债务的能力和意愿的评价。

综合以上分析，笔者认为信用评级可定义为：评级机构基于独立客观的分析，采用科学的评级模型和程序，就发行主体（或其发行的金融工具）的偿付意愿和偿付能力进行评估，并以简单直观的符号表示其评价结果并向公众发布的行为。

（三）信用评级的要素

1. 评级主体——专业的评级机构

自 1909 年穆迪公司首次开展债券评级以来，先后出现了很多评级机构，其共同特点是独立的法人机构通过分析师的专业化分析，独立、客观、公正地为市场参与者提供风险揭示服务。

2. 评级客体——债务人及其发行的债务

从评级机构的主要业务来看，评级的客体集中在债务主体（如主权国家、地方政府、工商企业、金融机构等）和债项（如债券、商业票据、优先股、结构性融资等）两个方面。由于穆迪等主要评级机构最早的业务集中在债券评级上，债券评级是信用评级最初和最基本的形式，因此，理论研究、监管规则在讨论评级客体时，通常将其局限在债券评级方面。②

3. 评级内容——债务人（债项）的偿债能力和意愿

自有信用交易以来，信用风险就伴随而生，因为在信用交易一方履行义务后，对方是否也会做相应的履行具有不确定性，这种不确定性就是信用风险的本质。③ 而信用风险通常只有当违约事件存在时才会发

---

① 朱荣恩，丁豪樑，袁敏：《资信评级》，中国时代经济出版社 2006 年版，第 17 页。

② 如无特别说明，本书的研究也主要围绕债券评级展开。

③ 信用实质上是一种可期待的利益，根源于交易双方的非同时履行，其作用在于保障交易过程中因双方不能同时履行而造成的暂时不平衡状态，逐步过渡到最终的平衡，从而保障先行给付一方的合法权益。

生，因而信用风险又被称为违约风险。债务人偿债能力和意愿与违约风险的程度直接相关，信用评级评价债务人偿债能力和意愿就是评价债务人违约的可能性。

4. 评级结果——用符号表示

通过简单明了的符号来代表评级机构的观点并揭示评级对象的违约风险，是评级机构得以为广大市场参与者认可的重要原因之一，不同的符号对应不同的风险水平，从而将复杂的违约可能用最直观的方式供投资者决策参考，提高了市场的运行效率。应当明确的是，评级符号所代表的只是评级对象的相对风险水平，不能理解为评级对象整体素质的高低。并不意味高信用等级的评级对象肯定不会违约，也不意味着低信用等级的评级对象肯定违约。即便是相同的评级，也只是表明其风险程度差异相对较小，但所反映的风险表现并不完全相同，揭示的风险因素也不尽相同。

5. 评级服务对象——市场相关参与方

评级最早是用于服务投资者的，评级机构的观点通过一定渠道（如出版物）向市场公开，从而达到为投资者服务的目的。随着资本市场的发展，评级的服务对象呈扩大化的趋势，监管部门，发行人，机构投资者都成为了评级服务的需求方。

除了上述要素外，在理解信用评级的概念时，笔者认为还应明确以下几点：

第一，信用评级仅仅只是对评级对象的信用（违约）风险的评价，而不涉及其他如利率风险、市场风险等情况。虽然信用风险是决定债券价值的重要因素，但不是唯一因素，其他因素仍会对债券价值产生诸多影响。因此，投资者在做投资决策时，评级可以作为重要参考指标，同时仍应兼顾流动性、收益性及投资风险偏好等因素进行综合考量。同时，信用评级只是对信用风险高低的相对评价，而不是违约可能性的绝对标准，高级别的信用评级并不意味着绝对不会违约，低级别的信用评级也并不意味着绝对违约，评级高低不是评判信用质量的绝对标准。

第二，信用评级是对未来的预期，是一种前瞻性的判断，即注重目前的信用实力和历史的信用记录，更注重未来影响其信用风险因素的分析，是一种基于量化模型的推算结合主观经验的判断，而非量化的结论，因而也存在预测风险、操作风险和道德风险。

第三，信用评级是反映特定时期、特定债务的到期偿付风险。因此，信用评级的结果具有一定的有效期，同一债务在不同时期的评级会有不同，由于特定的评级是根据一定的条件展开的，当评级对象的相关信息发生变化时，评级机构应及时跟踪并对评级结果进行调整。

二、信用评级的分类

随着金融市场的不断发展，评级的业务范围也逐渐扩大，经过了近百年的发展历程，逐步从早期的债券评级扩展至一个种类繁多的庞大的现代信用评级体系。一般而言，可以从以下几个方面来对信用评级种类进行划分。①

(一)债务人评级和债项评级

按评级对象的不同，可将评级划分为债务人评级和债项评级。

1. 债务人评级

债务人评级即对债务发行人的整体信用状况的评级，发行人通常包括主权国家、地方政府、工商企业和金融机构等。评级主要围绕发行主体的基本信用进行，其评级结果是债务发行方的基本信用级别，一般而言，这种基本分析都采用了“穿越周期”(through the cycle)的方法，即评级结果考虑了整个经济周期的变化情况，覆盖期限通常在3~5年以上，评级机构通过定期、不定期的跟踪评级来对主体评级级别进行监控。

2. 债项评级

债项评级主要是对金融工具(如债券、可转换债券、商业票据、优

---

① 朱荣恩，丁豪樑，袁敏：《资信评级》，中国时代经济出版社2006年版，第39~46页。

先股、资产证券化债券等)的按期偿付或履约的能力和意愿进行评价。债项评级的要素除了考虑债务主体财务状况外，还应对债券的契约条款进行分析，如募集资金的投入项目对债务人未来财务状况的影响，偿债保障措施以及其他条款等。例如，2003 年 8 月中国证监会发布的《资信评级机构出具证券公司债券信用评级报告准则》中要求，对证券公司债券评级应包括对发行人股权结构、业务及其特点的分析；对受评债券的主要条款及有关偿债保障措施的分析；对证券行业状况、发展趋势、行业风险及其对发行人的影响的分析；对发行人风险因素的分析；对发行人及其董事、监事、经理及其他高级管理人员过去三年内发生的违法违规及违约事实的分析；对发行人财务状况的分析，重点分析发行人的债务结构、资产质量、盈利状况、现金流状况、关联交易及其对发行人财务状况的影响，判断其财务风险；发行人募集资金投向对发行人未来的财务状况、债务风险等方面的影响，以及项目实施可能出现的风险分析；有关偿债保障措施对受评债券风险程度的影响的分析；发行人履行债券义务的能力、可信程度和抗风险能力的分析等。

债项评级和债务人评级在评级指标和分析重点等方面存在一定的差异，债项评级中，由于相关条款(如债券的优先级别、抵押/担保条款等)已经确定，评级结果除了反映债务的违约可能性(违约率)外，还应对债务违约后的损失情况(违约损失率)有所揭示。而债务人评级中，是对债务人的整体信用状况情况进行评级，在没有具体的债务契约的前提下，评级结果一般只反映债务人违约的可能，而无法对违约损失情况进行量化。由于不同评级对象分析的要素有所不同，债务人评级的结果对债项评级只是参考因素之一，没有决定性影响。

(二)非请求类评级和请求类评级

按评级对象接受评级的意愿不同，可将评级划分为非请求类评级(unsolicited ratings，也有译成主动评级)和请求类评级(solicited ratings，也有译成被动评级)。

这里的请求和非请求是针对评级机构而言的，如果是评级对象邀请评级机构进行评级的，称为请求类评级。在这种情况下，评级对象主动参与评级过程，评级机构可从评级对象处获得详细、全面和可靠的信息资料，所得出的评级结果也较为准确。

非请求类评级则是评级机构根据自己收集的公开信息对评级对象开展评级。例如，目前主要评级机构发布的主权国家评级基本属于非请求类评级。在这种评级情况下，由于评级机构只能根据已有的公开信息开展评级活动，评级对象介入程度不高，因此，评级机构赖以做出评级结论的信息资料可能片面、不完整，所得出的评级结果可能会有所偏差。为了让投资者对于评级结果有一个充分的了解，监管部门通常都要求评级机构在发布评级结果时应当明确表示是否为非请求类评级。

(三)短期评级和长期评级

按评级所覆盖的期间不同，可将评级划分为短期评级和长期评级。

短期评级对象，其债务通常在一年内到期，如商业票据、资产支持商业票据、大额存单等；而长期评级对象，其债务期限一般超过一年，如公司发行的长期债券、中期票据、资产证券化产品等。一般而言，投资者对短期评级使用的首要目的是确定那个发行者有可靠的信用保证，能最大程度地避免信用风险，以保证债券到期时能收回本息。而投资者使用长期评级的主要目的在于评估债券将来违约可能性大小，以确定需要多少的风险报酬来弥补金额能遭受的信用损失。

(四)其他评级品种

评级机构在长期的经营过程中，为了应对金融创新的需要和满足市场参与者的需求，开发了一些新的服务品种，典型的如惠誉公司和标准普尔公司推出的挽回率评级(Recovery Rate，RR)、公司治理评级(Corporate Governance Assessments，CGAs)，穆迪公司开发的财务报告评估(Financial Reporting Assessments，FRAs)、流动性风险评价(Liquidity Risk Assessments，LRAs)、风险管理评估(Risk Management Assessments，RMA)、表外评估(Off Balance Sheet Assessments，OBS)等。

第二节 信用评级的经济学解读和作用

信用评级机构之所以能够在二十世纪初产生并发展成为全球资本市场中具有“看门人”和“准监管者”地位的不可忽视的力量，与经济学研究中的三个前沿理论——信息不对称理论、博弈论和交易成本理论密不可分。

一、信用评级的经济学解读

评级的产生与信息不对称理论密切相关。对信息不对称与逆向选择问题的研究作出首要贡献的是乔治·阿克尔洛夫(George A. Akerlof)。1970年他在《经济学季刊》中阐述了质量不确定性与市场机制的关系，并形象比喻为“柠檬问题”。他以二手车市场为例研究，说明在不规则的市场中，买者如果无法观察到商品的内在质量，那么卖者就会以次充好。由于信息的不对称，将最终导致高质量的产品从市场中退出，而只有低质品仍留在市场中，结果造成市场萎缩。由于柠檬问题的存在使得市场中的交易风险变得不可预期，从而使得市场交易成本增加，而改善信息不对称的局面将有利于交易的达成和促进市场发展。① 随后，斯蒂格利兹(Joseph E. Stiglitz)将信息不对称模型引入了保险市场和信贷市场，他的研究证明，由于在信贷市场中的交易要跨越时空，接受信用一方对提供信用一方的价值回报存在滞后性，两者之间的信息不对称会导致逆向选择和道德风险。② 由于融资双方在融资的事前、事中和事后阶段都有信息不对称的情况，贷款人不能充分了解贷款的实际用途和风险

---

① George A. Akerlof. The Market for “Lemons”: Quality Uncertainty and the Market Mechanism, The Quarterly Journal of Economics, MIT Press, 1970, Vol. 84 (3), pp. 488-500.

② Stiglitz. J. E., Weiss. A.. Credit Rationing in Markets with Imperfect Information, American Economic Review, 1981, Vol. 71, pp. 393-410.

高低，也缺乏对资金运营的有效控制手段，这就有可能导致借款人挪用资金进行其他利润率更高、但风险也更大的项目，导致偿债风险增大。在这种情况下，信息不对称程度越高，导致逆向选择和道德风险的可能性也就越大，久而久之就会在信贷市场上产生恶性循环，造成整个信贷市场信誉度降低，市场萎缩。而贷款人之间如果能够有效地分享借款人的信用信息，将有助于提高信贷市场的效率。信用评级业则可凭借其较高的信誉度和专业、科学的评级技术和流程对融资市场各方的信用度进行评价，并在整个市场中发布其评级结果，客观上起到了引导市场投资导向的作用，促进各市场参与者按其信用度优胜劣汰，推动市场良性健康发展。

而博弈论则认为，市场中的每个参与者都在寻找对自己最优策略的过程中形成了市场的均衡状态。帕加诺(Pagano)和贾佩里(Jappelli)通过实证考察和分析，其研究结果表明，解决信贷市场中信息不对称问题的一个有效手段就是建立贷款人之间有关债务人信息的信用分享制度。① 由于信息不对称，信贷市场中的金融交易实际上是一个博弈过程，在一次性博弈或次数有限的博弈中，欺诈发生的可能性较大。但是如果将个体之间的有限博弈转化为个体与整个社会的博弈，博弈次数就会成倍放大。而信用分享制度将这一转化变为可能。信息分享程度越高，信贷数额就越大，征信系统的运营成本越低，市场参与者的数量也就越多。在良好的信用环境中，单个参与者的一次不守信行为可能会获得额外收益，但通过信用分享制度，其他参与者可以很快了解这一情况并在以后的交易中拒绝对它提供信用，失信的交易者由此会被孤立并付出远高于额外收益的交易成本。因此，对于每一个市场主体而言，其最优策略就是守信并防范失信行为。与此同时，由于市场中对交易对手信用的信息需求是内生的，相应的整个市场对信用服务的需求也会增加，这自然会催生信用评级机构的出现和发展。

---

① Pagano Marco, Jappelli Tullio. Information Sharing in Credit Markets, Journal of Finance, American Finance Association, 1993, Vol. 48(5), pp. 1693-1718.

交易成本理论认为，交易费用的存在是企业产生的根本原因。① 由于市场中交易双方需要相互了解交易对手的信用状况，这一工作可以自己完成，或者委托一个具有较高信誉度的中介机构完成，但都必须付出相应的交易成本，包括人力成本、时间成本和机会成本等种种代价。如果自己完成比委托中介机构完成所需交易成本高，那么交易方就会委托中介机构提供所需的服务。对于资本市场而言，该特点就更为显著。由于其规模优势，信用评级机构作为市场中的信息中介，能够使得各个市场参与者以较低的成本获得自身所需要的信息，从而降低了整个社会成本，增加了社会福利。交易成本理论有效地解释了对于信用信息的潜在需求如何转化成为了现实需求，并阐释了评级机构产生和发展的经济基础，因为基于交易成本理论的分析，评级机构的出现有利于节约交易成本，提高市场运行效率，是社会分工的必然，也是符合经济规律的。

二、信用评级的作用

信用评级的核心功能在于对市场信用风险作出独立、客观和科学的评价，从而改善投资者和发行人之间信息不对称情况，增强市场的透明度，降低市场的交易成本，提高市场运作效率。根据美国证券交易委员会 2003 年 1 月发布的报告，信用评级对投资者及证券市场的健康运行均有着非常重要的作用。② 而罗伊(Roy)和瓦特尔(Walter)的研究表明，信号传递作用和证明作用是评级的主要作用。信号传递作用指评级结果包含了新的信息或者是将现有的信息加以综合，提供给市场，由于评级与一定的信用水平相关，高信用级别可以降低发行方的筹资成本并提高投资者的组合效率。而证明作用指特定债务的发行符合一定的条件，如

① R. H. Coase. The Nature of the Firm, Economics 1937, New Series, 1937, Vol. 4, No. 16, pp. 386-405.

② SEC. Report on the Role and Function of Credit Rating Agencies in the Operation of the Securities Markets, January 2003.

SEC 指定的债券上市条件，基金委托方制定的投资战略组合等。①

（一）对投资者的作用

在金融创新日渐深化的大背景下，资本市场中的金融创新工具大量涌现，投资者在选择机会扩大的同时，也面临日益增加的金融风险。由于投资者收集和分析信息的能力有限，不能像评级机构那样有效和高效地评估信用风险，因为评级机构具有规模经济等比较优势，可以站在全局性与整体性的宏观架构，纵截面与横截面交织的角度，来分析各层次机构的信用，远非一般分析机构或是个体投资人所能望其项背。② 通过评级机构的专业服务，投资人不用花费额外的精力和时间就同一投资项目进行信用风险分析，从而可以选择符合自身风险偏好和承受能力的投资品种；并能根据简单的评级符号就不同主体、不同行业、不同类型的证券进行风险度量，从而可以帮助投资者选择进入不同的投资行业和领域；同时，评级机构的评级有时还会提供一些一般投资者无法获得非公开信息，因为发行人会向评级机构提供一些非公开信息以便评级机构能获得更多的信息从而给出合理的信用评级，③ 这显然是投资者乐于接受的。特别是在资产证券化背景下，对于那些复杂的结构化金融产品，会要求大量的信息资源和复杂的分析，投资者基于自身能力和资源限制，对于评级结果的使用有助于在保证资本安全的前提下实现收益的最大化。对于机构投资者而言，尽管多数有自己的信息来源和分析师进行分析，但仍会将评级结果作为复核其内部评级的参考信息。

评级结果还在一些贷款合同、债券发行合同中发挥重要作用。在这些合同中通常会设定与评级结果挂钩的条款，当交易对手的信用评级下降到一定等级时会触发相关条款生效，例如加速债务的偿付，提供额外

---

① Roy C. Smith &Ingo Walter. Rating Agencies：Is There an Agency Issue，NYU Working Paper No. FIN-01-003，2001.

② 郭敏华：《信用评级》，中国人民大学出版社 2004 年版，第 7 页。

③ Philippe Jorion. Informational Effects of Regulation FD：Evidence from Rating Agencies，76 J. FIN. ECON. 309，2005.

抵押品，利率增加，以及事先约定的更为严格的举措等。这就是“评级触发条款”（rating triggers）。① 使用“评级触发条款”的目的是保护投资者不受信用恶化的影响，帮助他们在发行人面临破产或违约可能时，可以得到一定的担保并尽可能地挽回损失。而对于发行人而言，如果使用“评级触发条款”，投资者会接受较低的利差或利率，从而降低发行成本。根据穆迪公司 2001 年的一项调查，在 771 个信用登记高于 Ba1 的美国发行公司中，只有 12. 5%没有在债券发行时设立“评级触发条款”。在剩下的 87. 5%中，一共设立了 2819 个“评级触发条款”。②

（二）对发行人的作用

对于发行人而言，信用评级既是进入资本市场的通行证，也是降低融资成本的重要工具。目前，许多国家规定评级是企业获准发行债券的先决条件，通过信用评级宛如经过品质认证所获得的标签，可以有效降低信息不对称所带来的认知风险。而信用等级的高低直接决定了融资成本和数量，高等级的信用可以帮助企业较方便地获得投资人的信赖和金融机构的支持，从而降低投资者所要求的必要报酬率。一般而言，债券利率由两块组成，即无风险的市场利率和投资者认可的违约风险利率，而违约风险利率直接与评级结果挂钩，随着评级等级提升，违约风险利率就会降低，因此，获得较高的信用级别就意味着融资成本的下降。

美国有许多法律规定获得较高等级信用评级的证券发行人可以获得一定的优惠措施，主要包括降低投资门槛，减少注册成本，特定法律限制的豁免等。例如 1933 年《证券法》规定发行人在直接融资时可以采用三种注册登记形式，其中，对于持有特定等级的证券或者债券的发行人可以选择适用其中的优惠登记方式，该登记方式可以提供包括申报和简

---

① George Anders. Now, Even Borrowers with Good Credit Pose Risks, WALL ST. J. , Dec. 19, 2007, at A2.

② The Unintended Consequence of Rating Triggers, Moody's Investor Service, December 2001.

易注册在内的优惠措施，从而大大降低企业融资的法律成本。①

（三）对监管部门的作用

金融监管的首要目标在于防范系统风险，通过维护关键机构和市场的稳定实现金融体系的稳定。而信用评级具有风险揭示和预警的功能，评级结果已经被证明与违约率和风险分类高度相关；同时在电子出版物已广为应用的时代，评级可以广泛获得而不会增加市场参与者的直接成本；评级机构的跟踪评级可以满足持续监管的需要；评级是以声誉为基础的，是增强市场信心的理想工具。基于以上原因，评级顺应了监管的需求，因而被纳入监管规则之中，成为金融监管部门的重要监管工具。例如，监管部门会对达不到一定信用等级的债券不予批准发行，以最大限度地避免或减少劣质债券进入市场；还可根据债券信用等级的高低，核准债券的发行利率。因而，信用评级结果为监管部门管理资本市场提供了参考。信用评级的存在，大大减少了监管部门的检查与管理上的负担。否则在市场参与主体和金融创新产品层出不穷的背景下，监管部门的检查成本之高、人力物力需求之重、效率之差，不难想象。

目前，以评级为基础的监管规则主要集中在以下四类：

第一，与投资限制相结合。根据信用评级，限制被监管机构的投资范围，禁止被监管机构持有未评级或低评级的产品，从而减少资产组合的风险。例如意大利不允许货币市场基金投资于评级等级低的证券，智利和墨西哥对养老金设定了以评级为基础的投资限制。②

第二，与资本要求相结合。监管机构会根据被监管对象相应资产的信用评级，决定单个资产的风险权重以及相应的资本要求以应对违约风险。例如美国货币监理署规定，银行持有评级“BBB”或更高的债券时，

---

① 李曜崇：《对信用评等做法律评等——台湾与美国信用评等机构法制建构之比较研究》，《台湾致理法学》2012 年第 1 期。

② 谢平，徐国平：《运用信用评级原理加强金融监管的探讨》，《管理世界》2004 年第 1 期，第 127 页。

可按票面价值记账，持有评级较低的债券时要冲减市值，相应的损失从资本金中抵扣。①

第三，与信息披露相结合。对于获得相应评级的被监管主体，监管机构会适当降低其披露义务，使得低风险的公司免予不必要的监管。例如美国 SEC 曾规定，属于投资级的发行公司，在披露事项上所受到的各种规范较非投资级的公司更为宽松。②

第四，与发行市场准入相挂钩。例如美国要求外国政府在美国发行债券前必须先取得信用评级。日本要求各种债券须达到一定评级以上方可发行。③

第三节 信用评级机构

美国证券交易法(Securities Exchange Act of 1934)将信用评级机构定义为：任何人(1)采取免费或合理收费方式，通过网络或其他易于获得的方式从事发布信用评级业务(不包括信用报告公司)；(2)采用定性、定量的模型进行信用评级；(3)向发行人，或者投资者，或者其他市场参与者收费，或者兼而有之。④ 2006 年《信用评级机构改革法》重申了这一定义，该条款明确了信用评级机构是以盈利为目的的商事主体地位，所以评级机构应对自己的行为独立承担法律责任。

尽管信用评级机构从事的是证券市场信息中介服务，但是其在法律地位上与其他中介服务机构如证券分析师，注册会计师有很大的不同。在美国，信用评级机构通常被视为出版商，享有言论自由，并受到宪法第一修正案的保护。NRSRO 对于债务类证券，可转换债券，以及优先

---

① 谢平，徐国平：《运用信用评级原理加强金融监管的探讨》，《管理世界》2004 年第 1 期，第 127 页。

② 郭敏华：《信用评级》，中国人民大学出版社 2004 年版，第 25 页。

③ 郭敏华：《信用评级》，中国人民大学出版社 2004 年版，第 25 页。

④ Securities Exchange Act of 1934，15 U. S. C. 78c(a)61.

股的评级并不被视为制作或认证招股说明书的一部分,① 从而免予1933年证券法Section 11上除欺诈以外的其他民事责任。② 而评级机构也宣称他们的核心业务是金融信息出版，他们的主要业务活动如同记者一样，是收集公众关心的信息，分析这些信息并形成观点，然后向公众分发。评级应当被视作观点的陈述而非事实的陈述。这一观点，在以往的案例中得到了法院的支持，1999年橙县诉麦克格雷希尔出版公司(County of Orange v. McGraw Hill)一案中，法院就认为：很明显，出版证券评级报告为投资者提供了公共服务，符合公共利益，除非能证实金融信息出版机构具有恶意，否则不得因为这些出版机构关于证券评级的报告或其他出版物中含有错误信息为由对他们进行诉讼或提出索赔主张。③ 下面就信用评级机构与其他信息中介服务机构作以简单的比较。

一、信用评级机构与征信机构的区别

二者同属于广义的征信业，即征集信用信息并加工成信用产品的服务商。但由于信用产品的质量要求不同，狭义上将信用评级机构划为评级业，而将企业信用调查公司和消费者信用调查公司划为征信业。评级业的信用产品主要依据客观存在加上主观分析判断，运用科学合理的评估方法、模型对信息进行识别、加工和定性定量的分析，并用精确的等级表示出来，使信用产品实现质的升华；征信业的信用产品则主要是对客观存在的原始描述，基本属于原始资料的集合，较少采用分析技术，而只使用调查手段。因此，征信业的信用产品(信用调查报告)对信用风险的揭示功能远不如评级业的信用产品(评级报告)，相应的征信业

---

① Rule 436(g)(1) of the Securities Act of 1933, 17 C. F. R. § 230.436(g)(1).

② See Financial Oversight of Enron: The SEC and Private Sector Watchdogs, Report of the Staff to the Senate Committee on Governmental Affairs, at 105, Oct. 8, 2002.

③ See e. g.. County of Orange v. McGraw Hill, 245 B. R. 151 (C. D. Cal. 1999).

的成本，操作规程和人员素质要求也远低于评级业。在服务方式上也有明显不同，评级有主动评级和被动评级，评级结果一般应公开发布；而征信过程中，被调查对象通常处于被动状态，信用调查报告一般只提供给委托方，不需要向社会公开发布。①

二、信用评级机构与证券咨询机构的区别

首先，二者的法律地位不同，根据美国 1940 年《投资顾问法》，“投资顾问”是指任何人包括自然人与法人，为获取报酬，直接向他人或通过出版品、论著的方式提供关于有价证券的价值或证券投资、买入、卖出或以发行有价证券的分析、报告，并以此为其经常性业务的任何人。凡符合该规定的受领报酬、借由直接或间接的方式提供咨询顾问、推荐建议、或发行有价证券相关分析报告，及以此为营业者的三个要件的，即法律规定的投资顾问。② 而根据美国法院的判例，信用评级机构被视为出版机构，发布的评级被视为不可诉的观点，属于善意、一般性及定期性出版的报纸、杂志，或其他商务、金融出版品，被排除于投资顾问的定义之外，而无需依该法注册，也不受投资顾问法的管制。③ 其次，信用评级一般只对债券或债务类证券进行分析，④ 而证券投资咨询主要对股票进行分析。前者是基于资本市场中债务人违约风险作出的债务人能否及时偿付利息和本金的评价，一般不会对证券价格作出评论；后者是就股票的价值及基于股票的价值分析所进行的投资判断（指可作为投资对象的股票种类、名称，数量、价格、买卖方法及时机

---

① 欧志伟，萧维等：《中国资信评级制度建设方略》，上海财经大学出版社 2005 年版，第 23 页。

② The Investment Advisers Act of 1940, 15 USC §80b-1.

③ The Investment Advisers Act of 1940, 15 USC §80b-2(a)(11)(A)-(F).

④ 目前穆迪公司明确表示不对普通股进行评级，但是标准普尔公司却采取了“股票编列”的方式针对股票的升值潜力、分红能力大小、股票交易风险等方面作出单独或综合评价。由于其评价标准与传统的信用评级相去甚远，学界对此类新兴的评级业务尚存争议，并没有将其统一纳入信用评级的范围。

的判断)。第三,收费模式也不同,信用评级目前主要是发行人付费模式(issuer pay model),而证券投资咨询主要是投资者付费模式(investor pay model)。

三、信用评级机构与会计师事务所的区别

二者有一定的相似点,但也存在较大区别。他们都基于独立、公正、客观、科学的原则,对评级(审计)对象的会计报表和财务资料进行分析,并做出结论,承担相应的专家义务。① 但会计师事务所主要是对审计对象的财务活动和会计核算是否符相应的会计准则和有关会计制度进行审查,注册会计师提出的审计报告要对被审计对象会计报表的合法性、公允性和会计处理方法的一贯性,发表审计意见并承担法律责任,其审计对象是公司自身的历史资料,且被审对象的财务报告是以权威性机构制定的会计准则为依据编制的,审计过程又以权威性机构制定的审计准则为准绳,因此,更多的是对事实的一种判断和确定。而评级机构则是根据评级对象提供的信息资料,基于客观事实所作出的,对评级对象未来履约能力和可信任程度的预测和主观判断,评级的准确与否在很大程度上取决于评级对象提供的基础信息的准确性和评级机构所采用的评级模型和方法的可靠性,而评价结果受多种因素共同影响,既有公司自身的又有公司以外的,既有历史的也有未来的,而且评价和判断技术没有权威性的规范作为准绳,评价结果可能会随环境的变化而变化,从这一角度而言,相较于审计报告,评级报告的主观分析成分和预测成分更多,而其所面临的不确定性也更大,相应地所承担的法律责任

---

① 《中华人民共和国证券法》第 173 条规定:"证券服务机构为证券的发行、上市、交易等证券业务活动制作、出具审计报告、资产评估报告、财务顾问报告、资信评级报告或者法律意见书等文件,应当勤勉尽责,对所依据的文件资料内容的真实性、准确性、完整性进行核查和验证。其制作、出具的文件有虚假记载、误导性陈述或者重大遗漏,给他人造成损失的,应当与发行人、上市公司承担连带赔偿责任,但是能够证明自己没有过错的除外。"

也不应严于注册会计师。这也是为何美国在安然事件之后，通过《萨班斯-奥克斯利法案》(Sarbanes-Oxley Act of 2002)加重了对公司的总裁、审计委员会和会计师事务所的法律责任，但对评级机构的法律责任仍持审慎态度的原因之一。

尽管评级机构与传统意义上的金融市场信息中介组织有这样或那样的不同，但笔者认为这并不改变其作为从事特殊金融信息服务的专家型中介服务机构的商事主体地位。

说其是商事主体，是因为世界范围内评级机构普遍是具有独立法人地位的盈利机构，追求利益最大化为其主要目标。在我国，证监会2007年的《证券市场资信评级业务管理暂行办法》第9条要求申请证券评级业务许可的资信评级机构，应当向中国证监会提交包括企业法人营业执照；公司章程；股东名册及其出资额、出资方式、出资比例、背景材料，股东之间是否存在关联关系的说明；高级管理人员和评级从业人员情况的说明及其证明文件在内的材料。从所要求提供的材料来看，评级机构具有明显的营利性，而其提供的评级产品虽具有“准公共产品”性质，但仍属商品，评级机构无疑是我国公司法所规定的商事主体。

说其是专家型中介服务机构，是因为评级机构是由专门的经济、财务、法律等方面专家组成的对证券发行人和证券信用进行评级的组织。评级机构与会计师事务所、证券咨询机构、律师事务所等金融市场中介服务机构一样，是专门为证券市场提供信息、经监管部门进行资格认证并受其监管的专业机构。我国2005年修订后的《证券法》第173条就明确将信用评级机构定位为证券服务机构。

本章小结

本章主要对信用评级概念进行了分析，厘清了信用评级的构成要素，进而从经济学角度分析了信用评级存在的必要性及其主要作用，通过信用评级机构与征信机构、证券分析机构和财务审计机构的对比，指出了因他们在证券市场信息传递中所扮演的不同角色，相应的法律地位和法律责任也有明显的不同。

信用评级是评级机构基于独立客观的分析，采用科学的评级模型和程序，就发行主体(或其发行的金融工具)的偿付意愿和偿付能力进行评估，并以简单直观的符号表示其评价结果并向公众发布的行为。信用评级仅仅只是对评级对象的信用(违约)风险的评价，而不涉及其他如利率风险、市场风险等情况。信用评级是对未来的预期，是一种前瞻性的判断，同时也是一种基于量化模型的推算结合主观经验的判断，而非量化的结论。评级是反映特定时期，特定债务的到期偿付风险，因此具有时效性。信用评级机构之所以能够在 20 世纪初产生并发展成为全球资本市场中具有"看门人"和"准监管者"地位的不可忽视的力量，是有着深厚的理论和实践基础的。当前经济学研究中的三个前沿理论——信息不对称理论、博弈论和交易成本理论都为其存在和发展提供了理论支持。信用评级的核心功能在于对市场信用风险作出独立、客观和科学的评价，从而改善投资者和发行人之间信息不对称情况，增强市场的透明度，降低市场的交易成本，提高市场运作效率。评级机构与传统意义上的金融市场信息中介组织有这样或那样的不同，但这并不改变其作为从事特殊金融信息服务的专家型中介服务机构的商事主体地位。

第二章　评级机构监管制度的演进与改革

第一节　评级机构监管制度的历史演进

一、声誉资本理论与自律监管

在信用评级的发源地美国，评级机构自诞生以来的相当长的时间内都处于自律监管的状态，无论是评级业自身、监管当局或是其他市场参与方均认为在声誉资本理论的驱动下，凭借市场这只“无形的手”，评级机构在提供独立、客观、公正评级的基础上，实现了自身利益和社会福利的最大化。

（一）声誉资本理论

自亚当·斯密开始，经济学家就开始关注声誉资本在维护自律的市场经济中的价值。① 个体通过他们过去的行为获得声誉。② 如果其声誉得到改进，其他社会成员就会对他抱有尊重，个体从而获得声誉资本的积累，这是一种良好的预期，其他交易对手据此会产生信任，并影响与

---

① Adam Smith. Lectures on Justice, Police, Revenue, and Arms, Edwin Cannan Ed.，1896：253-254.

② Douglas W. Diamond. Reputational Acquisition in Debt Markets, 97 J. POL. ECON. 828（1989）.

他进行交易的决策，这种信任有助于降低达成一致所需的成本。声誉资本在只有少量交易对手之间反复进行交易的情况下特别有价值。在这种情况下，个体间的合作甚至在没有政府主导的情况下也能盛行，因为参与者了解其他对手的策略。①

经济学家将债券评级视为不可公开获得信息的投影机制，② 从而试图区分发行人的质量以避免债券获得平均定价。关于金融信息市场的经典观点认为，金融市场存在信息的供给与需求，投资者需要关于金融工具能否按期偿付的信息。有学者在总结市场是否有效时，认为关键在于信息是否均衡。③ 由于投资者不仅缺乏改变其资产组合的激励，也缺乏改变其信息获得策略的激励。因而分析师应当对公司证券有关信息的获得和校验进行投资，直到该信息的边际成本等于边际收入。通常，这种私人的均衡也会导致资源分配的有效，社会资源会投入信息验证中去直到社会成本与收益相等。④ 因此，评级机构是为了回应资本市场中投资者对风险信息的需求，通过特定程序的收集、分析、检验和分发这些信息，从而消除投资者个体所进行的重复和低效活动。从这一角度来看，评级是一项竞争性的，声誉驱动的产业，评级机构通过发布准确的信用评级以揭示发行人的信用风险，从而不断积累声誉资本。评级机构可以在某一期通过欺骗投资者和发行人，获取超额利润，但评级机构将丧失未来的声誉及其所带来的收益，如果这一次的超额利润无法弥补日后利润的损失，评级机构将会继续提供高品质的信用评级以保持和强化其声誉资本。⑤ 根据这一观点，穆迪和标准普尔认为评级机构作为信息中

---

① Robert Axelrod. The Evolution of Cooperation 145-46 (1984).

② Joseph E. Stiglitz. The Theory of "Screening", Education, and the Distribution of Income, AM. ECON. REV., June 1975, p. 283.

③ Jeffrey N. Gordon, Lewis A. Kornhauser. Efficient Markets, Costly Information, and Securities Research, 60 N. Y. U. L. REV. 761, 1985, p. 786.

④ John C. Coffee. Market Failure and the Economic Case for a Mandatory Disclosure System, 70 VA. L. REV. 717 (1984).

⑤ Schwarcz Steven L. Private Ordering of Public Markets: The Rating Agency Paradox. University of Illinois Law Review, 2002(1), p. 14.

介，履行见证功能而不需要任何监管干预。而通过近百年的竞争，现存的主要评级机构均已获得并维持着足够的声誉资本。如果不能继续提供高质量的评级信息，那么他们将会遭受声誉损失，进而丧失收入来源甚至会被逐出评级市场。① 假定评级业没有过多的准入障碍，新入的竞争者将会替代任何声誉资本受到损失的机构，这样市场力量会持续对评级机构施加压力，尤其是在金融创新不断涌现的年代，② 如果评级机构无法持续创新或无法应对新的竞争，市场优势将不断转换，即便是穆迪和标准普尔这样的机构也不会例外。

因此，基于上述理论，通常都认为信用评级业是建立在声誉资本基础之上的竞争性行业。首先，评级服务是基于其获得和维持声誉的能力而得以生存的，评级机构通过投资与其调查和决策程序(可以产生更准确和有价值的评级)以获得更多的声誉资本，其他个体和机构根据评级机构声誉资本积累的状况决定是否依靠其评级或者采取独立的调查。从成本收益分析来看，在没有其他因素影响的情况下，如果预期收益减去实际成本是正值，且大于预期的独立调查收益减去独立调查的成本，评级产品的消费者会购买评级。而从社会层面看，只要评级机构的调查成本小于其他个体和机构从事调查所需成本之和，评级机构就能得以生存。在市场经济中，金融市场分配信用的需求与供给，并决定不同类型的信用风险的价格。比如在借款活动中，资金的供给和资金的需求在特定的风险水平下根据借款人支付的资金成本达成平衡。而市场参与方作出决策所需要的信息的质量和数量主要取决于交易双方的关系、信息获取的能力和其他一些因素。在实践中，贷款人会使用一个简短的信用评价，“好”或是“不好”来评估借款人的信用风险。而银行也会基于不同

---

① See Stephen Choi. Market Lessons for Gatekeepers, 92 NW. U. L. REV. 916, 934 (1998), Gregory Husisian, What Standard of Care Should Govern the World's Shortest Editorials?: Analysis of Bond Rating Agency Liability, 75 Cornell L. Rev. 411, 426 (1990).

② Merton H. Miller. Financial Innovation: The Last Twenty Years and the Next, 21 J. Fin. & Quantitative Analysis 459 (1986).

等级的信用对相应的贷款发放规模和时间作出考量。

其次，评级机构依靠其评级的客观和准确积攒声誉，其信誉和能力是决定评级机构成功与否的重要因素。标准普尔就曾表示：评级的价值就在于其可靠。标准普尔没有任何政府或官方的法定授权和其他特权，其仅仅依靠的是类似媒体的一种权利，通过简短的符号来表达其观点。① 评级机构发布的每一个评级都会影响到声誉资本的积累。由于评级结果向社会公布，投资者可以判断评级质量高低，并根据评级的历史表现所积累的印象来决定是否订阅评级服务，评级因此会始终处在社会检验之下。而评级机构为了取得投资者的信任，将会恪尽职守，不断发布高质量的评级以维护和增加其声誉资本。在良好的市场竞争环境下，投资者一旦发现某一评级机构的评级经常性的失灵，就会自然而然地丧失对其的信任，转而购买其他评级机构的评级。该评级机构的声誉资本就会减损，进而丧失其市场份额，最终会被市场所淘汰。② 这样，评级机构基于生存考虑，会自发地不断提高评级质量以维护其声誉资本。

(二)早期的自律监管

事实上，在评级机构诞生之初的数十年间，以声誉资本为基础的自律监管的确发挥了重要作用。在 1837 年的危机后，塔潘(Tappan)于 1841 年在美国成立了首家商业信用调查机构，为商业合作伙伴提供交易对手的信用状况。③ 到 19 世纪中叶，随着美国铁路产业的空前发展，其资本需求已超过银行和直接投资所能提供的规模，因此一些铁路及其相关公司开始通过私募债券市场来筹集新的资本。随着市场上发行的公司债券的增加，广大投资者需要获得这些债券发行人更多、更好、更易

① Standard & Poor'S Debt Ratings Criteria: Industrial Overview iii (1986).

② Roger Stover. Third-Party Certification in New Issues of Corporate Tax-Exempt Bonds: Standby Letter of Credit and Bond Rating Information, Financial Management, 1996, Vol. 25, pp. 62-63.

③ Richard Cantor & Frank Packer, The Credit Rating Industry, Federal Reserve Board N. Y. Q. Rev., Summer-Fall 1994, p. 1.

于接受的信息。在这种情况下，亨利·普尔(Henry Poor)于1868年首先出版了《美国铁路手册》，其中包含了主要铁路公司的经营和财务统计数据，为这些借款公司的经营状况提供了独立的信息来源。而美国华尔街分析师约翰·穆迪(John Moody)于1909年率先出版了《美国铁路债券分析手册》，首次发布对美国铁路债券的评级，他采用一种简单的评级系统对铁路债券进行评价，采用Aaa-C这一系列简单符号来表示评级等级从而大获成功，在此基础上诞生了美国第一家信用评级机构——穆迪投资服务公司。随后，1916—1924年间，标准普尔和惠誉等评级机构相继成立并提供评级服务，评级的对象逐步扩展到工业债券、公用事业债券以及政府债券等债务证券，到1924年，美国债券市场上几乎100%的债券都有了评级，评级债券约有6000多支，总额达260亿美元。①

在这一阶段，由于收集数据和分析数据的成本较低，美国信用评级业的市场准入并没有实质性的门槛，相应地进入和退出成本也不高，基本上是一个自由竞争行业。普遍的观点是由于声誉资本的存在，如果评级机构无法提供准确、可信的评级便不会生存太久。因此，评级业并不存在政府监管，自律监管居于主导地位。而通过激烈的优胜劣汰，主流评级机构凭借其独立性、公正性与可靠性积累了相当的声誉资本，获得市场的广泛认可。1958年希克曼(W. B. Hickman)的研究表明，在1929—1933年间的大萧条中，约有三分之一的债券违约，但是获得评级机构高评级的债券违约率较低。投资者也因此逐渐意识到了信用评级的重要性。② 在In re Detre's Estate案中，法庭根据穆迪的评级认定，受托人购买特定的证券是合理，因为在穆迪的1914年的手册中，该证券

---

① Thomas J. McGuire. Ratings in Regulation: A Petition to the Gorillas, Delivered to the SEC Fifth Annual International Institute for Securities Market Development, at 17 (April 28, 1995).

② W. Braddock Hickman. Corporate Bond Quality and Investor Experience, Princeton University Press, 1958, pp. 10-11.

被评为A级，属于安全等级。① 美国监管当局更是将评级作为政府管理资本市场的重要手段，大萧条后的1936年美国货币监理署(OCC)和美国联邦储备委员会(FRB)规定，禁止银行持有BBB级别以下的债券，且银行持有的所有债券必须经过至少两家评级机构的公开评级。类似规定同时被许多州的银行监管部门所采纳，从而在很大程度上推动了信用评级业务的蓬勃发展。② 可以说，随着投资者对信用评级需求的不断增长，信用评级业在资本市场中的重要地位也逐步确立。

(三)1975年以来的政府认证监管

1974年石油危机爆发后，美国经济陷入滞涨状态，大量债券违约，信用风险再次爆发。特别是"宾州中央铁路公司破产案"后，投资者发现一些评级机构认定的发行人的信用等级并没有很好地揭示风险，信用质量的问题再一次受到关注。③ 发行方也希望通过评级使之与"信用较差的"公司区分开来，因此，市场对评级的需求迅大量增加。20世纪70年代到80年代中期，美国债券发行量有了较大的增长，二级市场的交易量也不断增加。与此同时，商业票据发展迅速，在市场上取代了传统上由银行扮演的对企业的短期贷款者角色。信用关系逐渐由银行转向资本市场，信用评级也随之成为资本市场中不可或缺的部分。

由于投资者开始有选择地利用评级机构及其评级结果，一些评级质量高，准确客观的评级机构逐步得到市场的公认，在市场确立并形成了相对权威的地位。监管部门也开始重视信用评级的重要作用，进而援引信用评级指标约束监管对象的投资风险。1974年，SEC规定，企业退休年金投资的证券必须经过两家以上的评级机构的评级，从而建立一套

① 117 A. 54 (Pa. 1922).

② 朱荣恩，丁豪樑，袁敏：《资信评级》，中国时代经济出版社2006年版，第3页。

③ 在宾州中央铁路公司破产前，信用评级机构给予其发行的商业票据的评级是最高的。到该公司破产时，尚有16亿美元的债券和1.25亿美元的商业票据没有偿付。

双重评级和双重审查的制度。1975 年，SEC 首次将 NRSRO 的评级结果纳入了联邦证券监管法律体系。在“关于确定经纪人/交易商最低清偿标准的净资本规则”(Rule 15C3-1)中规定，经纪人/交易商在计算其净资本时，必须从净资产中按一定比例扣除其所持有的特定有价证券(包括商业票据、不可转换债券、不可转换优先证券等)的市值，以抵消市场价格波动对净资本的影响。然而，如果此类有价证券被至少两家 NRSRO 评为最高信用评级的前两级，则其市值扣除比例可大幅降低。此后，一系列援用 NRSRO 信用评级的证券监管规则相继出现。SEC 于 2002 年向美国参议院政府事务委员会提交的一份报告显示，当时至少有 8 部联邦法律、47 部联邦监管规则、100 多部地方性法律和监管规则将 NRSRO 评级作为监管基准。①

在吸取了早期放任自由的教训基础上，美国政府采取了积极干预的做法，通过 NRSRO 制度的确立和强化，实现促进评级市场发展和加强监管的双重目标。正是由于监管部门对 NRSRO 评级结果的大量援引，使得评级逐渐由自愿选择演变成了“准强制性”的要求，进而强化了 NRSRO 在资本市场上的地位。然而，评级机构要取得 NRSRO 认可却十分困难，因为 SEC 在提出 NRSRO 概念的相当长时期内，对于其认定条

---

① 例如，1982 年，SEC 修订的信息披露规则确立了综合披露制度，允许发行人在发行某些不可转换债券或不可转换优先证券时使用最简化的、披露要求最低的 S-3 表格进行信息披露——前提条件是该不可转换债券或不可转换优先证券已被至少一家 NRSRO 评为“投资级”证券。1996 年，SEC 发布的货币市场基金监管规则(Rule 2A-7)规定货币市场基金只能投资于高质量的短期金融工具，并以 NRSRO 评级结果作为构建投资组合的标准。据此，货币市场基金可以投资于被 NRSRO 评为最高信用评级前两级的短期债券，而其持有低信用级别证券的数量则受到严格限制。除被纳入 SEC 规则之外，NRSRO 评级结果在联邦和各州立法中亦被广泛作为基准使用。如国会在《1984 年二级抵押市场促进法》中定义“抵押证券”时，要求其必须获得至少一家 NRSRO 的前两级最高信用评级；1989 年国会进一步将 NRSRO 概念引入《联邦储蓄保险法》，认为公司债券要成为投资级，至少要一家 NRSRO 将其评定为 BBB 级别以上。美国教育部根据《1965 年教育法》，使用 NRSRO 评级结果来建立希望参加学生金融助学计划之机构的金融责任标准；而许多州的保险法规亦直接或间接借助 NRSRO 评级结果来考查保险公司投资的合理性等。SEC, Financial Oversight of Enron: the SEC and Private-Sector Watchdogs, October, 2002.

件及程序却没有明确的标准，而是通过发放无异议函(No Action Letter)的形式予以认可，这也一直被诟病为暗箱操作。据统计，1975—2003年间，除了穆迪、标准普尔、惠誉三大评级机构在一开始被SEC指定为NRSRO之外，其他个别获得认可的评级机构均被三大机构所兼并。① 而一旦获得NRSRO的头衔，无异于获得了具有可信性和可靠性的评级机构的官方背书，这种官方背书的地位是其他评级机构难以望其项背的。正因如此，穆迪、标准普尔、惠誉三大评级机构逐步确立了其霸主地位——其评级结果直接影响或决定相关证券发行人的融资机会及成本、机构投资者的资产组合，以及受监管实体的合规成本。②

从这一阶段美国对评级机构监管的制度变迁来看，声誉资本理论仍为美国监管当局所认可。评级业因资本市场的需要而产生，伴随着资本市场的发展而发展，二者是相辅相成，相互促进的。信用评级为投资者有效地揭示了风险，为被评级对象降低融资成本，提高融资规模提供了帮助，为监管者有甄别地实施监管，提高监管效率提供了便利，从而大大消除了市场交易中的信息不对称，提升了市场运行效率，实现了资源的合理配置，进而推动了资本市场的创新和发展。而投资者和监管机构对评级的认可和信赖使其获得了广阔的发展空间，并随着市场的新变化而不断完善。因此，以市场驱动为基础的声誉资本理论在美国一直占据主流地位，相应地评级业监管的制度性安排和制度变迁的路径选择也更多的是基于这一理念，即营造与维护声誉资本机制充分发挥作用的市场竞争环境，建立以自律性监管为主体的信用评级监管制度。正如罗德

---

① 1975—2005年的30年间，SEC总共只确认了9家评级机构为NRSRO。其他6家为Duff & Phelps（1982）；McCarthy，Crisanti & Maffei（MCM）（1983），MCM与1991年被Duff & Phelps吸收合并；IBCA（1991）和Thomson Bank Watch（1992）被认可为专门从事银行和金融机构评级的NRSRO。1997年Fitch和IBCA合并保留了Fitch的一般性NRSRO地位。1999年SEC将Thomson Bank Watch升级为一般性NRSRO。2000年7月Fitch IBCA购买了Duff & Phelps；2000年12月，Thomson Bank Watch被Fitch IBCA吸收合并。DBRS(2003)，A. M Best(2005)。

② 龚宇：《美国信用评级业监管体制变迁——“次贷危机”下的反思》，《证券市场导报》2008年第7期。

(Rhodes，1996)指出：依靠评级机构的联邦监管制度可以防止政府干预证券分析领域，并可节约联邦监管资源，因为联邦监管当局没有足够的资源对每一证券发行进行逐个分析以向投资者提示风险。而一个依赖于评级的监管制度，将具备微调功能，可节约社会成本，同样也便于发行人使用。①

二、监管特许权论与法律监管

(一)监管特许权论

20世纪80年代至90年代是评级机构的高速发展期，一方面机构规模扩张明显，另一方面，评级业务迅速发展，无论是其业务范围和规模以及市场影响力都较之以前发生了显著变化。1980年，标准普尔只有30名分析师，到1986年也不过40人，但到1995年，标准普尔拥有了800名分析师和1200名雇员。② 穆迪此时有约560名分析师和总共1700名雇员。③ 而1999年穆迪共对美国20000家公共和私人发行人，1200家非美国发行人(包括公司和主权国家)的近5000亿美元的债券进行评级，④ 而标准普尔的评级的债券也约有2000亿美元。穆迪和标准普尔几乎垄断了对政府和公司债券的评级。⑤ 同期其毛利率达到30%。而到了2005年，穆迪上市5年后市值就达到了150亿美元，其时雇员人数为2500人，年收入为16亿美元，毛利率一直在50%左右，远高于1990年代。而同期与之市值相同的大型投资银行贝尔斯登(Bear

---

① Amy K. Rhodes. The Role of the SEC in the Regulation of the Ratings Agencies: Well-Placed Reliance or Free-Market Interference?, 20 Seton Hall Legis. J. 1996, p. 297.

② Standard & Poor' S Debt Ratings Criteria: Industrial Overview Iii (1986).

③ Richard House, Ratings Trouble, Institutional Inv., Oct. 1995, p. 245.

④ Richard House, Ratings Trouble, Institutional Inv., Oct. 1995, p. 246.

⑤ See Credit-Rating Agencies: Beyond the Second Opinion. ECONOMIST, Mar. 30, 1991.

Stearns)此时的员工有11000人，年收入为70亿元。① 穆迪2005年的股价一直在50~60美元，对应的市盈率(P/E)约为20倍(2005年每股收益为2.79美元)，而此时投资银行的市盈率却仅在10倍左右。穆迪的收益仅仅源自其主业，其绝大部分收入来自评级，而并没有使用其他衍生工具或表外业务。标准普尔的情况也与之类似，尽管不是上市企业，但到2005年9月，标准普尔总共对来自100多个国家，42000多个债务人发行的，745000多个证券进行了评级，证券总金额达30000亿美元。② 而标准普尔的收费与穆迪的基本相同。由此不难想象标准普尔的收入水平。

表2-1　**穆迪2000—2008年有关财务数据(单位：百万美元)**

年份	2008	2007	2006	2005	2004	2003	2002	2001	2000
收入	1,755.40	2,259.00	2,037.10	1,731.60	1,438	1,247	1,023	797	602
营业利润	748.2	1,131.00	1,259.50	939.6	786	663	538	399	288
净利润	457.6	701.5	753.9	560.8	425	364	289	212	159

资料来源：根据穆迪年报整理。

上面将评级企业与主要金融中介机构(投资银行)进行了比较，在主要财务指标上评级机构占有明显优势。但评级机构一直宣称自己是金融出版机构，而将其与主要的金融出版机构道琼斯(Dow Jones)和路透社(Reuters)相比，评级机构也丝毫不逊色。以2005年为例，道琼斯的收入水平与穆迪持平，但其雇员人数却是穆迪的3倍。而路透社无论是收入水平还是雇员人数都高于穆迪，但穆迪的市值却比路透社高出了

① Partnoy Frank. How and Why Credit Rating Agencies are Not Like Other Gatekeepers, in Yasuyuki Fuchita, and Robert E. Litan, eds., Financial Gatekeepers: Can They Protect Investors?. Washington DC, 2006, pp. 59-102.

② Testimony of Rita M. Bolger. Managing Director and General Counsel for Standard &Poor's, Capital Markets, Insurance, and Government Sponsored Enterprises Subcommittee of the House Financial Services Committee, June 29, 2005, Ex. A, p. 1.

60%。而原因也很明显，因为穆迪高达54%的毛利率远高于道琼斯的9%和路透社的11%。因此，从财务角度分析，穆迪比其他金融出版机构利润水平要高得多，如果穆迪仅仅如其所宣称的那样是金融出版机构，其利润水平不会与其他同业有如此之大的差别。①

表2-2 **穆迪和主要金融出版机构的比较**

	市值	收入	雇员	毛利率
道琼斯	$ 3. 3bn	$ 1. 7bn	7，143	9%
路透社	$ 9. 3bn	$ 5. 3bn	15，475	11%
穆迪	$ 15. 2bn	$ 1. 7bn	2，500	54%

资料来源：Partnoy Frank：How and Why Credit Rating Agencies are Not Like Other Gatekeepers.

正如SEC调查所发现的那样：（评级机构）观点对于投资者和其他市场参与者的重要性，以及这些观点对证券市场的影响正显著增加。NRSRO的评级变得越来越重要和有价值。② 然而，与之不相匹配的是评级机构的评级质量却屡受质疑。平奇斯（Pinches）对207宗公司债券评级变动的分析（1950—1972）表明评级变动仅有很少价值，只是包含了已经对市场价格产生变动影响的信息的回应。③而魏克曼（Wakeman）的研究表明，评级只是对市场评估债券风险的简单镜像，不产生任何信息也无法反映债券的市场价格。穆迪的评级变化多在3—6月间，而这时正是公司年报的公布时间，这也表明评级的变化是依赖于可公开获

① Partnoy Frank. How and Why Credit Rating Agencies are Not Like Other Gatekeepers, in Yasuyuki Fuchita, and Robert E. Litan, eds., Financial Gatekeepers: Can They Protect Investors? . Washington, DC, 2006, pp. 59-102.

② SEC, Report on the Role and Function of Credit Rating Agencies in the Operation of the Securities Markets, January 2003, p. 5.

③ George E. Pinches, J. Clay Singleton. The Adjustment of Stock Prices to Bond Rating Changes, 33 J. FIN. 29, 39 (1978).

得的信息。① 2005年，在穆迪和标准普尔突然将美国两大汽车巨头福特和通用的公司债券评级下调为投资级以下后，华尔街日报就评论说"在下调评级的背后，除了已为市场所知的消息外就没有其他了"。② 最近的研究也证明了这一点，在一项调查中表明，有43%的投资者认为评级机构发布的评级机构发布的评级并不及时；20%的发行人和13%的投资者认为评级机构的评级通常会对风险有错误的评估。③ 另一项调查表明，40%的金融专业人士认为评级机构对其公司的评级并不及时，29%的表示对其公司的评级并不准确。④ 而1990年代的一系列金融危机中，评级机构的表现乏善可陈，没有反映出任何的预警功能而只是在危机爆发前大规模下调评级，反而加剧了危机的蔓延。特别是在安然和世通财务丑闻中，评级机构更是因未尽审慎义务和反应迟缓而备受质疑。尽管如此，评级机构的声誉并未受到应有的减损，在危机的伤楚过后，市场参与者又一如既往地依赖评级结果作为投资决策依据，而评级机构在对评级模型和方法稍作调整后又继续在资本市场呼风唤雨。

因此，单纯的声誉资本理论已经无法解释评级机构是如何获得较之其他金融市场中介或是出版机构显著不同的利润水平和市场地位。而另一个显著的变化是，自1975年NRSRO认可制度实行以来，评级被列入越来越多的金融监管规则之中，范围涵盖了证券、银行、保险、年金等各个领域。因此，有学者认为评级机构之所以获得现在的地位，很大程度上是因为他们在出售监管特许权。⑤ 帕托尼(Partnoy)认为，在评级

---

① L. Macdonald Wakeman. The Real Function of Bond Rating Agencies, 1 CHASE FIN. Q. 19 . 1981.

② Joseph Schuman. S & P Puts GM, Ford in the Junkyard, Wall Street Journal (6 May, 2005) at C1.

③ David M. Ellis. Different Sides of the Same Story: Investors' and Issuers' Views of Rating Agencies, 7 J. Fixed Income 35, 1998, pp. 41-44.

④ Association For Financial Professionals, Rating Agencies Survey: Accuracy, Timeliness, and Regulation 2 (Nov. 2002).

⑤ Partnoy Frank. The Siskel and Ebert of Financial Markets: Two Thumbs Down for the Credit Rating Agencies. Washington University Law Quarterly, 1999, 77 (3), p. 683.

未纳入监管规则前，声誉资本确实在评级市场中发挥作用，评级机构通过出售有价值的信息和服务以积累和维持声誉资本。但是一旦监管规则中纳入了评级，评级机构出售的就不仅仅是信息了，而是包括了服从监管规则所伴随的有价值的权利了。如果服从监管规则会带来成本增加，而合适的评级会消除或减少这些成本，比如更宽的投资范围、更低的融资成本或资本金要求，那么评级机构就会出售监管特许权从而帮助发行人和投资人减少成本。根据声誉资本理论，评级机构会出售信息直到获得和转换信息的边际成本超过发信人付费所得到的边际收益。因此，在监管特许权理论看来，只要发行人付费所获得的边际收益大于获得监管许可的边际成本，评级机构就会出售监管特许权。而且，如果获得监管特许的门槛很高，而只有少数评级机构可以达到，或者通过增加准入障碍以提高新入者的成本，那么现有的评级机构就将在监管特许范围内获得竞争优势，在一个非竞争市场环境下(完全垄断或寡头垄断)，特许权价值得到强化，出售监管特许权将会带给评级机构非同一般的利润。

而从目前资本市场参与者结构来看，监管特许权理论也更为符合市场实际。目前发达国家资本市场的参与者绝大多数是机构投资者，他们较之一般投资者在信息收集和分析方面更具优势，通常他们更多地依赖自身的研究机构对信用风险进行分析和决策，而评级机构的评级通常只是作为参考和验证。巴克尔(Baker)的调查表明，63%的机构投资者持这一观点。[①] 但是，监管规则通常会要求他们购买或鼓励购买由NRSRO评级为投资级的产品。因此，机构投资者将评级结果用于投资决策时，基于评级所包含的有价值信息的可能性远远小于评级所包含的监管特许权的可能性。在2002年SEC的报告中也有类似的看法：由于评级在基于多种目的的很多法律中存在有效需求，发行人在多数情况下寻求评级也就成为必须了。[②] 当然，这并不是说声誉资本理论就没有发

---

① H. Kent Baker, Sattar A. Mansi. Assessing Credit Rating Agencies by Bond Issuers and Investors, 29 J. BUS. FIN. & ACCT. 1367 (2002).

② SEC. Financial Oversight of Enron: the SEC and Private-Sector Watchdogs, October, 2002, p. 105.

挥作用，相反，声誉资本更加深化了监管特许权的价值，因为正是声誉资本使得评级业的准入门槛远高于其他行业，评级业因而呈现寡头垄断的状态，特许权的获得更为艰难。

如果说前60多年评级机构主要依靠声誉资本的驱动而不断发展的话，那么近30年，则是监管特许权推动评级机构的不断壮大。正是在监管当局的推动下，评级机构获得了超常规的发展。此时，评级机构的权力来源于三个方面：首先来自市场需求，因为金融市场中存在的信息不对称带来了市场参与各方对评级业的需求，而评级机构通过专业化的信息收集加工服务，为市场参与各方带来了信息规模经济的优势；其次来自评级机构本身，经过百年的积累，评级机构通过发布独立、公正、客观与科学的信用评级，有效地揭示了受评对象的信用风险，积攒了充足的声誉资本，树立了市场公信力，坚定了市场各方对评级机构的信心。第三则是监管部门。从20世纪30年代起在一些监管条例中的初步使用，到1975年NRSRO概念的确定和逐步拓展使用，监管部门对评级的大力支持和推动使得评级机构在资本市场中的功能和作用日益重要。正是由于监管规则对评级结果的广泛援引，评级机构具有了准监管者的权力，同时评级机构作为私人企业具有天然的逐利性，当这种准公权力为私人主体所掌握，而又缺乏必要的法律约束和监督时，不难想见评级机构具有“评级霸权”也就顺理成章了。埃文斯(G. H. Evans)就曾表示：“我们应对评级结果在监管中的使用可能会对评级市场带来的损害可能性保持足够的警惕。”①因此，在权力来源、市场环境和市场结构较之以前都发生了显著变化后，评级业是否出现市场失灵，自律监管是否能约束评级机构的评级霸权，是否需要政府对评级业进行干预等问题逐渐为学界和监管当局所重视。

(二)“安然事件”后的法律监管

自评级结果为监管规则所援引后，评级业获得了迅速发展，其影响

① Gay Huey Evans. Presenting before SEC，November 15，2002.

力也与日俱增。但与此不相匹配的是评级机构对20世纪90年代的一系列金融危机(阿根廷金融危机，墨西哥金融危机和亚洲金融危机)都没能作出准确的预测。特别是进入21世纪以来在安然公司(Enron)、世界通讯公司(World Telecom)等上市公司因财务舞弊带来的破产案件中的表现更是难以令人满意。2001年，世界500强之一的美国安然公司在破产之前，其债券一直被三大评级机构评为投资级，但评级机构随后又在安然公司破产前数日迅速将其债券降为投机级，从而直接引发了安然公司的破产。对此，SEC认为尽管评级机构有注意到安然公司存在的问题，但其对安然公司财务状况的审核则远未达到审慎水平。对于安然公司的债券评级，评级机构未能深入进行尽职调查，也未能对那些公开的档案和资料作出全面分析；过于关注现金流等短期指标而忽略可疑的会计报告等深层次问题；还缺乏与其影响力相应的责任感。①

由于评级机构在危机中的不良表现，投资者对评级机构信心大失，并提出了诸多批评：(1)NRSRO的认定缺乏客观标准和程序，构成了严重的准入壁垒，妨碍了有效的市场竞争；(2)发行人付费的商业模式和提供附属咨询服务的模式容易引发利益冲突，影响信用评级的独立与公正；(3)评级机构在评级中未尽审慎义务，且跟踪评级能力欠缺，评级的质量堪忧，预警功能无法实现；(4)监管部门对评级的过分倚重与其问责和监管机制不对等，极易引发道德风险等。②

为重拾投资者信心，监管当局对信用评级业及监管体制进行了反思和检讨。2002年3月美国国会要求SEC明确NRSRO的认可条件，并采取常规的监管活动来确保认可条件得到评级机构的遵守；③ 2002年7月的《萨班斯—奥克斯利法案》(SOX法案)中第702条要求SEC对评级

---

① SEC. Financial Oversight of Enron: the SEC and Private-Sector Watchdogs. October, 2002.

② Carol Ann Frost. Credit Rating Agencies in Capital Markets : A Review of Research Evidence on Selected Criticisms of the Agencies, June, 2006.

③ Rating the Raters. Enron and the Credit Rating Agencies, Hearings Before the Senate Committee on Governmental Affairs, 107th Cong. 471 (March 20, 2002).

机构在资本市场中的角色和功能进行研究。① 2003 年 1 月，SEC 提交了“信用评级机构在资本市场上的角色和功能”的研究报告，对有关问题进行了回应；② 2003 年 6 月，SEC 发布了 NRSRO 的概念公告；③ 2005 年 4 月，SEC 进一步提出了关于 NRSRO 定义的提案。④

2006 年 9 月，美国国会通过了《信用评级机构改革法案》，评级机构由此纳入法律监管范围。该法案首次明确 NRSRO 资格的认定标准及程序。要求评级机构必须向 SEC 申请注册并提交注册文件，SEC 应根据法定程序及期限对注册申请进行审核。法案还对 NRSRO 的信息披露要求、非公开信息的使用、利益冲突、滥用市场地位等问题作出了规范。⑤ 根据法案的授权，2007 年 6 月，SEC 发布了相应的实施细则，进一步细化了注册程序和信息披露要求，建立了利益冲突的报告和防范机制，并严格禁止各类强制兜售、搭售评级服务，滥用优势地位及从事其他不公平竞争的行为。⑥

应该说，该法案的核心在于通过提高信用评级业的透明度和市场竞争，从而提高评级质量，以保护投资者及公共利益。法案对 NRSRO 作出了明确的界定，力图扫清评级市场的准入障碍。⑦ 同时，法案旨在增加市场的透明度，要求评级机构应向公众发布评级方法和程序，提供年

---

① Sarbanes-Oxley Act of 2002, Pub. L. No. 107-204, § 702(b), 116 Stat. 745.

② Report on the Role and Function of Credit Rating Agencies in the Operation of the Securities Markets, SEC January 2003.

③ SEC. Rating Agencies and the Use of Credit Ratings under the Federal Securities Laws, Securities Act Release No. 33-8236.

④ SEC 17 CRF Part 240.

⑤ Credit Rating Agency Reform Act of 2006, Pub. L. No. 109-291, 120 Stat. 1327-1339.

⑥ Oversight of Credit Rating Agencies Registered as Nationally Recognized Statistical Rating Organizations, SEC File No. S7-04-07, June 5, 2007.

⑦ 到 2008 年底，共有 10 家 NRSRO，其中 2007 年法案生效后 SEC 通过的就有 5 家，分别是 Egan-Jones(2007)、Japan Credit Rating Agency, Ltd(2007)、Rating and Investment Information Inc (2007)、LACE Financial (2008)、Real point LLC (2008)。

度报表等。法案还赋予了 SEC 对 NRSRO 一定的监管权力，这些权力仅限于负责 NRSRO 的注册、披露年度报告、披露信用评级的程序和方法等程序性监管。并未涉及对 NRSRO 评级行为的实质性审查，也未明确对评级结果的问责机制，因此，法案确立的实际是一种有限监管的模式。

三、对声誉资本约束机制的反思

（一）声誉资本约束机制发挥作用的前提

从美国近百年的信用评级业的发展和监管变迁来看，以市场驱动为基础的声誉资本理论在美国一直占据主流地位，相应的评级业监管的制度性安排和制度变迁的路径选择也更多的是基于这一理念。然而，市场并非万能的，声誉资本约束机制作为一种市场自律调整手段，与其他市场调节手段一样，亦有失灵之时。声誉资本约束机制充分发挥作用，有赖于市场约束主体（也被称为利益相关方，包括直接主体如投资者和发行人，间接主体如行业协会）的两项能力，一是识别能力，即利益相关方能准确地观察到风险并了解风险。具体而言就是利益相关方在有效信息披露的情况下，能对信息作出理性反应，从而对评级机构的风险活动作出正确判断。二是控制能力，即利益相关方在发现并识别风险后，能对评级机构的不规范行为采取有效的控制手段。比如投资者对于信誉较高的评级，所要求的风险溢价相对较低，从而降低发行人的资金募集成本，发行人由此愿意对评级支付较高费用，反之，投资者不信赖评级而要求发行人支付较高的风险溢价，发行人募集资金成本偏高，则会降低支付给评级机构的费用。而更为严厉的措施则是投资者可以选择不购买发行人的债务工具，从而改变发行人对评级机构产品的需求，进而约束和规范评级机构的行为，而最终的结果就是评级市场的优胜劣汰，声誉较低的机构会被市场淘汰，而声誉很高的评级机构将会扩大市场份额，占据评级市场的主流地位。

(二)声誉资本约束机制失灵的原因分析

随着 NRSRO 制度的实施，无论是金融市场环境或者评级业的生存环境都发生了巨大变化，在很大程度上来说，声誉资本约束机制发挥作用的两个前提条件，即市场约束主体的识别能力和控制能力都被严重地削弱了，因而声誉资本的约束能力对评级机构也就十分孱弱。在资产证券化的背景下，评级产品变得极为复杂，无论是结构或数量已远非传统的债券类评级可比。一方面，评级机构对评级分析的相关信息没有予以充分的披露，特别是对于经过冗长设计和包装的结构化金融产品来说，即便是成熟的机构投资者都可能很难读懂相关信息，更遑论普通投资者，再加上考虑到防止非公开信息滥用，以及评级机构的评级方法的保密等问题，投资者已经很难对评级分析是否准确进行清晰的判断，而且评级仅仅代表的是一种违约可能，对评级结果是否准确的界定也比较困难，因此，约束主体的识别能力几乎失效。另一方面，在 NRSRO 制度下，评级行业的垄断更为突出，市场参与方对于评级机构的不规范行为，要么选择放弃，要么只能接受，约束主体无法进行横向比较和取舍。因此，约束机制失灵几乎不可避免。

而对于评级机构而言，在迅速膨胀的结构化金融产品评级的巨大市场利益诱惑面前，其作为理性的经济主体，当发现声誉资本约束机制的作用已不甚明显的情况下，他们对于声誉资本的减损的恐惧也会减弱。美国亨特(Hunt)教授对评级机构进入新的评级领域与声誉资本约束机制间的关系进行了论述。① 他指出：评级机构始终有进入新评级领域的冲动，无论其是否能在该领域提供高质量的评级。一般而言，对于新的评级领域，评级机构会面临两种选择：一是直接决定不评级；二是进行学习如何进行评级，在掌握了如何对新产品进行优质评级后凭借高水平的评级进入该领域。然而，作为理性的经济人，循序渐进的市场策略并

---

① John Patrick Hunt. Credit Rating Agencies and the "Worldwide Credit Crisis": the Limits of Reputation, the Insufficiency of Reform, and A Proposal for Improvement, Columbia Business Law Review, Vol. 2009, No. 1, 2009.

非评级机构的最优选择。首先就新产品的评级市场而言，循序渐进并不会给评级机构带来任何收益，因为等他们有条件发布高水平评级报告时，市场早已被其他竞争对手所占领而失去进入该市场的机会了。其次，评级机构如果不进入该市场，就无法积累相应的评级经验和获得足够的市场信息，也就无法对新产品提供高质量的评级，特别是在市场存在较高准入壁垒的情况下，任何推迟进入市场的主体都会发现自己受到已经存在的竞争对手的声誉的阻碍，因此，没有机构会选择循序渐进的策略。选择不评级，也就意味着退出了市场，无法收取任何费用。选择评级，即使没有高质量评级而只能按照市场价格收取较低费用，其声誉资本也只会在新领域有所减损，而对现存产品评级所享有的声誉并没有威胁。因此，声誉资本约束机制并不能组织评级机构作出低质量的评级。而事实上，评级机构在实际中也是这样操作的。穆迪的一位高管就曾表示："建立卓著的声誉需要花费很长时间，但作为公众公司的评级机构的经理层同样会受到巨大的营收增长的短期压力。失去业务将受到极大的惩罚，特别是在竞争对手正忙于不断扩大市场份额时。"这就是说，发行人可以通过利益诱惑使评级机构陷入市场份额竞争中，而那些"愿意给特定交易以较高评级的评级机构获得最终评级业务的可能性最大。"①SEC 关于评级机构的年度报告中也指出，评级机构在 2002—2007 年间，结构化金融产品的评级已成为其最大的收入来源，占总收入的 40%以上，而总收入也较 2002 年增加了一倍。因此在高度复杂的现代金融市场，声誉资本约束机制并不能单独地对评级机构产生有效的约束和防止评级中的种种问题，政府有必要对评级机构进行监管，以弥补声誉机制的不足。

（三）对评级机构进行监管的必要性分析

1. 对于评级机构的过度依赖使其权力膨胀

由于监管规则对评级结果的广泛援引，评级机构因此具有了准监管

---

① Jerome Fons. White Paper on Rating Competition and Structured Finance, The Journal of Structured Finance, 2008, pp. 50-62.

者的权力。而评级机构在投资者和发行人中间提供中介服务，向投资者提供发行人及其证券的信用信息，同时，也作为代理鉴证机构以其声誉为发行人提供担保以保证其质量。作为信用中介机构，评级机构对于发行人和投资者都有巨大影响力。① 它们通过自己的评级活动影响发行人进入债务市场的条件及其与贷款人的关系，以及它们的交易结构。它们还可以影响投资者的投资决策和合规成本。在一个规范运作的市场，评级机构拥有过大权力无疑是令人担忧的。而权力必须制约，是法律的基本规则。因此，对于评级机构所拥有的权力通过评级监管加以制衡是十分必要的。

2. 评级机构具有相当的垄断地位

由于评级业的自然垄断特性，评级市场呈现寡头垄断局面，主流评级机构多出于垄断地位，作为赋予这种特殊地位的对价，评级机构必须接受监管。自美国 NRSRO 认可制度执行以来，只有取得 NRSRO 认可的评级机构发布的评级才能在监管规则中使用，这实际上是一种特许权，未经政府特别许可，其他机构发布的评级无法得到监管当局和市场的认可，进而成为一种垄断权。这种基于特许所获得的法律地位也决定了它们必须以接受监管作为对价。监管是防止其特许权滥用所必需的。事实上，垄断决定了评级机构在市场中处于优势地位，因此，为实现市场公平，也必须要有相关的措施以保护处于劣势的相对方的合法权益。

3. 评级本身的顺周期性会影响市场稳定

从理论上讲，在基本面信息基本相似的情况下，高质量的评级结果具有相似性。事实也证明，在很多情况下，主流评级机构的评级大体趋同，呈现出很强的一致性偏好(conformity bias)。例如在亚洲金融危机时，主流评级机构的行为高度相似，都是在很短的时间范围内大量

① D. Kerwer. Holding Global Regulators Accountable—The Case of Credit Rating Agencies, Working Paper 11, School of Public Policy, University College London, 2004, p. 15.

下调评级。① 在安然破产时，评级机构的表现亦是如此。一个可能的解释就是，穆迪和标准普尔使用相似的评级方法和模型，导致评级结果的高度相关，而系统性的第三方评级差异可以被解释为采用了不同的评级方法。② 从这一点看，对于主要评级机构而言，紧盯竞争对手的观点，限制潜在的声誉损失是最为安全的。尽管这是理性的选择，但这种行为会导致危机发生时评级结果高度一致，声誉机制在最需要的时候变得最没有效果了。③ 因此，评级结果的高度相似削弱了信息的价值，而信息的传播变得死板，因为没有机构愿意第一个变动。而事实上，如果有更多不同评级，市场将会变得更加有效。

同时，评级的变动尤其是降级还会引发评级触发条款和投资者的羊群行为。私人债务合同通常会包含评级触发条款，④即当交易对手的信用评级下降到一定等级时会触发相关条款生效，例如加速债务的偿付，提供额外抵押品，利率增加，以及事先约定的更为严格的举措，甚至是要求立即偿付降级的债券。⑤ 评级触发条款的功能原本是作为保护投资者免受不可预期的信用下降的影响。而发行人因此可以得到更好的信贷条件。但是，评级触发条款同样也会产生一种不可预期的负面后果，下降本身暗示了融资条件的恶化，因此可能导致评级触发的后果被放大，例如提高利率会增加发行人的额外债务负担，其信用也会因此受损。而这种信用减损可能又会触发其他合同条款，如此循环可能导致发行人的

---

① Radelet Steven, Jeffrey Sachs. The East Asian Financial Crisis: Diagnosis, Remedies, Prospects. NBER Working Paper 6680, 1998, p. 68.

② Cantor Richard, Frank Packer. Multiple Ratings and Credit Standards: Differences of Opinion and Selection Bias in the Credit Rating Industry, Federal Reserve Bank of New York Staff Reports No. 12 (April 1996).

③ McNamara Gerry, Paul M. Vaaler. Crisis and Competition in Expert Organizational Decision Making, Organization Science, 15 (6), p. 699.

④ Nicholls Christopher. Public and Private Uses of Credit Ratings, Credit Rating Agencies: Need for Reform in Canada? (August 2005), pp. 16-20.

⑤ George Anders, e. g. Now, Even Borrowers with Good Credit Pose Risks, WALL ST. J., Dec. 19, 2007, at A2.

信用急剧下降。这通常被称为信用断崖(credit cliff)。因此，评级的下调在这种情况下后果会非常严重，特别是短期内会带来不可估计的流动性风险，而来自预期之外的债务偿付甚至会导致发行人的破产。

更进一步的风险是投资者基于评级的基础的监管规则(或类似的私人规则)而引发的羊群行为。如果证券的评级下降到低于监管规则的要求，大量的投资者会被迫在短时间内出售该类证券，则可能导致价格的雪崩，监管本是为了保护货币基金或年金免于承担过度风险，但如果出现这种从众的投资行为，投资者将被迫承受损失，因为他们不得不出售证券，而大规模集中抛售会导致价格持续走低，而且价格通常会在抛售结束后有所回升，因而从回升中受益的投资者是那些并未遵守监管规则的人。从这个意义上讲，本该保护投资者的规则却使得他们遭受损失，这种系统性的无效率直接导致了被监管的投资者成本的增加。

以上因素的叠加，使得评级产生了强大的顺周期性(Procyclicality)力量，即经济繁荣促使过分乐观情绪产生，经济衰退则导致过分的悲观，加之投资者的从众行为，使得评级波动给金融市场带来直接的冲击，并带来多米诺骨牌效应。这些问题显然不可能通过市场力量完全避免，而只能通过监管制度设计来减轻影响。

第二节　次贷危机后评级机构监管制度的改革

自次贷危机爆发以来，评级机构在此次危机中的不良表现招致广泛批评，普遍认为评级机构明显低估结构化金融产品的信用风险而给予其过高评级是此次危机爆发的重要原因之一。而寡头垄断下由于缺乏竞争激励带来的评级质量不高，发行人付费的商业模式下所带来的利益冲突，以及评级方法、模型不透明和缺乏必要的问责制度等信用评级业存在的一系列问题受到各市场参与主体特别是监管机构的高度关注。SEC也对评级机构展开了多项调查，并对《信用评级机构改革法案》作出了一系列的修改；2010年7月发布的《多德-弗兰克华尔街改革和消费者保护法案》设立专节对评级机构监管改革做出了框架性规定，自法案生效后的数年，SEC 根据国会要求定期对该节的执行情况进行检查和总结。欧盟委员会在征求了欧盟证券监管委员会（CESR）和欧洲证券市场专家组（ESME）意见的基础上，出台了《信用评级机构监管规则》，并根据监管的实际情况，先后于 2010 年和 2013 年对该规则进行了两次修订，将对评级机构的监管权限统一到了欧洲证券市场管理局（ESMA）一家，并对评级机构监管过程中的主要问题及时进行了完善。FSB 和 IOSCO 等机构也相继就评级机构在危机中扮演的角色发表研究报告并提出改善监管的建议。各国监管当局和有关国际组织力求通过新的监管规则提高现有的信用评级监管水平，改善评级质量，从而恢复投资者信心和加强投资者保护。

一、美国的监管改革

（一）危机后 SEC 对监管规则的紧急修订

评级业在诞生之初是一个没有太多准入壁垒的高度竞争行业，在市场机制的作用下，评级机构通过发布高质量的评级，以赢得投资者的信任和积累声誉资本。因此，一直以来美国监管当局秉承“声誉资本”理念，认为在市场约束下的自律监管即可满足对高质量评级的需求，对评级机构并未实行法律监管。直到 2006 年 9 月的《信用评级机构改革法案》才授权 SEC 对评级机构（主要是 NRSRO）进行监管，然而这一监管模式除了规定 SEC 负责 NRSRO 的注册、披露年度报告、披露信用评级的程序和方法等程序性监管外，并没有授权 SEC 对评级机构行为的实质审查权。在这一“有限监管”模式下，NRSRO 的行为虽然受到了一定的约束，但这一约束明显与其所具有的市场地位和影响力相去甚远。颇具讽刺意味的是在 2007 年 6 月《信用评级机构改革法案》正式生效之时，正是次贷危机初步爆发之时。

作为对危机的回应，SEC 对三大评级公司在次贷危机中扮演的角色进行了全面调查，并于 2008 年 7 月公布了调查报告①。报告发现，自 2002 年以来，在次级住房抵押支持债券（RMBS）和债务抵押债券（CDO）迅猛增长的同时，评级机构的业务规模和利润也大幅度增长。但是，主要评级机构也存在一些明显的问题，主要包括：评级过程中大量重要信息没有披露；对于 RMBS 和 CDO 评级的有关政策和程序应当更完整地加以记录；评级机构没有对评级过程中的一些关键步骤予以记录，包括与评级模型有偏差的理由，评级委员会的活动和决策，同时也没有记录评级过程中的重要参与者；评级机构跟踪评级的程序没有初始评级程序严格；在利益冲突的管理方面有待改进；各评级机构的内部审计程序存在显著差异等。在此基础上，2008 年 6 月和 7 月，SEC 先后通过了三部监管建议稿。第一部是关于 NRSRO 的利益冲突管理、信息披露以及内部政策和商业实践等方面内容。② 第二部建议稿要求 NRSRO 在评级报告中将结构化金融产品和其他类型产品的评级加以区分，或使用不同的评级符号。③ 鉴于评级机构在由次级住房抵押贷款资产化衍生的证券评级中的作用，监管建议稿旨在纠正评级机构在评级过程中的职业操守和评级方法等方面存在的问题。第三部建议稿建议消除 SEC 监管规则中对 NRSRO 评级的要求。④ 这一修改，是 SEC 对于总统金融市场工作小组、FSB 和 IOSCO 技术委员会建议的回应，因为在监管规则和表格中加入了评级要求的条款，构成了对评级的官方认可，而可能会对投资者的应尽注意和投资分析起到负面作用。SEC 的建议致力

---

① "Summary Report of Issues Identified in the Commission Staffs Examinations of Select Credit Rating Agencies", July 2008, http://www.sec.gov/news/studies/2008/craexamination070808.pdf.

② "Proposed Rules for Nationally Recognized Statistical Rating Organizations", June 16, 2008, http://www.sec.gov/ mles/proposed/2008/34-57967.pdf.

③ Ibid.

④ "References to Ratings of Nationally Recognized Statistical Rating Organizations", July 1, 2008, http://www.sec.gov/rules/proposed/2008/34-58070.pdf; "Security Ratings", July 1, 2008, http://www.sec.gov/rules/proposed/2008/338940.pdf; "References to Ratings of Nationally Recognized Statistical Rating Organi-zations", July 1, 2008.

于减少对评级的依赖，提高投资者在投资决策中的独立分析。①

2009 年 2 月和 9 月，SEC 在广泛听取各方面意见的基础上正式颁布了两部经过修订的监管规则。新监管规则主要致力于增强评级业的竞争，提高 NRSRO 对投资者信息披露的质量，强化 NRSRO 在评级过程中的职业操守，以及更为有效地避免和纠正结构化金融产品评级过程中潜在的利益冲突。而且新规则还强化了 SEC 对 NRSRO 的监管权限，SEC 的监管涵盖了 NRSRO 的注册、评级业务流程的记录、NRSRO 的年度报告、防止非公开信息的滥用、利益冲突的披露和管理，以及禁止不正当竞争行为等评级机构业务活动的主要方面，使得 SEC 对 NRSRO 的监管更为细致，更具可操作性，更符合结构化金融产品评级监管的现实需要。

1. 强化评级业的竞争

美国监管当局一直秉承"声誉资本理论"，认为在竞争的优胜劣汰作用下，声誉会确保评级机构维持评级质量以避免失去投资者的信任。因此，SEC 认为增加竞争是以声誉资本为基础的市场约束机制发挥作用的关键所在。在短期内可以通过改进评级机构的评级流程以提高质量，而长期来看，只有增加竞争方能通过市场机制约束评级机构的行为。强化竞争也就成为 SEC 此次监管规则调整的重要方面。

第一，要求评级机构披露评级的历史数据，以便投资者比较。

评级机构应当披露其评级表现情况的历史数据，包括对于全部或部

---

① 在建议稿中，SEC 建议修订 1934 年证券交易法中由其市场交易部负责的多项规则与表格。包括 Rule 3a1-1，Rule 1 Ob-lO，Rule 15c3-1，Rule 15c3-3，Rules 101 and 102 of Regulation M，Regulation ATS，Form ATS-R，Form PILOT and Form X-17A-5 Part IIB.；1933 年证券法中 Rule S-K 和 1934 年证券交易法中由 SEC 公司金融部负责的规则和表格，包括 Rule S_K 中 Items 10，1100，1112，和 1114. 1933 年证券法中修订 Rules 134，138，139，168，415，436，Form S-3，Form S-4，Form F-1，Form F-3，Form F-4 and Form F-9。1934 年证券交易法中修订 Schedule 14A；对于 1940 年投资公司法和 1940 年投资顾问法中由投资管理部负责的规则进行修订，投资公司法中的 Rules 2a-7，3a-7，5b-3 and 10f-3，投资顾问法中的 Rule 206(3)-3T。

分以资产支持债券和抵押资产债券资产池为基础的结构化证券的评级；评级机构应该按1年、3年、10年为期限，公布各类评级的历史表现，从而方便投资者予以对比分析；应披露所有的评级变动情况(包括评级上升和评级下降)和违约率。

新规则通过要求NRSRO进行持续性公开披露其评级的历史数据，使得市场参与方利用NRSRO自己公开披露的信息对其发布评级的表现情况进行统计分析成为可能。其目的在于向评级使用者、投资人和市场参与方以及观察家提供充分的信息，从而对评级机构的初始评级、评级调整以及调整的及时性等进行全面比较，从而便于投资者选择表现更好评级机构，这将有效地促进评级机构的竞争，以发布高质量的评级争取投资者和市场的信任。

第二，增加对结构化金融产品评级的供给。

2009年9月，SEC要求建立一个由SEC授权的基于网络的发布系统，在对结构化金融产品评级时，被发行人雇用的NRSRO应通过此系统向其他NRSRO披露决定评级的细节。从而使得所有得到SEC授权的NRSRO可以获得相同的信息以对该结构化金融产品进行评级，通过强化竞争提高评级质量。而发起人在雇佣评级机构评级时应向评级机构提供一份陈述保证他们将向其他评级机构提供同样的信息。其他获得相关信息的NRSRO应当向SEC提供一份年度检查报告保证其所获得的信息仅仅用于评级。

通过上述措施，可以增加特定结构化金融产品评级的数量，特别是增加那些没有被雇佣的NRSRO发布评级的可能性。同时也向投资者提供了更为广泛的关于该产品信用状况的观点，评级的使用者可对评级机构是否受到发行人的影响而发布过高评级进行检查，从而也在一定程度上排除了发行人对评级机构施以不当影响的可能。

2. 严格管理利益冲突，保障评级独立性和评级质量

评级机构基于专业知识和专业判断以及公正、客观的立场而独立发表的意见是投资者信任评级的关键所在。如果评级机构和分析师面临诸多外界因素的干扰，特别是面临激烈的利益冲突，那么评级活动的独立

性则得不到保证，评级结果也就不再可靠，甚至会误导投资者。这在次贷危机中已经表现得非常明显。因此，在SEC的监管制度调整中的一项重要任务就是严格管理和规避利益冲突，保证评级活动的独立性，营造一个评级机构可以不受外界干扰的市场环境。

第一，新增三类严格禁止的利益冲突。

根据评级机构在次贷危机中暴露出的问题，SEC在Rule 17g-5中新增了三类严格禁止的利益冲突。

首先，如果发行人从NRSRO或其关联人处获得有关结构化金融产品评级的建议，NRSRO不得对该产品发布评级。这种利益冲突对于评级机构而言是无法管理的，因为这相当于是评级机构对自己的咨询服务业务进行评级，发行人将毫无争议地从评级机构那里获得自己所需要的评级。

其次，禁止NRSRO中对评级有决定性影响的分析师，包括参与评级、决定评级以及设计评级方法和程序的分析师参与有关评级收费的谈判。通过将评级业务部门和市场销售部门隔离，评级分析师可以更加专注于发布高质量的评级而不必担心评级结果对评级机构收入的影响。

再次，禁止分析师从发行人处收取超过25美元的礼物。尽管有些评级机构认为这类利益冲突应当通过披露进行管理，但SEC坚持认为，很难评估分析师发布的评级结果是否受到了发行人赠送礼物的影响，而即便是小额礼物，在反复赠送的情况下也会影响分析师的客观立场，因此，有必要对此类利益冲突予以禁止。

第二，完善评级机构的内部治理结构。

要求NRSRO设立专门的合规检查人员负责检查合规问题。合规部门应每年向SEC提供一份报告，报告包括对评级机构合规措施执行情况的审查，如存在哪些问题、采取了什么方式来纠正这些问题等。

第三，增加有关利益冲突的披露要求。

评级机构应披露其利润来源，投资者可以据此评价是否会导致利益冲入。评级机构在发布评级时应向投资者提供评级的局限性、是否存在利益冲突，以及是否存在购买评级现象等情况的说明，从而有利于向投资者提供更多的评级信息以帮助他们评价评级的表现情况。

3. 强化信息披露，提高对评级行为的市场约束

由于评级是对债务主体未来偿付能力的预期，是一种基于量化模型的推算结合主观经验的前瞻性判断，评级既注重债务主体目前的信用实力和历史的信用记录，更注重未来影响其信用风险因素的分析，而非量化的结论。因此，评级的准确与否既与基础信息质量、评级技术和模型有关，也与评级人员的专业技能和审慎态度密不可分。提高评级准确性一方面要求明确规范发行人信息披露的质量，另一方面也要求提高评级过程的透明度，即将评级活动置于市场监督之下，使其更好地接受市场参与各方的检验。这样，既可以更好地督促评级机构在全面客观地分析各种可用信息的基础上负责任地进行评级活动，也可以让市场参与各方充分了解评级过程和评级结果含义，使得投资者可以理性地对评级结果的准确性和可靠性作出独立判断。

第一，在评级方法和程序方面的披露增加了新的要求。

评级机构应当披露：是否和如何对结构化金融产品资产池中资产的信息进行验证；由发行人提供的资产池中资产信息的质量是否进行了评估，评估情况如何；评级的复审频率如何，是否有不同的模型和标准在跟踪评级中使用，这些变化是否适用于现有的评级，适用于跟踪评级的模型和标准与初始评级的模型和标准。

第二，增加了有关评级记录方面的要求。

要求 NRSRO 记录每一个现有评级的评级变化及其时间，并接受 SEC 的检查。在 2009 年 2 月，要求评级机构在最迟 6 个月时间内，对于由发行人付费，且已发布的超过 500 个以上评级的类别中，随机抽取 10%按照有关要求向公众进行披露。到 2009 年 9 月，又将这一规定扩展到 2007 年 7 月《信用评级机构改革法案》生效后所发布的所有关于结构化金融产品的评级。在最终评级结果与评级中使用的定量分析模型得出的结果有明显差异的情况下，且这一模型是决定结构化金融产品评级的实质性组成部分，那么 NRSRO 应当记录出现这一偏差的理由。要求 NRSRO 记录任何第三方关于评级分析师在发布评级过程中表现情况的

投诉。

第三，增加了关于评级活动报告方面的要求。

要求 NRSRO 每年向 SEC 提交一份关于其发布的各类评级变动情况的报告(包括评级上升、评级下降、列入评级观察和撤回评级等)。

(二)《多德-弗兰克华尔街改革和消费者保护法案》的新发展

2010 年 7 月，美国总统奥巴马正式签署了《多德-弗兰克华尔街改革和消费者保护法案》(*Dodd Frank Wall Street Reform and Consumer Protection Act*，以下简称《多德法案》)。该法案被认为是自 1933 年《格拉斯-斯蒂格尔法》以来美国最重要的金融监管法案，对美国乃至全球的金融业和金融监管都产生深远影响。该法案内容宏大，共 16 个部分，1000 余条，涵盖了加强对金融消费者的保护、预防系统性风险、改变金融机构“大而不能倒”的局面、加强对金融衍生品和信用评级机构以及对冲基金的监管、对美联储的职责进行改革等多方面的内容，体现出后危机时代美国金融监管理念和模式的变革方向。①

《多德法案》第九章第三节“改进信用评级机构的监管”对监管改革列出了一系列举措，主要包括对评级和评级机构系统重要性的评价、增强对评级机构的监管和提高问责及透明度、面向监管机构的报告制度、对源自发行人以外的信息在评级过程中的考虑、评级分析师的资格标准、取消援引评级作为法定参考等内容。

1. 信用评级机构的重要作用

鉴于评级系统的重要性和当前市场中各方参与者对评级的依赖，评级机构的表现关乎国家公共利益，评级机构对于资本募集、投资者信心和美国经济的高效运转具有重要意义。评级机构与证券分析师，注册会计师和投资银行一样，在债券市场扮演着关键的看门人角色，理应接受与之相似程度的公共监督和责任。而且其活动同样具有商业性，也应承

---

① 董裕平，全先银，汤柳，姚云等译：《多德-弗兰克华尔街改革与消费者保护法案》，中国金融出版社 2010 年版。

担相似程度的责任标准。而在这次金融危机中，评级机构由于突出的利益冲突问题，造成评级的不准确，进而给美国和全球经济造成不利影响，因此，有必要加强评级机构的责任。

2. 增强评级机构的内部控制

危机后 SEC 的调查报告表明，内部控制机制不健全是评级机构不能正确处理利益冲突而导致评级质量降低的关键原因。因此，《多德法案》要求每个评级机构都要建立和执行相应的内控机制，以确保有关确定信用评级的政策、程序和方法的执行和遵守情况得以有效记录。SEC 应当制定规则要求评级机构的总裁每年提交年度内部控制报告，详细说明其在建立和执行内控机制上的管理责任并评估其有效性。

《多德法案》还十分重视评级机构董事会和合规主管在内控机制中的重要作用。要求董事会中至少有超过 1/2 且不少于两名的独立董事，独立董事应包括评级用户。并规定了其任职的资格条件。① 对于合规主管，法案也对其任职资格、工作职责、薪酬和报告义务提出了明确要求。②

3. 消除监管对评级的过度依赖

为了减少金融监管中对评级结果的依赖，《多德法案》取消了部分法律中对 NRSRO 评级结果的引用，代之以公司自行制定信用风险评估

---

① 主要包括：(1)非在评级机构接受任何咨询、顾问或者其他报酬性费用；(2) 非评级机构及其附属公司的关联人员；(3) 非从事与评级结果具有财务利益的特定评级的任何研究。从薪酬和任期上，独立董事的薪酬不与评级机构业务表现相挂钩，任期为固定期限(不超过 5 年)。

② 主要包括：第一，明确规定其个人不能从事信用评级、参与提出评级方法或者评级模型、从事评级营销职能、参与确定评级人员薪酬水平等业务。第二，明确其主要职责，包括建立程序以便接收、保留和处理有关信用评级、模型、方法的投诉以及来自职员或者评级用户的匿名的投诉。第三，为了确保其判断的独立性，其薪酬不与评级机构财务表现相关联。第四，要求其承担报告义务，即应当向评级机构提交合规情况的年度报告，描述评级机构在道德准则和利益冲突政策等方面的任何重大变化以及报告内容准确和完整的证明。评级机构应当将合规报告与财务报告一起提交给 SEC。参见聂飞舟：《美国信用评级机构法律监管演变与发展动向——多德法案前后》，《比较法研究》2011 年第 4 期，第 148~149 页。

标准。法案还要求其他联邦机构也对现有的援引评级结果的规则进行检查，逐步采用其他的信用风险衡量标准予以替换。

4. 强化评级机构的法律责任

《多德法案》明确指出评级机构与证券分析师，注册会计师和投资银行一样，在债券市场扮演着关键的看门人角色，理应接受与之相似程度的公共监督和责任。法案废除了 SEC 根据《1933 年证券法》颁布的规则 436(g)，① 这就意味着发行人在获得 NRSRO 同意的基础上，应将评级纳入注册说明书中，而评级机构一旦统计，就将承担作为《1933 年证券法》第 11 条项下的专家责任，② 即投资者对于评级机构以明知或罔顾方式不进行合理的尽职调查，或不对事实加以验证而进行评级分析的行为，可以提起私人诉讼。

《多德法案》还废除了评级机构享有的安全港规则保护。依据 SEC1975 年发布的规则，如果前瞻性信息的披露是基于善意(good faith)并有合理基础(reasonable basis)，披露人即使在其预测与最终的事实不符的情况下也不承担欺诈责任。对于披露人前瞻性陈述(forward-looking statement)缺乏善意与合理基础的指控由原告承担举证责任。由于信用评级是对评级对象违约可能性的预测性观点，属于《证券交易法》规定的前瞻性陈述，因此，该规则实际上变相地排除了包括评级机构在内的前瞻性陈述披露人的相关民事责任。而《多德法案》明确规定相关处罚条款，应当以适用于注册会计师事务所或证券分析师同样的方式和程度，适用于信用评级机构所作的陈述，且该陈述不应当被视为符合《1934 年证券交易法》第 21E 条项下的前瞻性陈述。③

5. 防范利益冲突和提高透明度

《多德法案》重视通过防范利益冲突对评级结果的不当影响，提高

---

① 该规则豁免将 NRSRO 提供的信用评级视为《证券法》第 7 条和第 11 条含义中编制或核准的注册说明书的组成部分。

② Jonathan S. Sack, Kefira R. Wilderman. Civil Liability of Rating Agencies: Past Success, Future Danger?. New York Law Journal, September 15, 2010, pp. 21-22.

③ 张路：《从金融危机审视华尔街改革与消费者保护法》，法律出版社 2011 年版，第 645 页。

评级的可靠性，并通过披露评级方法和程序信息等方式提高评级质量。

第一，增加了利益冲突类型。法案授权 SEC 制定评级与营销分离的具体规则，防止评级机构因市场营销因素而影响评级结果的公正性和独立性。对于违反规定的评级机构，SEC 可以中止或者撤销注册。同时，对评级人员离职后到被评级公司就业的情况提出更详尽的监管要求。

第二，提高透明度。法案要求 SEC 制定规则，通过披露评级机构各项初始评级和跟踪评级的情况，方便投资者进行比较以评估评级的准确性。

第三，披露评级程序和方法。法案要求评级机构在发布评级时应附带表格用于披露关于评级程序和方法的基础假设、确定信用评级所依赖的数据、如何使用第三方服务商报告等方面信息。

6. 设立专门的监管机构

《多德法案》在 SEC 内设立信用评级办公室(office of credit rating)，主要负责对评级机构的年度检查。检查内容涉及：评级机构是否按公布的规则和程序进行评级；对利益冲突的管理情况；道德准则的执行情况；内控机制的建立和自行情况；评级机构的公司治理结构；合规主管的履职情况；对投诉的处理情况；评级机构对前雇员离职后再就业的管理措施。年度检查报告应便于公众获取和知悉。为了确保法案的实施，法案授权 SEC 制定细化的监管规则，并可对违反规则的评级机构予以处罚。

7. 关于未来监管改革动向的研究

对于评级监管中的一些争议较大的问题，《多德法案》责成有关部门尽快研究。法案责成总审计长(the comptroller general)研究评级机构收费商业模式的替代方案；筹备成立独立的行业协会，由该协会负责制定评级分析师的职业标准、道德行为准则，并监督分析师的行为。在协会成立之前，责成 SEC 发布规则以保证评级分析师具备相应的培训经历和任职资格，并且通过相应的考试。法案还要求 SEC 对实现信用评级术语的标准化的可行性和可取性进行研究；对结构化金融产品的收费模式，评级分配情况等问题进行研究。

二、欧盟的监管改革

(一)背景

一直以来，欧盟金融体系内银行占据主流地位，融资需求主要通过银行信贷融资实现，企业债券的规模较小，信用评级业远不及美国发达，在某种程度上而言，欧盟的信用评级业的发展是由那些希望吸引美国投资者的欧洲公司推动的，因此，欧盟几乎没有本土的评级机构,①标准普尔、穆迪和惠誉三家美国评级巨头占据了欧盟评级市场的绝大部分份额。而欧盟对评级机构的监管主要依靠行业自律模式，并无严格的法律监管体系。在现行的欧洲金融服务行动计划(FSAP)的指令体系中，与评级机构监管相关的指令仅有两处：一是《市场滥用行为指令》(MAD，2003/6/EC)的实施细则《关于内幕信息定义和公开披露及市场操纵定义的指令》(2003/125/EC)，该指令指出，评级机构发布特定发行人或金融工具的信用评级时，这一评级观点不构成本指令所指的推荐。但评级机构应当采取内部政策和程序以确保其所发布的评级是公正的，并完全披露了任何于评级相关的他们与发行人或金融工具之间的利益关系或利益冲突。但在指令中没有任何强制监管措施保证评级机构服从这一建议。二是《资本充足指令》(CRD，2006/48/ EC)提出要采用外部信用评估以确定信贷机构各项风险资产的权重。只有采用认可的外部信用评估机构(ECAIs)，主要是评级机构的评级才是监管当局所认可的。该指令的附件 VI 中允许成员国采取两种方式认可 ECAIs：(1)直接认可，监管当局采用自己的评估方式认可符合指令的 ECAIs，该机构必须客观、独立、可信和透明。评级程序应当系统化合准确，且评级结果

① 仅有英国的 European Rating Agency 在评级市场占有较小份额。

应当接受定期复审，而评级方法的变动应当公开披露；① （2）间接认可，不通过自己的评估程序认可，而是通过认可其他成员国认可的ECAIs。欧洲银行监管委员会（CEBR）随后发布了认可ECAIs的指导意见。

在安然、世通及帕尔马拉特等企业财务丑闻相继发生后，欧洲议会要求欧盟委员会对是否应对评级机构进行监管和如何监管等问题进行研判，特别是对立法需求进行评估。2006年3月，欧盟委员会在咨询CESR的意见的基础上，公布了对评级机构的监管态度，欧盟委员会对目前指令体系，以及依靠评级机构通过将IOSCO行为准则转化为内部行为准则方式进行自律监管的方式充满信心，认为目前并不需要立法对评级机构进行监管。但欧盟委员会要求CESR继续就评级机构是否遵守IOSCO行为准则进行监督并提供年度报告，通过这种方式，欧盟委员会可以在评级机构遵守欧盟法令及IOSCO行为准则不令人满意的情况下采取立法行动。

然而这种自律监管模式并未达到预期效果，由于缺乏有效监管，加之结构化金融产品带来的巨大评级收入②，评级机构迷失了作为资本市场看门人应有的方向。2007年欧洲市场上约有90%的结构化金融产品获得评级，其中75%被评为“AAA”。③ 而次贷危机爆发后，欧洲主要金融机构因购买结构化金融产品而承受的损失已超过3233亿美元，包括巴克莱银行、苏格兰皇家银行、富通集团、荷兰国际集团、荷兰全球保险集团等在内的诸多大型金融机构陷入严重困境，德意志银行2008年第4季度出现了48亿欧元的巨额亏损。欧盟经济也自2008年下半年起陷入衰退，全年GDP仅增长1%，2009年则会出现负增长。④ 痛定思痛，欧盟认为应当对现有的监管模式加以改革，实行严格的法律监管以

① Annex VI，Part 2，Directive 2006/48/EC.

② 据Bloomberg统计，结构化金融产品的评级收入已占到CRA总收入的50%。

③ Source：Bloomberg.

④ 裘元伦：《金融危机冲击下的欧盟经济》，《求是》2009年第6期。

代替现有的自律监管，提高对信用评级业的监管水平，改善评级质量，从而恢复投资者信心和加强投资者保护。

在此背景下，欧盟委员会先后征求了 CESR 和 ESME 的意见，于 2008 年 11 月发布了《信用评级机构监管规则》(*Regulation on credit rating agencies*)建议稿，力求通过四个方面的努力以提高现有信用评级监管水平，改善评级质量，从而恢复投资者信心和加强投资者保护。第一，确保评级机构对利益冲突的规避和管理；第二，改善评级机构的评级质量；第三，增强评级透明度；第四，建立全欧统一的注册和监管框架，避免监管过程中出现“选择监管”或“监管套利”现象。

2009 年 4 月该建议稿获得欧洲议会和欧洲理事会通过，距建议稿发布不过 5 个月的时间，充分表明了欧盟对评级机构进行法律监管的决心，正如欧盟委员会内部市场与服务委员会主席 Charlie M. Creevy 所言，“欧盟已意识到有必要对评级机构的运作框架进行深刻的变革，该规则得以顺利通过，是欧洲议会、欧洲理事会和欧盟委员会密切合作结果，也将树立一个典范而被追随”。①

(二)监管规则的主要内容

1. 确保独立性和利益冲突的规避与管理

评级机构的独立性在此次危机中备受质疑，他们一方面为结构化金融产品提供评级，另一方面又受被评级的机构委托，就结构化金融产品的构成及评级增强提供咨询服务，从而使评级的独立性与公正性大打折扣。因此，要想恢复市场对评级机构的信心，评级机构应建立良好的公司治理结构、内部控制体系和清晰的业务隔离防火墙，以确保独立性和避免利益冲突。

规则要求评级机构从组织架构、内部控制等方面进行改革以保证评级的独立性。在组织架构方面，评级机构应设立专门的监管委员会以确

---

① http://europa.eu/rapid/press-release_IP-09-629_en.htm? locale=en.[2010-10-21]。

保评级过程的独立，以及利益冲突的识别、管理和披露符合规则规定的持续性要求。该监管委员会至少应有3名独立的非执行委员，其收入应不与评级机构经营业绩挂钩以保证其独立的判断。其任期应不超过5年且不能连任，非因不端行为或履职无能不得解雇。非执行委员还应监督评级政策的发展、内部质量控制体系在防止利益冲突方面的有效性及评级复审功能的有效性等问题。非执行委员对上述问题的观点应定期公布并在监管机构要求时及时报送。

在内部控制方面，评级机构应建立合理的执行程序、会计程序、风险评估程序以及信息处理体系等内部控制的制度性安排，以确保利益冲突得以有效识别、控制和管理；同时应记录下所有对评级独立性和其雇员的威胁，以及消除这些威胁的措施。评级机构应建立复审功能定期对评级方法、模型、方法和模型的显著变化，及其应用于新的金融工具的合理性进行复审，复审功能应独立于业务体系并向监管委员会报告。评级机构应监督并评估其内部控制体系的有效性并及时采取有效措施对出现的偏差进行及时的纠正。

在避免利益冲突方面，规则要求在以下情况下评级机构不得发布评级或撤销评级：(1)参与评级的分析师或决定评级的人直接或间接持有被评级机构或相关第三方发行的金融工具或直接或间接持有上述机构的所有权；(2)被评级机构或相关第三方对评级机构有直接或间接控制权；(3)参与评级的分析师或决定评级的人在被评级机构或相关第三方发行的董事会、管理层任职。评级机构应定期公布占其年度收入超过5%以上的被评级机构或相关第三方的名称。评级机构不得就任何关于被评级机构或相关第三方的法人结构、资产、负债等情况提供顾问或咨询服务业务。如果评级机构对某项结构化金融产品发布评级，评级机构应确保其分析师不得就该产品设计提出直接或间接的意见。评级机构应设计相应的报告和交流渠道确保分析师或确定评级的人员与代表评级机构商业利益的其他部门分离。评级机构应就包括评级机构与被评级机构或相关第三人之间的谈话的重要内容在内的所有活动保留记录，这些记录应保存5年以上并应监管机构要求随时提供。

2. 关于提高评级质量

多数投资者由于缺乏必要的专业知识或者资源(如时间、精力及信息),因此会依靠评级结果以替代自身对投资的信用风险进行评估,而且由于评级机构拥有的信息较一般的市场参与者要丰富,因此,理论上,如果评级结果有较高的质量,这对于一般投资者而言是一种衡量和管理信用风险的有效方式。

有鉴于此,规则致力于提高评级结果的质量。一方面,规则对评级机构的雇员提出了专业素质、职业操守及管理方面的要求。如评级机构应保证其直接参与评级过程的雇员有与履行职责相应的知识和经验;不得主动或被动接受被评级机构的礼品和财务;参与评级的分析师和协助其工作的人员以及对评级有重大影响的人员不得持有、买卖或交易由被评级机构发行、担保、或支持的金融工具或者投资基金评级机构应确保分析师及评级检验人员为同一被评级机构(或相关第三方)服务不得超过4年。为此应建立分析师和有关人员的轮换机制,这一轮换的时间应不短于2年。其直接参与评级过程的雇员不得参与同被评级机构、相关第三方或与被评级机构有直接或间接联系并受其控制者就评级费用所进行的谈判;分析师的报酬和绩效评估不应与他所提供评级服务的被评级机构为评级机构所创造的利润挂钩;当分析师从评级机构离职后,其所参与的评级应在2年内进行复审;直接参与评级的雇员在评级发布后6个月内不得担任被评级机构或相关第三方的高级管理人员。雇员还应遵守相关保密规则,不得将评级中的保密信息用于金融交易或评级行为以外的用途。

规则还对评级方法、模型等做出了相应规定。如为了帮助成熟的市场参与者(如银行和其他机构投资者)能校验评级机构发布的评级结果所采用的方法以增强市场约束,评级机构应当公布其评级方法、模型和关键性假定。评级方法应保持更新并接受复审,当评级机构改变评级方法时,应立即予以披露这种改变对评级结果可能带来的影响并及时予以重新评级。评级机构应对所有评级进行复审,这对评级保持更新并对变化的金融形势及时回应至关重要,从而避免评级机构过分将其资源投向初始评级而忽视后期的持续评级，这会对持续评级的质量产生决定性影响。

3. 关于提高评级透明度

规则首先明确了评级报告发布的规则。如所有评级报告都应附有首席分析师的姓名和职务；评级最初的发布日期及最近的更新日期都应清晰而显著地标识；当评级信息与所发布的评级结果长度不成比例时，应发布清晰显著的参考说明并能直接并简单获取，如在评级机构网站的相应位置给予直接链接；对每一评级分类的含义及违约的界定都应明示并提示风险；应提供关键性假定的敏感性分析，即最坏情况下的评级和最好情况下的评级；所有为评级准备的实质性材料都应公开，并对评级结果所依靠的关键要素提供说明；评级机构应确保评级报告中的陈述清晰，并明示评级的局限性，特别要明示对从被评级机构处所获得的信息质量是否满意，在何种程度上对其进行了验证。如果评级所涉及的金融工具的历史数据有限，评级机构应当在显著位置进行标识，表明评级结果的局限性；对于结构化金融产品，规则还提出了附加义务，如应提供分析师对其产品未来现金流和可能损失的判断；应对结构化金融产品的标的资产是否采取尽职调查情况进行披露，包括评级机构自身(或依靠第三方)是否进行尽职调查评估，以及这种评估对评级结果的影响。

信息披露分为一般性披露和定期披露。一般性披露包括前面提及的是否存在事实或潜在的利益冲突；评级所采用的方法、模型、关键的评级假定以及其实质性的变化；评级机构对其附属业务是否会对核心评级业务产生影响的界定以及一般性的赔偿协议等内容。

定期披露包括每6个月应披露其评级结果的历史违约率及评级分类中违约率是否变化；每年应披露其利润来源排名前20位的客户名单；上年度单个客户所贡献的利润增长率超过整体利润增长率1.5倍的客户名单，以及源自这些客户的收入是否占到全球范围内收入总量的0.25%。

评级机构每年还应发布一份透明度报告。报告应提供以下信息：公司的法人和所有权结构；公司的内部质量控制体系和内部治理结构；在评级、评级复审、评级方法模型研发方面资源的分配情况；评级历史记录保存的情况；年度内部独立性检查的结果；管理层和分析师的轮换政策；按照评级收费和非评级收费分类的年度收入信息等。

4. 关于注册和监管

规则制定了一套完备的注册程序。如果评级机构希望欧洲金融机构基于符合监管要求的目的而采用其评级结果的话，都应事先注册。考虑到评级结果可能会在欧盟范围内采用并产生影响，因此，所有欧盟相关监管机构都应参与注册程序，为此，规则指定 CESR 作为唯一受理注册申请的机构，同时负责信息的传递和监管机构间的协调。但在申请的具体审批上，还是由评级机构母国①最适格的监管机构的负责。监管机构根据注册申请所提供的信息②对照规则所规定的条件做出接受或拒绝申请的决定。规则还明确了取消注册的情形：一是评级机构表示放弃注册或未发布评级满 6 个月；二是评级机构通过虚假陈述或其他非法方式取得注册；三是评级机构不再符合注册条件；四是评级机构违反规则确定的运作条件。CESR 对于母国做出的关于注册和取消注册的决定提供参考意见，并可在其认为母国做出的决定不当的情况下要求母国重新进行审查。

为确保规则的有效实施，规则还制定了完善的监管和协调机制。规则要求每个成员国成立相应的监管机构负责规则的执行，同时赋予监管机构相应的监管权限③以保证监管履职的需要。在评级机构违反规则要求时，监管机构可采取以下监管措施：撤回注册许可；在欧盟范围内临

① 一般指 CRA 的登记注册国，对于评级集团则考虑以下情况，一是集团重大评级活动的实施地或者计划实施地，二是集团的主要评级收入来源地或应该是主要评级收入来源的所在地。

② 主要包括：机构全称及欧盟内注册的办公地址；联系人姓名及方式；法人；评级等级划分；评级的程序、方法；利益冲突的识别及管理的程序和政策；有关的雇员信息；赔偿安排；附属服务；运营计划，包括预期的主要业务实施地和设定业务类型。

③ 如获得任何文件、表格及其复印件；传唤任何人以获得相应信息；实施预先通知的或未通知的现场检查；取得电话录音或其他数据。

时禁止发布评级；在欧盟范围内终止评级的使用；采取相应措施使评级机构遵守法律规则的要求；对评级机构的违规行为进行通告；提起刑事起诉。其中前三项监管措施只能由监管母国采取。各成员国还可针对违反规则的行为（包括专业人士失职和未尽应尽之责）制定相应的处罚条款，处罚条款应符合有效、适当和预防的原则。

规则还注重监管机构之间的协调。各监管机构间应相互协作，特别是在对评级集团的监管上，应在信息交换、相互咨询和委托监管行动等方面充分合作；当东道国足够确信评级机构在其领土范围内的行为已违反规则的义务时，应通知其母国。如果两国间讨论后，母国拒绝采取行动或者其采取的行动不足以充分保护投资者利益及金融市场秩序，东道国方可采取监管措施；CESR 也将建立调解机制以利化解争议，达成共识。

（三）最新发展

2009 年至 2010 年，在欧元区爆发的主权债务危机中，三大评级公司的作用再次受到质疑。欧盟认为评级机构对危机的引爆和扩散负有不可推卸的责任。① 在评级市场垄断局面尚未消除，市场参与方对评级过度依赖的情况下，评级机构对于金融市场的稳定造成了不利影响。因此，2011 年 5 月，欧盟对《信用评级机构监管规则》作出修订，决定成立欧洲证券和市场管理局（European Securities and Markets Authority，ESMA）负责统一受理评级机构的注册登记，并承担对评级机构进行日常监管之责。ESMA 对于评级机构违反《信用评级机构监管规则》或其他欧盟的相关规定的行为，有权实施包括罚款、暂停信用评级资格甚至吊

---

① 2009 年 11 月，穆迪评级公司降低了希腊的主权信用评级，引发了对欧元区发生危机的担忧；2010 年 4 月底，就在欧洲央行和国际货币基金组织刚刚承诺了一个 1200 亿欧元的援助计划以防止希腊违约之际，标准普尔公司又把希腊的主权债券评级下调至垃圾级，造成新一轮欧元危机的扩散。

销执照等在内的处罚。① 目标是确保在欧盟层面上实现有效的集中监管，并尽快建立欧洲自己的信用评级机构。

2013 年 5 月，欧盟委员会颁布了再次修订的监管规则[Regulation (EU) No. 462/2013，以下简称 CRA3]，对原有的监管框架进行了一些调整，主要致力于解决如对外部评级过于依赖、源于发行人付费模式的潜在利益冲突、主权债务评级中缺乏透明度、评级机构对评级承担有限的责任等问题。

1. 减少对外部评级的过度依赖

CRA3 要求各类信贷机构、投资机构、保险机构、再保险机构、年金管理机构等以及重要的交易对手方须进行内部的信用风险评估，而不能仅仅依赖或是机械依赖信用评级作为唯一的参数作出投资决策(Article 5a)。同时要求成员国监管当局应当监管金融机构对信用风险评估程序的充分性，评估对评级合约的使用情况，以鼓励金融机构消除对相关评级的参考，从而减少对评级的唯一性或机械性依赖。CRA3 还要求欧盟的金融监管机构如欧盟银行管理局(European Banking Authority, EBA)、欧盟保险和年金管理局(European Insurance and Occupational Pensions Authority , EIOPA)和 ESMA 等都禁止在其指引、建议或技术标准中参考信用评级，该要求同样适用于欧洲系统风险委员会(European Systemic Risk Board)，上述机构必须在 2013 年 12 月 31 日前对现存的指引和建议中援引的评级参考进行审查。欧盟委员会也将会继续审查欧盟法律中是否还有对评级的参考以导致对其的依赖，并最迟在 2020 年消除所有这些参考，同时提供合适的选择以对信用风险进行识别(Article 5b，Article 5c)。

2. 采取轮换以消除潜在的利益冲突

尽管前面两轮监管规则对评级分析师和评级委员会的轮换作出规定，以尽可能消除发行人付费商业模式下潜在的利益冲突，但在结构化

① 孙秀娟：《信用评级机构的法律定位及其国际监管改革研究》，《时代法学》2011 年第 3 期，第 118 页。

金融产品评级中，不同的产品可能都是源于同一发起人(发行人)的基础资产，因此，评级机构长期对该类产品的评级同样会诱发潜在的利益冲突，考虑到维持稳定的业务关系，评级机构或多或少会倾向于发行人一方，毕竟结构化金融产品评级的利润较传统债权评级要高得多，而这是目前分析师和评级委员会的轮换所不能解决的问题。有鉴于此，对评级机构进行轮换就显得十分必要。CRA3 规定，评级机构一旦对某一再资产证券化(re-securitisations)产品评级，自评级合约订立起 4 年内不得对源于同一发起人基础资产而设计的新的再资产证券化(re-securitisations)产品评级(Article 6b)。除非该再资产证券化产品至少有 4 家以上评级机构评级，且每家评级机构评级所占份额不低于 10%。此外，该轮换政策不适用于少于 50 人规模的评级机构或者年评级收入少于 1 千万欧元的评级机构。

3. 提高主权债务评级的透明度

鉴于评级机构在 2010 年欧盟主权债务危机中的表现，CRA3 加重了评级机构在主权债务评级方面的责任。评级机构应当每 6 个月对发布的主权债务评级进行复审，同时在每年 12 月底公布第二年的主权评级日程安排，其中设定最多三个发布非请求评级和评级展望的时间，以及发布请求评级和评级展望的时间(Article 8a)。而且评级机构就其发布的评级或者评级展望应当至少提前一个工作日(且在工作时间段内)通知被评级实体，以便其检查评级是否存在错误。

4. 民事责任

CRA3 对原有的民事责任条款进行了修订，如果评级机构存在因故意或重大过失而违反规则附件三中所列的行为，且该行为对评级产生影响，投资者或发行人可就因此所产生的损失向评级机构提出损害赔偿(Article 35a)。对投资者而言，如果能够证明其是基于对评级的合理信赖或履行了其他审慎义务而根据评级作出投资决策，可提出赔偿要求。对发行人而言，如果其能证明评级机构的违法行为并非因其误导或者向评级机构提供不准确的信息，无论是直接或是通过公开信息渠道而产生，可提出赔偿要求。根据该条款，投资者或者发行人必须首先提供准确和详细的材料证明评级机构违反了规则所列行为，并且该行为对评级有影响方能提出索赔要求，即举证责任在原告方。而对于提供的信息是否准确详细则留给了成员国法庭自行判断。并且对于相关概念的界定如：故意、重大过失、尽职、合理以及成比例等交由成员国国内法规定。

(四)主要特点

第一，在立法方式上，更为务实。为确保在欧盟范围监管的规则统一，以降低评级机构的合规成本，欧盟以规则(Regulation)的形式而不是指令(Directive)的形式通过该法案，因为根据欧盟立法体系，规则具有直接效力而无需转化，直接在各成员国适用。指令则允许成员国在转化时保留适当弹性。这也表明了欧盟希望该规则能在欧盟范围内尽快适用从而恢复投资者信心的迫切愿望。

第二，在监管机制上，更具创新。规则建立了以 ESMA 为主体，各成员国适格监管机构相互协作的监管机制。ESMA 在评级机构监管上承担主要责任，同时 ESMA 还负责建立调解机制以利化解争议，达成共识。从这个意义上讲，这是欧盟推进证券法律一体化的又一尝试。

第三，在监管内容上，更为全面。规则强调监管应涵盖评级的全过程，即事前(注册准入)、事中(评级程序和内部控制)、事后(评级结果验证，以及相应的违规处罚和退出标准)三方面，着力打造以质量监控为核心的全过程监管模式。如此全面的监管相对于其他国家和组织现行的监管制度无疑是一大进步。

第四，在监管力度上，更为严厉。规则提出了评级机构应设立内部监管委员会负责审查评级政策的发展、内部质量控制体系和公司治理结构的执行情况，应建立分析师定期轮换以及离职后的评级复审制度等诸多创新性监管措施，从而对评级机构的日常运作提出了更高要求。特别是提出了评级机构在注册时应提交一般性赔偿方案，以及各成员国可针对违反规则的行为(包括专业人士失职和未尽应尽之责)制定相应的处罚条款，这就为建立评级机构问责制度提供了可能。建立合理的评级机构民事责任赔偿制度，无疑是强化市场约束、提高评级质量最有力的措施，也是改变目前评级机构“权重责轻”最为有效的手段。

三、澳大利亚的监管改革

（一）背景

澳大利亚没有本土的评级机构，评级市场被三家全球性评级机构——穆迪(Moody's Investor Service Pty Limited)、标准普尔[Standard & Poor's (Australia) Pty Limited]和惠誉(Fitch Australia Pty Limited)所占领。三家评级机构2006—2007年度的收入总额约为8700万美元，其中标准普尔占据了约三分之二的市场份额。机构投资者是澳大利亚本土金融产品评级的主要使用者，因为在澳大利亚，禁止评级用于零售金融产品交易(例如银行招股说明书，在交易所上市的结构化金融产品等)。

根据澳大利亚公司法(Corporations Act 2001)，在澳大利亚提供金融咨询产品的机构和个人应当持有相应的许可证(S911A)。金融咨询产品包括各类建议、陈述、观点或报告等，意图影响他人就某金融产品做出投资决策，或者引发其对特定的金融产品的兴趣，并应对可能会产生此类影响的行为负责[s766B(1)]。而信用评级正属于此类服务。

但是，自2003年以来，澳大利亚证券与投资委员会(Australian Securities & Investments Commission，ASIC)先后两次豁免评级机构提供评级服务时暂不必持有AFS许可证。(其中Class Order [CO 03/1093]豁免至2005年7月1日，Class Order [CO 05/415]豁免至2005年12月31日，但作为金融咨询服务机构，标准普尔和穆迪除评级以外的其他咨询业务持有AFS许可证。)

2005年12月，ASIC发布Class Order [CO 05/1230]允许合格的评级机构在从事评级服务时免于持有AFS许可证。其中合格的评级机构是指符合IOSCO2004年发布的评级机构基本行为准则第4.1款的评级机构(包括穆迪、标准普尔和惠誉三家)，必须向公众公开其行为准则

(如合规制度，内部监察制度等)并解释其准则是如何完全遵循 IOSCO 的原则和具体行为规范的；如果其准则有偏离 IOSCO 的规定之处，必须解释这种偏离是如何符合 IOSCO 的目标的；解释准则的如何得以贯彻；披露准则的任何变动及执行实施情况。而得到豁免的合格评级机构应当每年公布并向 ASIC 提交一份书面报告，就其实质性违反行为准则情况的原因予以解释，并说明其是否实现了 IOSCO 规则的目标，以及采取了何种措施纠正其违反行为。

ASIC 之所以采取较为宽松的监管模式，主要基于以下考虑：

由于评级机构是国际商业机构，全球标准应当适用，评级业有得到广泛国际认可的 IOSCO 准则，而在其他一些国家，评级机构没有许可证要求。因此，在评级机构遵循 IOSCO 发布的统一规则的前提下，可以豁免评级机构取得 AFS 许可证的要求。该指令只是免予取得许可证，但并不免除评级机构应当遵循其他金融服务法的一般性规定，如禁止误导或者欺诈行为。

同时，作为在这一专业领域拥有良好声誉的机构，它们更多的是依靠其能力而不是准入障碍来强化它们的市场地位，尽管实际上它们因其在金融体系中的地位和商业机会强化了市场地位。目前澳大利亚评级市场竞争的主要障碍还是来自于机构自身的规模、声誉等，障碍属于中等偏上。ASIC 认为与充分竞争的市场环境相比，在缺乏竞争的市场环境中，评级机构可能会付出较少努力和较少的研究。同时评级机构过于被动地对已经公开的负面消息进行回应，而不是预见市场的发展，充分的竞争会使得评级机构对信用下降的反应更快。因此，应适当增加评级业的竞争。

(二)基于 AFS 的监管改革

次贷危机后，ASIC 也开始反思现有的监管制度。2008 年 5 月，澳大利亚政府宣布由 ASIC 和财政部联合对现有的评级机构的监管框架进行检讨。ASIC 和财政部认为，鉴于次贷危机中评级机构暴露出来的评级质量不高、利益冲突管理不善、评级资源不充分等问题，继续豁免其持有 AFS 许可证已不能满足监管的要求，因此建议消除此项豁免。11 月 13 日，政府宣布 ASIC 将取消信用评级机构从事评级业务时持有 AFS 许可证的豁免，并要求评级机构最迟于 2009 年 7 月 1 日取得许可证。2009 年 6 月 5 日，财政部长谢里宣布发牌时间延长至 2010 年 1 月 1 日，要求 ASIC、财政部和信用评级机构就此问题进行进一步协商，并对欧洲和美国的监管发展保持关注。

ASIC 认为，AFS 许可制度下持牌人的一般性义务基本可以满足对评级机构的监管需要。

1. 关于利益冲突

根据 AFS 制度下关于利益冲突管理的规定，持牌人在提供咨询服务时，应当有充分的安排以管理在提供咨询服务时可能会产生的利益冲突，① 即如果评级机构提供评级服务时必须持有 AFS 许可证的话，那么评级机构就会采取合理的安排（如内部措施和程序）以避免，控制和披露利益冲突。例如，在评级结果最终发布前，通过评级委员会确定最终的评级等级。而且这些政策和程序应当制度化，遵照实施并加以监督，相关记录也应予以保留。

2. 关于资源充分要求

根据 AFS 许可证制度，持证人必须维持其提供金融服务的资质[s912A(1)(e)]；确保其代理人有充分的训练和能力以提供金融服务[s912A(1)(f)]；有充足的资源（财力，技术和人力）提供相应的服务[s912A(1)(d)]；还应有充分地风险管理体系[s912A(1)(h)]。②

随着评级机构业务量和复杂程度的增加，其资源配置的充分要求也日益关键，为了保证有充足的资源以提供可靠的评级，评级机构应当要求其雇员具有相应的资质且熟悉所评级的政权和评级模型及方法，并提供充足的人力和财力以跟踪和更新评级。而目前比较一致的看法是评级

---

① Regulatory Guide 181 Licensing：managing conflicts of interest（RG 181）.

② Regulatory Guide 104 Licensing：Meeting the general obligations（RG 104）and Regulatory Guide 105 Licensing：Organizational competence（RG 105）.

机构在资源配置方面没有跟上结构化金融产品评级的需求，从而限制了其提供符合自身标准评级的能力。因此，确保评级机构在财力、技术和人力方面投入充足的资源是保证评级质量的关键。

3. 保证评级的高效、诚信和公平

澳大利亚的AFS许可制度要求持证人承担公司法上的一般性义务，主要有：采取一切可能措施确保其提供的咨询服务是高效的、诚信的和公平的[s912A(1)(a)]；采取措施确保其遵守金融服务法[s912A(1)(c)]；并维持提供此类服务的资质[s912A(e)]。这些义务要求金融咨询服务必须由有经验的专业人士承担，应基于合理的方式，且不能误导投资者。这些原则与评级机构在一般法上承担的义务即要求其提供评级时应确保行为是尽到注意义务和适格的是一致的。而且如果评级机构在评级时没有采取合理的措施确保评级质量，将会因为误导或欺骗，或做出错误、误导性陈述而受到处罚。① 当评级机构成为AFS的持牌人后，这种一般法上的义务就成为了公司法上的具体义务。

4. 对于零售投资者的保护

尽管在澳大利亚，评级主要由机构投资者使用，但是随着评级范围的日益拓展，越来越多的零售投资者成为评级的潜在使用者，为了保护零售投资者的利益，澳大利亚公司法规定，在AFS许可证制度下，向零售客户提供金融咨询服务应当满足以下条件：向零售客户提供金融服务指南(Financial Services Guide，FSG)(s914a)，一边向零售客户提供充分的信息以决定是否从其获取金融咨询服务；② 确保提供咨询服务的代理人的行为符合RG146规定的培训标准；有内部争议解决程序，并成为外部争议解决计划的成员，如金融监察专员服务(Financial Ombudsman Service)[s912A(1)(g)]，这作为替代法律诉讼的外部争议解决方案，可以为解决零售投资者与AFS之间的纠纷，提供快速、低

---

① ss1014E and 1041H，Corporations Act ss12DA-12DB，ASIC Act.

② Regulatory Guide 175 Licensing：Financial product advisers—Conduct and disclosure(RG 175).

成本、独立的解决方案以及合理的补偿安排(s912B)。这一系列制度强化了对零售投资者保护，同时，也为解决投资者与评级机构之间的纠纷提供了有效的解决方案。

5. 获得 AFS 许可证的条件

除了一般性持牌义务外，ASIC 还专门设计了针对信用评级机构获得 AFS 许可证的条件，这些量身定做的条件包括：符合 IOSCO 的信用评级机构基本行为守则(最迟于 2010 年 7 月 1 日强制实施)；每年向 ASIC 报送关于遵守 IOSCO 基本行为守则的合规报告；公开评级的程序、方法和评级假定；有内部监管安排和定期信用评级复审；在评级方法发生实质性改变的 6 个月内对评级进行复审；有经外部评估认为是充分而适当的评级分析师培训计划(从 2010 年 7 月 1 日起生效)；不得有以限制竞争为目的的 notching(即以限制竞争为目的，威胁发行人将对其发行的结构化金融产品予以较低评级，如果该结构化金融产品资产池内的产品不由该信用评级机构评级)；同意 ASIC 与外国监管机构之间的信息共享。

同时，ASIC 还决定自 2010 年 1 月 1 日起，撤销现有的两项指令，允许信用评级机构加强对评级结果使用的控制，其中 Class Order [co 07/428]对公司法的 s716 和 1013K 进行修改，以便发行文件或产品披露文件(Product Disclosure Statement，PDS)可在未经信用评级机构同意的情况下引用信用评级。Class Order [co 07/428]对公司法的 s636 及 638 进行修改，以便投标人的陈述和收购目标声明可在未经信用评级机构同意的情况下引用信用评级。从 2010 年 1 月 1 日起，发行人必须确保信用评级机构同意在其任何集资或收购文件的表格和文本中使用信用评级。这将使信用评级机构对评级的披露负责，因为评级机构只对经过其同意而引用其观点的有关披露的内容负责。

总体而言，澳大利亚尽管没有出台单独的对评级机构的监管法规，但是在现有的公司法 AFS 许可证制度框架下，ASIC 通过取消评级机构评级业务的 AFS 许可证的豁免，从而将评级机构纳入了法律监管框架之内，评级机构由承担一般性法律义务转为承担公司法上的具体法律义务，从而强化了评级机构的责任。ASIC 在评级机构行为的具体监管上主要参照 IOSCO 的原则和具体行为规范，使得澳大利亚对评级机构的监管在重大方面与 IOSCO 的原则以及其他主要市场如美国、欧洲所通过的或拟通过的监管规则保持一致。另外，还强化了对零售投资者的保护，并提供有效的争端解决机制，这是澳大利亚对评级机构监管的独特之处。同时，规定在发行文件中引用评级必须征得评级机构的同意，从表面看加强了评级机构对评级结果的使用控制，但也隐含着对评级机构责任的强化，因为一旦评级结果在发行文件中被授权使用，也就成为发行文件的一部分，那么评级机构将对评级中的误导或欺骗而作出错误、误导性陈述承担法律责任。

四、有关国际组织的监管建议

(一)金融稳定理事会

作为次贷危机催生的国际金融制度变革成果之一，FSB 致力于改善跨境和跨部门金融监管的国际合作与协调，是构建国际金融稳定机制的重要平台，其所发布的相关政策建议和金融监管标准是主要国际金融组织合作的成果，并得到以 G20 集团为代表的成员方的广泛认可，为统一金融监管标准搭建了实践平台。因此，FSB 的建议对于评级机构监管的未来发展具有重要意义。

FSB 对评级机构的关注始于其前身金融稳定论坛(Financial Stability Forum，FSF)，① 2008 年 4 月，FSF 在提交的一份报告中②，认为评级机构在评估和传播结构化金融产品的信息方面扮演着重要的角色，大多

① FSF 于 1999 年由七国集团发起设立，向七国集团财长和央行行长报告工作，这个论坛设立的宗旨主要在于确保成员国国内金融机构、国际金融机构及其相关组织和团体能够更加有效地增进和协调各自的职能，从而更好地维护国际金融稳定，完善市场运作和减少系统性风险。2009 年 4 月，在 20 国集团伦敦峰会上决定新建一常设机构——金融稳定委员会(Financial Stability Board，FSB)替代现有的 FSF。

② http：//www. financialstabilityboard. org/publications/r_0804. pdf.

数投资者对评级的依赖是超乎寻常的。但是，事实却证明正是评级机构的不当评级表现，对危机的爆发和扩散造成了不可估量的后果。特别是评级机构对复杂的结构化金融产品给出了过高的评级，而这些评级所依赖的模型是缺乏充分的历史数据支持和有缺陷的。FSF 重点从四个方面提出了监管建议。

第一，保证评级流程的质量。

建议 IOSCO 于 2008 年年中修订《信用评级机构基本行为准则》，主要包括改进评级过程的质量，如评级方法、评级模型和评级使用的信息等；处理利益冲突，如分析师的薪酬设计、分离评级业务和咨询业务等；向投资者提供关于评级方法和标准、评级数据的局限性以及评级历史表现情况等附加信息。评级机构应当及时据此全面修订它们的行为准则，并加以贯彻。监管当局应对修订和执行情况进行监督，以保证评级机构能迅速采取转化行为。评级机构还应当保证有足够的能力在面对业务迅速扩张时保证评级的质量，并在初始评级和评级定期复审中均分配足够的资源。

第二，区分结构化金融产品评级和扩展评级信息。

建议评级机构应当清晰地用不同的评级等级或用额外的符号，对结构化金融产品和公司债券的评级加以区分。评级机构还应提供有关结构化金融产品的扩展信息，主要包括：有关初始评级和跟踪评级稳定性的附加信息；构成结构化金融产品基础性假设以及评级对该假设改变的敏感度；关于对结构化金融产品的损失和现金流的分析；由于不充分的数据或未经测试的模型带来的评级分析的局限性，以及可能导致评级波动的不确定因素；有关初始评级和跟踪评级表现的报告，特别是对再证券化产品的。

第三，强化对基础资产信息质量的评估。

为提高评级质量，发起人、发行人和安排人应当对基础资产信息的准确性和及时性负责，而评级机构应当审核输入信息的质量并评估和披露发起人、发行人和安排人对基础资产信息尽职调查的范围和水平，通过披露上述信息，有助于强化“发起-分销”模式中的激励机制。具体而言，评级机构应当审查基础数据输入的质量，以及发起人、安排人和发行人尽职调查的执行情况。为此，评级机构应当要求证券承销人提供他们对基础性资产所进行的尽职调查水平和范围的陈述；采用合理的方法保证他们使用的信息有充分的质量来提供可靠评级；建立一个独立的部门审核为新产品(与当前产品有本质不同的产品)提供信用评级的可行性；谨慎地对复杂的或者新的基础性资产缺乏严谨数据的结构化金融产品给出评级；披露对承销标准做过何种性质的审查；考虑发起人在评级时持有的基础性资产的比例。

第四，规范投资者和监管机构对评级的使用。

由于评级在很多国际和国内监管规则和框架中使用，这样的官方认可导致投资者、发行人和监管当局对评级的依赖，从而造成潜在的市场准入壁垒，进而会影响评级业的市场竞争。监管当局应当充分审视现有的监管规则和框架是否会有意无意地形成对评级的官方认可，避免对投资者独立进行风险分析的打击。同时，还应考虑评级在现有投资和风险管理框架下的重要性，监管规则的任何变化都应谋定而后动。因此，监管当局应当审查他们在监管规则中对评级的使用，这种使用应当与鼓励投资者独立地进行风险判断的目标相一致，而不至于导致对评级的过度依赖以替代独立的评估。

随后，FSB 将对评级机构的监管重点放在了减轻对评级的过度依赖上，2010 年 10 月，FSB 发布了《减少对评级机构评级依赖的原则》(*Principles for Reducing Reliance on CRA Ratings*)。FSB 认为减少对评级的依赖，有助于改变目前由于评级硬性接入监管标准、规则、法律所带来的断崖效应和羊群效应，从而减轻其对金融系统稳定性的威胁。

该原则分为三部分，第一部分建议减少在现有监管标准、规则和法律中对评级机构评级的依赖。原则建议现有标准制定者和监管当局应当对现有的标准、法律和规则中对评级援引的情况进行评估，并在可能的情况下，消除这些援引或者采用其他合适的信用评估标准替代。具体而言，应当消除的评级引用应当是那些会导致市场参与方机械性依赖的评级引用，同时标准制定者和监管当局应当致力于开发可供选择的信用评估方式，并确保在替代性条款被制定且能安全实施后方能消除这些引用，而市场参与方也应当强化自身的风险管理能力以与新条款相匹配，标准制定者和监管当局还应当制定实施计划和时间表以确保消除进程的顺利实施。

第二部分建议银行、市场参与方和机构投资者采取自身的信用评估防范，而不能仅仅或机械性地依赖评级机构的评级。首先，监管当局在制定规则时应当支持这一原则。其次，上述机构应当配备足够的专业人士和充分的资源以管理它们所面临的信用风险，它们可以使用外部评级作为参考，但是不能简单机械地依赖外部评级。第三，上述机构应当公布自身信用评估的方法和过程，并说明在多大程度上依赖了评级机构的评级。第四，监管当局应当密切检查机构采用自身信用评估方法的充分性，包括防范可能的对内部评级的偏见。原则明确表示金融机构对评级的使用不能减轻其自身的责任以确保其面临的信用风险能得到合理的评估。

第三部分是对特定的金融市场参与者的建议。

(1)中央银行。在进行接受抵押或者直接购买等市场操作时对其接受的金融工具应当有自己的信用风险判断，应当避免采取那些可能会导致金融工具合格性方面不必要的突然和重大变化的方法以免加重悬崖效应。

(2)银行审慎监管机构。银行在评估资产信用时不得机械性地依赖评级机构评级，这暗示着银行应当有能力进行自己的信用评估，同样包括金融工具所面临的其他风险，而且这一能力应当被监管者所认可。为了强化市场约束，银行应当公开披露自身信用评估方法的信息，以及资产组合中没有进行内部信用评估的资产比例。而在目前巴塞尔新资本协议仍沿用评级机构的评级作为最低资本要求标准的情况下，监管过程应当重点检查银行风险管理者是否理解评级的适用场合及限制。对于大型成熟的银行而言，它们所持有的任何资产无论是投资目的或是交易目的，都应当评估信用风险，为此，其内部信用评估应当加强，监管当局也应当激励银行提升信用风险评估能力，并增加巴塞尔资本协议中以内部评级为基础的方法的使用。对于小型银行而言，也许没有足够的资源对其所有投资进行内部信用风险评估，但仍不应机械地依赖评级机构的评级，并也应公开披露其信用评估方法。

(3)对机构投资者和投资经理的内部限制和投资政策。对于机构投资者和投资经理而言，也不能机械地依赖评级机构的评级评估资产的信用风险，这适用于所有领域，包括货币市场基金、年金、集合投资计划、保险公司和证券公司，而且不论机构规模大小和成熟度。评级机构的评级并不能替代投资经理和机构投资者的审慎义务，尽管参考评级机构的评级在内部限制和投资政策中得以广泛应用并作为其投资政策透明度的标志性指标，但这并不能替代投资经理的独立判断并应当向市场和客户予以明确。投资经理对投资者负有诚信义务使其管理的资金利益最大化，为履行这一义务，对投资所伴随的信用风险应当有合理的内部控制和程序进行评估和管理，当评级机构的评级作为参考时，投资经理应当理解评级机构观点形成的基础，并不能过分依赖其形成自己的观点。而投资机构的高级管理层和董事会也有责任确保对信用风险及其他风险的内部评估，他们选聘的投资经理应当有足够的专业知识理解其投资工具和所面临的风险，而不是机械地依赖评级机构的评级，同时还应确保对于风险评估过程中如何使用评级机构的评级这一信息的充分披露。就外部监管而言，也应当激励投资机构避免对评级的过度依赖。

(4)私人领域的保证金协议。市场参与方与中央交易对手方不应在大规模的衍生产品和证券融资交易的保证金协议中使用交易对手或者抵押资产的评级变化作为自动触发条款。监管当局也应当审核其保证金政策以避免对评级机构评级的过度依赖，也不应将评级机构的评级作为减少监管资本要求的触发条款。

(5)证券发行人的披露文件。证券发行人应当披露详细的、具时效性的信息从而保证投资者可以对所发行的证券做出独立的投资判断和信用风险评估，对于公开交易的证券，这些须进行公开披露。在通常情况下，投资者获得发行人信息的能力弱于评级机构，这就造成他们对评级机构评级的依赖，而改善发行人对投资者的信息披露将有助于便利如银行、投资经理和机构投资者做出自己的信用风险评估。监管当局也应当审核其在披露要求中对评级的参考时会无意中刺激投资者过度依赖评级，如果是这样，应当消除或者修改这些要求。

应当说 FSB 的建议是与帕托尼(Partnoy)的观点不谋而合的，评级机构之所以取得目前的特权，在很大程度上源于监管标准、规则和法律对评级的援引，一旦监管规则中纳入了评级，评级机构出售的就不仅仅是信息了，而是包括了服从监管规则所伴随的有价值的权利了。如果服从监管规则会带来成本的增加，而合适的评级会消除或减少这些成本，比如更宽的投资范围、更低的融资成本或资本金要求，那么评级机构就会出售监管特许权从而帮助发行人和投资人减少成本。因此要恢复评级的本来功用，重新发挥声誉资本的激励作用，首要的工作就是消除对评级的过度依赖，一方面要在监管当局的监管标准，规则和法律中去除对评级的援引，另一方面，要鼓励投资者采取自己的信用评估方法对信用风险进行评估，这正是 FSB 建议的核心所在。而这一建议事实在美国和欧盟得以实施。在美国《多德法案》中明确删除了《联邦存款保险法》《联邦住宅企业融资安全和稳健法》《投资公司法》《证券交易法》等法律中关于“投资级别”的表述，代之以公司自行制定的信用风险评估标准。法案还要求其他联邦机构也对援引评级结果的规定进行审核，采取适当的信用风险标准进行代替。欧盟的 CRA3 也明确要求各类信贷机构、投资机构、保险机构、再保险机构、年金管理机构等以及重要的交易对手方须进行内部的信用风险评估，而不能仅仅依赖或是机械依赖信用评级作为唯一的参数来作出投资决策(Article 5a)。同时要求成员国监管当局应当对金融机构内部信用风险评估程序的充分性进行监管，评估对评级合约的使用情况，以鼓励金融机构消除对相关评级的参考，从而减少对评级的唯一性或机械性依赖。欧盟委员会也将会继续审查欧盟法律中是否还有对评级的参考以导致对其的依赖，并最迟在 2020 年消除所有这些参考，同时提供合适的选择以对信用风险进行识别(Article 5b, Article 5c)。

当然，消除对评级的过度依赖并非坦途，一方面对现有监管规则中对评级的引用的盘点还有待时日，例如欧盟将清理时限放宽至2020年，更为关键的是，替代评级的参考标准仍未明确，尽管加强内部信用评估能力在一些金融领域已经比较先进，但是其内部评估方法和程序仍未公开披露，一些国家在有关国际组织出台替代性标准前仍采取观望态度，这无疑阻碍了消除对评级机构评级依赖的进程。为此，FSB于2012年12月制定了消除对评级机构评级依赖的路线图，① 一方面要求成员国盘点现有依赖情况并制定消除对评级依赖的行动计划，另一方面鼓励市场参与方，包括公共部门的投资者，增强自己的信用评估方法作为对评级依赖的替代，并披露相关信息。对该路线图的执行情况FSB也会进行专门审核，相关报告已在2014年年中发布。

(二)国际证监会组织

鉴于评级机构在金融市场中重要作用，IOSCO对评级业一直保持高度关注。IOSCO的技术委员会及其评级机构工作小组一直对评级业、评级在金融市场中的作用和评级机构的评级行为保持持续的跟踪研究。2003年9月，工作组发布了一份研究报告，指出了评级机构在全球资本市场中所扮演的角色和其所面临的问题即评级质量对市场的影响。② 同时还发布了评级机构活动的指导原则，以引导监管者、评级机构和其他市场参与者依照该原则以保证评级过程的公正，并确保投资者获得及时和高质量的信用评级。③ 为了将该原则细化以更好地运用到评级实践中去，2004年12月发布了《信用评级机构基本行为准则》④，该准则建议评级机构应以该准则为范本来制定本机构的行为准则从而使指导原则

---

① FSB roadmap, https: //www.financialstabilityboard.org/publications/r_121105b.pdf.

② Report on the Activities of Credit Rating Agencies, IOSCO Technical Committee, September 2003.

③ IOSCO Statement of Principles Regarding the Activities of Credit Rating Agencies, IOSCO Technical Committee, September 2003.

④ Code of Conduct Fundamentals for Credit Rating Agencies , IOSCO Technical Committee, December 2004.

得以贯彻实施。2007 年 4 月，随着次贷危机的不断演进，评级机构对结构化金融产品评级的质量和评级过程中的独立性备受质疑，应技术委员会的要求，工作组开始对评级机构在次贷危机中扮演的角色进行分析，并研究如何修订评级机构基本行为准则以更好地约束评级机构在结构化金融产品评级过程中的行为。2008 年 5 月，IOSCO 对准则作出了如下修订。

1. 在评级质量控制方面

要求评级机构应当采取合理的措施确保发布评级所采用的信息具有相当的质量水平，足以支持评级的可靠。如果评级涉及的金融产品的历史数据有限(如结构化金融产品)，评级机构应当在显著位置明确表示该评级的有限性。

评级机构内部应当组建由具备丰富经验的高级分析师组成的评级复审委员会，对那些与目前评级结构完全不同的评级进行复审。并建立和实施一套严格的正式的复审机制以定期对评级方法和模型及其明显的变化进行复审。在评级机构具备相应规模的情况下，这一功能应当独立于评级机构的业务部门(它们主要对不同类型的发行人和债券进行评级)

评级机构应当及时对评级模型和方法的可靠性进行评估，尤其是对结构化金融产品，当其资产池中基础资产的风险因素发生根本性变化时，现有模型与方法是否与之相匹配就显得格外重要了。

评级机构应当确保有足够的人力和财力资源分配至评级的跟踪与更新。评级标准和假定的变化，应当适用于初始评级和跟踪评级。如果评级机构对结构化金融产品的初始评级和跟踪评级使用不同的分析团队，每一团队应当具备履行职责所必要的专业水准和资源。

2. 在评级独立和避免利益冲突方面

评级机构应当禁止分析师对评级机构评级的结构化金融产品的设计提出任何意见和建议。

评级机构应当披露超过其年度利润 10%的单个客户(及其附属)名单(包括发行人、发起人、安排人、订阅人)。

应发行人或发起人之邀发布结构化金融产品评级的评级机构，应当鼓励该发行人和发起人公开披露所有与该产品相关的信息，以便投资者和其他评级机构可以对该产品作出独立的分析。评级机构应当在评级声明中披露发行人是否告知与该产品有关的所有信息已经公开披露或仍处于非公开状态。

评级机构应当定期对其收费政策、评级分析师或其他参与评级的人员或可对评级过程产生影响雇员的行为进行检查，确保这些政策和行为不会使评级程序的客观性有所减损。

评级机构应当建立相应的政策和程序对那些离职并到其曾经予以评级的发行人或那些与曾与评级机构有重大交易的金融机构处任职的分析师以往的工作进行复审。

3. 在对公众和发行人的责任方面

评级机构应当对每一个更新的评级予以标注，每一个评级声明中都应标明决定评级基本的评级方法或其版本，以及在何处可以查询该方法的详细描述。如果评级依赖的不止一种方法，或者对唯一的基本方法的复审可能导致投资者对于评级其他重要因素的忽视，评级机构应当在评级声明中予以解释，并指出方法的不同及其他重要因素是如何影响评级的最终确定。

针对结构化金融产品的评级，评级机构应当向投资者或订阅用户提供关于损失和现金流的充分分析以便投资者可以在投资此类产品时了解评级的基础，评级机构应当披露其评级时其分析对于评级假定变化时的敏感程度。

评级机构最好通过不同的评级符号区分结构化金融产品的传统公司债券的评级，评级机构应当清楚地界定评级符号的意义并确保该符号适用于所有证券评级时的一致性。

评级机构应当帮助投资者进一步了解何为评级，以及评级所适用的特定类型金融产品的局限性。评级机构应当清晰地表明每个评级观点的特性和有限性，以及评级机构验证由发行人提供的相关信息的有限性。

评级机构应当提供各等级评级历史违约率的充分信息，这一信息应当包括评级表现历史数据的可验证性和可计量性，并最好通过标准化的形式帮助投资者对不同评级机构的表现情况进行比较。

4. 在准则的披露以及与市场参与者的沟通方面

评级机构应当在其主页的显要位置给出其评级准则，评级方法的描述以及评级历史表现情况的链接。

此后，IOSCO 积极推进基本准则的落实工作，通过与各国监管当局，主要评级机构和有关国际组织的沟通与交流，力求形成对基本准则的共识，从而推进跨境评级机构的监管协调和评级机构监管规则的一致性，避免因监管规则的差异而出现监管套利。在 IOSCO 的努力下。对基本准则的认可已成为各国监管当局的共识，2009 年 4 月的 G20 申明强调所有发布用于监管目的评级的评级机构都应当受到包括注册、与 IOSCO 的 CRA 准则保持一致等在内的规则的监管，并敦促 IOSCO 继续致力于 CRA 基本准则落实的协调工作。2011 年 2 月，IOSCO 发布了《基本行为准则实施情况的最终报告》(*Regulatory Implementation of the Statement of Principles Regarding the Activities of Credit Rating Agencies*, FR04/11)，IOSCO 通过问卷调查的方式对评级比较活跃国家的监管制度进行了比较，得出结论是尽管各国的监管制度存在一些差异，但 IOSCO 的基本行为准则已经成为各国构建评级机构监管规则的基石。而 IOSCO 认为今后所面临的任务是对于跨境提供评级服务的评级机构的监管协调问题，通过加强监管当局的跨境合作实现对评级机构的有效监管。2013 年 7 月，IOSCO 发布了《关于建立评级机构监管联席会的最终报告》(*Supervisory Colleges for Credit Rating Agencies*, FR08/13)，基于 IOSCO 跨境监管的原则和 BCBS 的跨境监管最佳实践，IOSCO 建议监管联席会应当致力于监管者之间的信息分享、磋商和合作从而强化对跨境活动 CRA 的风险评估和有效监管。联席会分享的信息主要包括评级机构服从本地或区域监管法律和规则的情况；评级机构实施和与 CRA 基本行为保持一致的情况；评级机构在评级方法与模型的建立和运作，内部控制，管理利益冲突的程序，以及处理非公开信息方面的情况。通过上述信息的分享，监管当局能更好地了解跨境评级机构面临的主要风险及其应对之策。监管联席会只适用于存在跨境运作的评级机构，其在不同的国家设有分支机构，且评级在多个国家被使用。有上述评级机构母公司或分支机构活动的监管当局可以成为联席会的成员，成员通过定期会议形式分享信息，进行风险评估，协调监管行动，从而实现对跨境评级机构的有效监管。

第三节 评级机构监管制度改革的趋势

一、加强对评级机构的法律监管已成共识

美国于2010年6月通过的《多德法案》设立专节明确了对信用评级机构的监管，法案在SEC内部专设评级机构监管办公室，负责对评级机构的日常检查，并具有罚款、取消认证资格等处罚权。同时，法案规定在一定条件下评级机构承担专家责任，从而为投资者对评级机构提起私人诉讼提供了可能，对评级机构的监管明显加强。而欧盟2009年通过的《信用评级机构监管规则》则彻底改变了以往主要评级机构自律的监管模式，规则从建立统一的注册和监管模式、设定法定披露义务、严格管理评级机构各类利益冲突、明确评级机构的法律责任等方面入手，强化对评级机构的监管和促进评级质量的提高，从而实现稳定金融市场和保护投资者的目标。澳大利亚通过取消对评级机构的评级业务领取金融服务许可证的豁免，将评级机构纳入2001年公司法的监管框架下。从上述国家的监管变革来看，加强对评级机构的法律监管已成为各国评级机构改革的共同目标，尽管监管本身存在监管成本、监管失灵等问题，但相较于以自律监管为主的模式所带来的危害，将评级机构纳入法律监管范围而不任其游离于监管之外已成为共识，法律监管为主、自律监管为辅已成为评级机构监管的主要模式。

二、提高评级质量成为监管的主要目标

评级机构作为信息中介机构，主要通过减少信息不对称来提高资本市场的运行效率和资源的合理配置。基于这一功能，评级机构应当被纳入证券监管的范围。因此，任何对于评级机构的监管都应当考虑到证券监管的两个目标，提高市场效率和投资者保护。这两个目标可能会有冲突，但在不同的监管领域，却是各有侧重。而在评级市场的监管中，在效率优先的同时也应重视对投资者的保护。这主要是源于评级的使用对象，无论是在传统的公司债券市场，或是结构化金融产品市场中，参与主体多是机构投资者，而且债券的所有权人通常会很集中。少数的投资者手中持有绝大部分的债券份额。而机构投资者拥有更多的专业知识和资源来分析有关的信息披露和验证其准确性。从这个角度讲，机构投资者对于市场的知识使得他们可以根据市场趋势评估披露的信息和发行人的细微差别，从而评价债务工具的风险和价值。一般而言，机构投资者在资本市场并非没有保护，他们不会完全依赖评级机构评估债务工具，因为他们可以根据自己的分析和研究形成理性的决策分析。① 而对评级机构的监管中，市场效率的目标要求监管应当可以减轻因评级机构的评级行为和其过程中存在的问题所造成的市场失灵，从而提高评级的准确性和可靠性，进而提高市场的运行的效率。这也是各国监管当局普遍将消除利益冲突、提高透明度，进而提高评级质量作为监管主要目标的原因之所在。具体表现在如下方面：(1)各国改革均重视对利益冲突的限制和管理。美国和欧盟的立法中都对利益冲突的类型和规避作出了明确界定，同时还特别强调通过内控机制强化对利益冲突的管理。(2)各国改革均强调评级机构的法定信息披露义务，通过强制信息披露以提高评级的透明度。作为证券市场监管的重要手段，强制信息披露对于增加投

---

① S. A. Mansi & H. K. Baker. Assessing Credit Rating Agencies by Bond Issuers and Institutional Investors, 2001, p. 20.

资者对评级的了解、强化投资者对评级机构的比较和选择都具有重大意义。而披露范围基本都涵盖了定期披露和重大事项披露等一般性披露，以及结构化金融产品信息披露等特别披露。(3)各国均重视对评级机构施以严格的注册和认证管理。美国对NRSRO的认证标准和程序作出了明确规定，从而在一定程度上削弱评级市场的准入壁垒，有利于新的评级机构进入市场，从而缓解因竞争不足而影响市场效率的局面。① 欧盟则设立了全欧统一的注册、认证和背书程序，一方面加强对三大评级机构的监管，另一方面也试图扶持欧洲自己的评级机构快速成长。澳大利亚通过发放统一金融服务许可证的方式，在事实上取消了对美国三大评级机构的豁免。(4)此外，各国评级机构改革在加强评级机构的内部控制、对执业规范的制定和遵守情况、防止非公开信息滥用等方面也都呈现出了相似之处。

三、监管规则逐步趋同

由于大型的评级机构普遍为跨国经营这一事实的存在，当有关国家纷纷调整对评级机构的监管政策时，② 监管标准不一致问题也引发了评级机构、投资者和监管当局的关注。因为监管标准的不一致一方面会增

---

① 次贷危机后，美国SEC加速批准了一些已经申请NRSRO多年，但一直未获得批准的评级机构，如：伊根琼斯评级公司(Egan-Jones Rating，2007年12月)、雷斯金融公司(LaceFinance，2008年2月)和实点公司(Realpoint，2008年6月)。

② 欧盟于2009年4月通过了《信用评级机构监管规则》，旨在通过严格的注册和监管程序，提高现有信用评级监管水平，改善评级质量，从而恢复投资者信心和加强投资者保护。规则主要包括四个方面：第一，确保评级机构避免评级过程中的利益冲突或对利益冲突予以充分管理；第二，改善评级机构的评级质量；第三是通过设定法定披露义务增强评级透明度；第四，建立统一有效的注册和监管框架，避免监管过程中出现"选择法院"或"监管套利"现象。澳大利亚于2008年11月，宣布取消信用评级机构从事评级业务时持有AFS许可证的豁免，并要求评级机构最迟于2009年7月1日取得许可证，从而将评级机构纳入到了法律监管框架之内，评级机构由承担一般性法律义务转为承担公司法上的具体法律义务，强化了评级机构的责任。

加评级机构的合规成本，进而减损评级机构发布可靠评级的效率；另一方面会给评级机构造成监管套利空间，增加对为跨境提供评级服务的评级机构的监管难度。而 IOSCO 一直在考虑如何避免对评级机构监管的不一致和加强 IOSCO 成员监管全球评级业的能力。通过 IOSCO 这一平台，各国监管当局、主要评级机构和其他相关国际组织对评级机构基本行为准则的修订进行了深入交流与探讨，并达成了广泛的共识。一方面，主要国家的监管立法纷纷将 IOSCO 评级机构基本行为准则中的有关规定直接纳入监管规则中，并要求评级机构定期报送其内部行为准则是否与 IOSCO 的准则相符，如有差异，原因何在，是否影响了 IOSCO 基本行为准则目标的实现。在 2011 年 IOSCO 的准则实施报告中，对评级机构较为活跃的一些成员国的最新监管改革方案进行了比较分析，以确定其实施的改革是否体现了 IOSCO《信用评级机构的基本原则》的要求。总的来看，ISOCO 提出的评级机构监管的四项基本要求：质量和程序完整、利益冲突的管理、透明度以及保密信息的处理等在各国的监管法案中均有体现并得以实施。另一方面，评级机构大多也根据 IOSCO 的基本行为准则制定了内部行为准则。IOSCO 2009 年的调查显示，① 美国等 6 国的 21 个评级机构中，以穆迪、标准普尔和惠誉为代表的 7 家评级机构执行了新的行为准则，② Austin Ratings 和 Euler Hermes Rating 两家机构打算在近期参照新的行为准则进行修订。另有 11 家机构执行了 2004 年的行为准则，而之所以没有执行 2008 年新的行为准则的主要原因是其并未提供结构化金融产品的评级。这一数量较之 2007 年的调查中多数机构并未执行的 2004 年行为准则有了明显的提高。这表明行为准则已经成为评级机构监管的范本，有助于不同国家对评级机构监管的协调，从而避免了各国监管规则的不统一。

---

① A Review Of Implementation Of The Iosco Code Of Conduct Fundamentals For Credit Rating Agencies, http://www.iosco.org/library/pubdocs/pdf/IOSCOPD286.pdf.

② 另五家为 Japan Credit Rating Agency、Rating & Investment Information、Fedafin Federalism、Finance AG of Switzerland、Dominion Bond Rating Service.

四、注重国际协调与合作

在国际层面，为了进一步协调各国对评级机构的监管，2009 年 2 月，IOSCO 技术委员会同意将现有的评级机构工作组转为一个常设委员会。该委员会有两个重要的功能：一是定期讨论、评估和考虑对于评级机构活动的监管规章和政策措施，通过推广 IOSCO 评级机构基本行为准则这一方式努力寻求跨境监管的一致性；二是促进各国证券监管机构之间和评级业自身的定期对话。该委员会的设立大大增加了 IOSCO 成员之间的多边、双边合作机制的建立，通过在国际范围内建立多边监管联席会议机制和双边监管备忘录合作机制，加强对跨市场提供评级服务机构的监管，从而有助于全球范围内对评级机构监管共识的形成。

在这一合作模式下，每一个 IOSCO 的成员都拥有对评级机构的监管权利，并对评级机构在其管辖范围内的活动承担主要责任。同时，各国监管机构在制定规则和监督和检查方面等方面相互配合，通过彼此定期对话，可以更好地协调其应对市场威胁的方式，避免重复或无效的活动，从而促进监管制度设计方面的合作效率。同时，这一机制还有利于提高跨界监管的有效性。通过加强合作，可以为东道国监管机构提供更详尽的监管信息，以及提高母国监管机构对本国评级机构海外活动的持续关注。

而在区域层面，欧盟的监管规则也非常注重内部各国的监管合作与协调。首先在注册方面，考虑到评级结果可能会在欧盟范围内采用并产生影响，因此，所有欧盟相关监管机构都应参与注册程序，为此，规则指定 ESMA 作为唯一受理注册申请的机构，同时负责信息的传递和监管机构间的协调。

为确保规则的有效实施，规则十分注重成员国监管机构之间的协调。各监管机构间应相互协作，特别是在对评级集团的监管上，应在信息交换、相互咨询和委托监管行动等方面充分合作；当东道国有足够的确信评级机构在其领土范围内的行为已违反规则的义务时，应通知其母国。如果两国进行讨论后，母国拒绝采取行动或者其采取的行动不足以充分保护投资者利益及金融市场秩序，东道国方可采取监管措施；ESMA 也将建立调解机制以利化解争议，达成共识。

五、美欧监管改革的差异所在

尽管美国和欧盟在 FSB 和 IOSCO 等国际金融机构制定评级机构监管建议规则方面有过合作，并在部分领域达成共识，如强化评级机构的责任和提高评级透明度方面等是一致的，但综合各自不同的历史传统和现状，欧盟和美国采取了两种不同的路径选择。二者在监管思路上仍存在差异，一种是以美国和 IOSCO 为代表的强调市场约束的监管思路，一种是以欧盟为代表的强化政府监管的思路。具体体现在监管目标和措施上，欧盟寻求建立强有力的监管体系，试图通过监管来强化问责，因此在具体监管规则上比美国要严格得多，并在事实上强化了评级的集中。美国则致力于为产业注入更多的竞争，试图通过强化市场约束来实现评级质量的提高。不同的目标源自对产业分析的不同和对市场信任程度的不同，也体现出各国金融市场在不同发展阶段的不同需求以及监管传统方面的差异。因此，有必要对其背后的监管理念和逻辑加以分析。

评级这类信息产品可以被视为准公共产品，因为其具有非竞争性和非排他性。非竞争性意味着对产品的消耗不会减损他人对产品的使用，非排他性指没人可以有效地被排除在产品使用之外。评级产品的非排他性在信息社会更为明显，因为随着信息技术的广泛使用，评级在复制和分发方面的成本微乎其微。从经济学上而言，公共产品通常都是由政府负责提供的，无论国防或是基础设施等均是如此。如果评级作为准公共产品，那么政府也应负责提供。但是，由于评级已经扩展至对国家信用的评级，评级机构也承担主权国家评级，因此政府本身会与评级存在利益冲突，而市场机制则在排除政治干预方面比政府机构做得好，而且，过多的政治干预会阻碍评级产品的创新，因此，自由市场模式下的评级，在处理信息产品的供求方面是相对较优的解决方式。这也是美国评级业在20世纪初期得以迅猛发展的重要原因。

基于这一认识，美国监管当局一直秉承“声誉资本观点”，认为在市场机制的作用下，声誉会确保评级机构维持评级质量以避免失去投资者的信任。即便在次贷危机后，美国监管当局的监管新规也致力于营造声誉机制模式重新发挥作用的市场环境的构建，即短期内通过加强监管以促进评级质量的提高，长期仍以市场机制约束评级机构的行为。SEC相信它们可以创造一个竞争性的、以声誉为基础的信用评级业，评级机构通过发布不同的评级观点的竞争以赢得投资者的信任，而SEC通过降低准入门槛，提高透明度，竞争就会如期而至，这样评级机构会有动力提供准确的关于发行人的信用评级。而在实际改革过程中，也体现了这一思路。例如《多德法案》明确NRSRO的认证条件和程序，其目的在于增加市场竞争，从而加强声誉资本的激励机制。而强化信息披露，则意在增加投资者的识别和比较能力，从而引导市场对评级机构的合理选择，亦能强化声誉资本发挥作用的市场环境。至于强调评级机构的内部控制规范和流程，其目的同样是加强评级机构的自律能力。因此改革的整体方向不是对低质量的评级予以直接惩罚和救济，而是间接地提升市场的积极性以实现市场的纠偏功能。①

与之相对应的则是评级机构在金融市场中的地位，就目前来看，来自美国的三大评级机构在全球资本市场的霸主地位在短期内很难发生根本性改变。作为其母国，美国仍希望通过自律为主、他律为辅的监管模式，在挽回公众对评级机构信心的基础上进一步强化其在金融市场“看门人”的地位，掌控世界资本市场的准入权和定价权，从而强化自身金融霸主的地位。

欧盟则认为Partnoy教授的“监管许可证观点”是对目前信用评级业现状的准确描述，自从评级被加入到监管规则中，评级机构就不是在出

---

① John Patrick Hunt. Credit Rating Agencies and the "Worldwide Credit Crisis": the Limits of Reputation, the Insufficiency of Reform, and a Proposal for Improvement. Columbia Business Law Review, 2009, 109, pp. 142-152.

售信息产品而是在出售监管许可证。监管许可证允许被评级机构享受某些监管方面的益处，因此，尽管评级所含信息质量较低，但评级仍然有意义，因为它们存在于监管规则中，而且评级机构的注册制度也会增加准入的门槛从而强化这一许可证的价值。欧盟的监管方案代表了对这一事实的确认。因为强化监管体制本身就意味着欧盟当局并没有找到监管许可证模式的替代方案，竞争并不是作为规则的既定目标，而这却在美国法案中占据突出地位。由于将评级这一公共产品外包给私人机构，欧盟确信有必要对其行为进行密切监管，并对其公司治理机制提出指引以确保信息产品质量和准确性，而关于评级机构的组织架构和行为准则方面的要求会增加负担并会提高产业的准入门槛，规则还干预了机构的商业模式，在使用的评级方法方面提供了标准。

应当说，美国的解决方案显得比较乐观，欧盟的思路更符合市场的现状。首先，从结构化金融产品评级的现状来看，面对巨大的利益诱惑，评级机构评级质量的下降和拙劣的评级表现已经证明单凭自律监管已无法保证评级的准确性。其次，评级业作为具有自然垄断特征的行业，存在天然的准入门槛(如声誉资本和沉没成本)，因此，完善的认证注册制度也不会自然而然地增加行业竞争。例如，在 20 世纪 90 年代，欧洲对于评级的准入并无限制，但市场的最终选择还是三大评级机构，而欧洲自己的评级机构始终未能对其构成有效的竞争。而且，评级市场的过度竞争并不利于行业的健康发展，特别是当被评级对象可以进行评级选择(rate shopping)时，评级质量就很难保证。例如，如果监管当局不能消除监管许可证，银行和投资公司会选择那些更帮助其维持最低资本要求的评级而不管评级质量。这显然会严重威胁金融稳定。

而欧盟采取严格的监管措施也与其评级业的发展与维护金融市场稳定的需求息息相关。鉴于欧洲国家在主权债务危机中的被动局面，考虑到欧盟短期内尚不能培育出评级机构与美国三大机构形成抗衡，市场的约束力量非常微弱，因此，欧盟只能通过政府的“有形之手”，运用有力的法律监管，加强对欧盟境内的主流评级机构的管理，从而尽量减少不当评级对欧盟金融稳定和经济发展的不利影响。这也是危机后欧盟对评级机构的监管改革力度远大于美国的重要原因。

总之，由于评级业的天然准入门槛以及广泛的利益冲突会导致评级质量的下降，自律监管和市场约束无法发挥正常作用，严格的监管制度对于评级业而言是较为合适的。尽管欧盟的监管规则通过进一步提高评级的准入门槛而在事实上强化了评级机构的集中趋势，削弱了评级业的竞争，但这对于目前未尝不是合理的选择，通过对评级机构的内部治理定下最低的标准，有助于在监管许可问题解决之前，恢复公众对评级的信心，从而维护整个金融体系的稳定。所以，评级机构实现以他律为主、建立强有力的法律监管制度应是未来改革的主要方向。

本章小结

本章从分析信用评级机构的权力从何而来入手，通过对美国信用评级行业历史演进的分析，认为在声誉资本的作用下，信用评级业源自市场的权力被逐渐强化，评级业呈现寡头垄断局面。然而，当评级结果为监管规则所广泛援引后，信用评级机构相应具备了准监管的公权力，此时，声誉资本的约束作用明显降低。在对声誉资本理论和监管特许理论进行比较分析后，笔者认为由于评级市场具有自然垄断属性，评级机构作为私人组织被赋予准监管者权力，评级本身的顺周期性等原因，对评级机构进行法律监管是有必要的。

随后，结合次贷危机后主要发达国家和国际组织对评级机构监管制度改革情况，分析了监管体制的现状，面临的主要问题和改革措施。美国 2010 年出台的《多德法案》设立专章“改进信用评级机构的监管”对监管改革列出了一系列的举措，主要包括对评级和评级机构系统重要性的评价，增强对评级机构的监管和提高问责及透明度，向监管机构的报告制度，对源自发行人以外的信息在评级过程中的考虑，评级分析师的资格标准，取消援引评级作为法定参考等内容。并在 SEC 内设立信用评级办公室(Office of Credit Rating)，主要负责对评级机构的年度检查。

授权 SEC 制定细化的监管规则以及对违反规则的评级机构予以处罚。欧盟于 2009 年制定了《信用评级机构监管规则》，并于 2011 年和 2013 年进行了两次修订，主要从确保评级机构对利益冲突的规避和管理、改善评级机构的评级质量、增强评级透明度、建立全欧统一的注册和监管框架等四个方面入手，努力提高现有信用评级监管水平，改善评级质量，从而恢复投资者信心和加强投资者保护。澳大利亚则通过取消评级机构评级业务的 AFS 许可证豁免，从而将评级机构纳入法律监管框架之内，评级机构由承担一般性法律义务转为承担公司法上的具体法律义务，从而强化了评级机构的责任。FSB 将对评级机构的监管重点放在了减轻对评级的过度依赖上，2010 年 10 月，FSB 发布了《减少对评级机构评级依赖的原则》(*Principles for Reducing Reliance on CRA Ratings*)。FSB 认为减少对评级的依赖，有助于改变目前由于评级硬性接入监管标准、规则、法律所带来的断崖效应和羊群效应，从而减轻其对金融系统稳定性的威胁。IOSCO 则修订了《信用评级机构基本行为准则》，并积极推进基本准则的落实工作，通过与各国监管当局、主要评级机构和有关国际组织的沟通与交流，力求形成对基本准则的共识，从而推进跨境评级机构的监管协调和评级机构监管规则的一致性，避免因监管规则的差异而出现监管套利。在横向比较后，笔者指出了当前监管变革的趋势和差异所在。一方面对评级机构采取法律监管已成为共识，在国际组织的协调下，监管规则有趋同的趋势，诸如强化评级业竞争，弱化对评级的依赖，增强评级机构的责任等都在各国监管规则中有所体现，加强对评级机构监管的跨境协调与合作也正在实施；另一方面，由于监管理念的不同，美国和欧盟的监管力度存在差异。综合以上分析，在目前情况下，自律监管和市场约束无法发挥正常作用，严格的监管制度对于评级业而言是合适的，以法律监管为主、辅以自律监管已成为信用评级机构监管体制变革的大势所趋。

第三章　评级市场准入制度的构建——垄断与竞争的平衡

第一节　评级业垄断的危害与成因

在历经近百年的发展后，评级业逐步发展成为一个高度集中的产业，穆迪、标准普尔和惠誉三家评级机构占据了90%以上的市场份额。① 根据SEC的统计，在2008年美国市场发布的有关资产证券化产品的评级共有401,960件，其中，穆迪、标准普尔和惠誉三家发布的评级达到了384,941件，占到了总量的95.7%。而在衡量市场集中度的HHI指数(Herfindahl Hirschman Index)方面，以每家机构发布的评级数量占所有评级总量的市场份额计算的HHI为3347；以每家机构总收入为标准计算市场份额的HHI为3267，而以每家机构收益为标准计算市场份额的HHI为3924。② 根据美国司法部的调查，HHI在1000至1800之间为适度集中，而1800以上则是比较集中了。三大评级机构在资产证券化评级市场的垄断地位可见一斑。评级市场垄断有余竞争不足的局面不仅对评级业也对整个金融市场带来不利的影响。

---

① R. C. Smith & I. Walter, "Rating Agencies: Is There an Agency Issue?", in R. M. Levich, G. Majnoni & C. Reinhart, Eds., Ratings, Rating Agencies and the Global Financial System, Boston, Kluwer Academic Publishers, 2002, pp. 293-305.

② SEC Annual Report on Nationally Recognized Statistical Rating Organizations 2009, September 2009, p. 9.

一、垄断的危害

高度集中的特点使评级行产生了两个潜在的问题。首先，主要评级机构可能会从事反竞争行为以限制其他竞争者进入市场，从而保持它们的市场地位。其次，主要评级机构可能会利用垄断地位降低评级质量以获得超额利润，这样势必会导致市场效率的降低和整个社会福利的减少。

1. 反竞争行为

从反垄断法的角度看，具有垄断地位的企业有将市场权力转化为潜在的反竞争行为可能，其通过不公平的竞争手段减少竞争对手的商业机会即为反竞争行为。这种滥用市场权力的行为会带来超额利润，但同时也会对社会造成实质损害。在评级业中，可能存在的反竞争行为主要有非请求评级和搭售。

非请求评级是指评级机构在没有发行人授权也没有付费的情况下，主要根据公开信息对发行人进行评级。非请求评级的可怕之处在于评级也许会将发行人的信用风险置于比实际情况差的范围，从而增加发行人的融资成本。而评级机构对于评级偏低的辩解理由十分简单，因为它仅仅使用了那些公开可获得的信息。评级机构通过非请求评级可以威胁发行人付费以获得合理的评级。一旦评级付费，发行人从竞争对手中购买评级的机会就会减少，从而保持其市场份额。

尽管从理论上而言，非请求评级的结果事后也会受到市场的检验。如果所有的非请求评级都系统性地偏低，以至于相关的违约风险等级不准确，评级机构的声誉就会受到影响，而市场参与方也可以清晰地看到评级机构采取的双重标准。从理论上看，在最好的情况下，市场参与者将不会认为非请求评级有任何价值，非请求评级也就不会有任何压力；在最坏的情况下，评级机构的声誉会受到影响，且这种损害大于非请求评级可能会带来的潜在额外收益。但在实际中，发行人往往会担心非请求评级的不良后果而宁愿选择合作。坎特维尔（Cantwell，1998）在其调查中发现：90%的发行人的最初评级后来并未要求付费。① 这意味着评级事实上可以当做威胁工具从而可以从那些不愿评级的发行人那里获得额外的业务，尽管这种过低的非请求评级数量很少，但在实践中却是存在的，这就足够迫使多数发行人就范。评级机构不会公开借此威胁发行人，因为即便是单个的这种行为被公开，对任何评级机构的声誉都会造成严重损害，但评级机构却不会主动采取任何措施消除发行人的这种压力，因此非请求评级的威胁是真实的。美国司法部就曾对穆迪的非请求评级等不当竞争行为进行了一项为期 3 年多的调查，尽管最终没有发现直接的证据，没有提起诉讼。但穆迪还是于 1999 年对所有非请求评级做出了明显的标识，并表示这些评级可以独立地进行复审，而且穆迪还严格限制对投机等级的证券进行非请求评级。②

搭售是指评级机构只在发行人购买其附属服务的情况下发布评级，搭售会阻碍竞争者进入市场和限制发行人的自由选择。另一种比较隐蔽的搭售形式是要求发行人所有产品都在同一机构进行评级的情况下才会发布评级。从这一角度而言，在对结构化金融产品评级中的 Notching 就是搭售的一种形式。Notching 指评级机构在评级时遵循特定的程序，将同一发行人在不同时间和不同类型的发行与发行人的基础信誉挂钩，发行人获得 B 级，其单个的债券通过 Notching 可获得不同的评级，高担保的债权会获得更高评级，如 B+，而无担保债券会被降到 B-，这原本在实践中没有问题。但在结构化金融产品的评级中，穆迪和标准普尔会进行惩罚性 Notching，以及对于那些原始债券的评级不是他们自己所评的结构化金融产品进行自动降级。发行人由于担心这种行为而不得不把所有债券的评级交由它们而不是其竞争对手，这样竞争者会失去这些业务甚至被踢出市场。在 SEC 的听证会中，惠誉指出这种行为在 2001 年的引入，直接导致其在商业抵押支持债券评级市场的份额下降，因为很

---

① Fight, Andrew, "The Ratings Game". Chichester. 2001, p. 155.

② Moody's, " Designation of Unsolicited Ratings in which the Issuer has not Participated". Moody's Special Comment (November 1999).

多结构化债券发行人选择将所有的业务交给穆迪和标准普尔以避免因Notching评级的下降。①

2. 评级质量降低

由于主流评级机构几乎垄断了整个市场，而理论上获得100%市场占有率的机构并不会有太大的激励动机去关注评级产品质量的降低，因为评级质量的提高并不会带来收益的必然增加，因此，主流评级机构对于评级质量的提高并无太大兴趣，相反会在保持评级质量相对水平的情况下，通过节省成本如减少人力资源配置等方式从而获得超额利润。

评级质量的降低还体现在另一个方面，即评级业务的创新缓慢。消除信息不对称是评级机构提供评级服务的主要目的，这就意味着评级机构主要是被动满足金融产品的评级需求，当其他金融机构研发出新的产品或服务后，评级机构将不得不满足这种需求。在核心评级业务的创新方面，评级机构只能跟随金融市场变化而变化，而其本身没有创新的动力。尽管评级机构在评级程序或方法上的创新可能会给发行人带来收益，但在没有竞争压力的情况下，评级机构不会改进它们的方法，运用过程创新去获得新的竞争优势。

而且在垄断的市场环境下，创新并不会在新领域给新入竞争者带来实质性的竞争优势。例如，在结构化金融产品评级业务方面，所有评级机构原本都处在同一起跑线上，从理论上而言，声誉更高的评级机构将会面临权衡，当它们进入新的风险评级市场后，由于新的评级方法在运用于结构化金融产品时并非完美，而市场环境也变动频繁，一旦出现失误，它们不但会损失结构化金融产品的业务，其主流评级业务的声誉会面临风险；相反，新进入的小型评级机构面临这种权衡时，也许不会考虑太多，因为它们进入未知领域的损失也不会大，而且小型评级机构有可能依靠组织架构方面的优势，更能迅速满足这些创新需求。从这个角度看，新进入的评级机构将会更宜提供创新评级服务以满足市场需求。

---

① SEC, Report on the Role and Function of Credit Rating Agencies in the Operation of the Securities Markets, 2003, p. 24.

但是事实上，新的评级机构并没有在结构化产品评级市场扮演主要角色，也没有哪个国家和地区的评级市场真正由新机构占据主要市场份额，最简单的原因就是声誉构成其进入评级市场的最大障碍，不知名的机构要想通过竞争获得声誉，就会需要大量的时间和精力的投入，从而导致任何超越现有主导者的优势都会逐渐丧失，这就意味着即便在新的业务领域，主流评级机构较之竞争者依然会拥有更大的优势，可以将传统业务领域的声誉转移到新的业务领域，这一优势会进一步限制评级业的竞争和创新，而整个评级业创新的缓慢最终会导致潜在的社会福利损失。

3. 阻断声誉资本约束机制作用的正常发挥

如前所述，声誉资本约束机制要发挥作用的一个前提条件是利益相关方的控制过程，即对评级机构的不规范行为通过价格手段或竞争手段加以约束。因此，市场竞争是声誉资本约束机制发挥作用的重要保障。只有在充分的竞争环境下，声誉资本约束机制方能充分发挥作用，激励评级机构提供高质量的评级服务满足市场的需要。但在垄断的市场环境中，声誉资本约束机制的效用会大大降低，特别是在 NRSRO 制度下，评级机构基于以往的声誉被认定为 NRSRO，其评级亦在某种程度上被视为监管许可，发行人购买评级更多地是考虑评级所带来的监管方面的优惠待遇和成本降低，而不是评级是否准确和为市场所认可，这样，垄断的市场实际阻断了声誉资本约束机制这一市场自我调节作用的正常发挥。

二、垄断的成因

从评级业的发展来看，有两个主要的进入壁垒导致了市场的集中。

首先，壁垒源于市场本身，评级市场是以规模经济和范围经济为基础的，由于声誉对评级机构至关重要，而建立声誉则需要通过广泛的评级实践积累而来。为了能很快积攒声誉，新入者不得不提供大量评级而收取很少费用甚至不收费用，这种投入在今天对于新入者是非常昂贵的。同时，评级业是智力密集型服务业，存在巨大的沉没成本，例如评级模型和分析软件的设计与开发、历史数据库的积累和建设、高水平评级分析师和营销人员的人力成本等，居于领先地位的评级机构对此可在更大评级范围内予以分摊，从而降低成本，占据竞争优势，而新入者在取得一定市场份额前则不得不面临巨大的成本分摊压力。可以说，沉没成本通常是特定行业准入壁垒中最突出的因素，并对市场竞争结构造成决定性影响。投资者还可能因习惯偏好而倾向于仅使用少数评级机构及其评级，使其能更容易通过评级对债券和发行人进行比较，这一比较建立在评级机构提供的相对直观的关于“违约的概率”的判断上。这个与市场密切相关的门槛可以解释为什么美国在1975年引入NRSRO以前的评级市场就集中在极少数评级机构的手中。评级市场具有潜在的自然垄断特性。

其次，壁垒来自目前的监管架构。在美国，当评级机构与NRSRO概念联系在一起时，监管规则中对NRSRO评级结果的大量援引，使得发行人更愿意选择NRSRO来进行评级，而新进入的竞争者很难从发行人那里获得大量的评级，这反过来限制了它们获得大范围的评级业务以获得NRSRO的资格。正因如此，评级市场形成了由三大主流评级机构把持的寡头垄断局面，对市场竞争造成严重损害。波洛克教授(Alex J. Pollock)就认为“政府一方面通过监管规则对评级的援引扩大了对评级的需求，另一方面又通过NRSRO认证制度在很大程度上限制了有效的评级供给，这种供需失衡的情况事实上造成了客户选择权的丧失，评级业实际是‘政府发起的卡特尔’组织”。① 美国司法部在1998年就对改变评级业竞争格局提出了建议，反对使用NRSRO的要求，认为这个要求对行业新进入者而言是个“不可逾越的障碍”。②

---

① Alex J. Pollock. End the Government-Sponsored Cartel in Credit Ratings, at http://www.aei.org/outlook/21743, 2005.

② U.S. Department of Justice. Antitrust Division, “Comments of the United States Department of Justice before the Securities and Exchange Commission”, 1998.

第二节 垄断与竞争平衡的路径选择

如前所述，评级业是一个高度垄断的行业，但是，在美国却并未受到反垄断法的规制，在很大程度上是因为评级业的自然垄断属性。由于评级存在规模经济效益和巨大的沉没成本，而评级本身具有非竞争性和非排他性，从而可被视为准公共产品。因此，评级业具备自然垄断行业的基本特征，评级业的垄断是社会基于经济效率最优配置原则对特定行业的市场机构的选择，在事实上享有竞争法上的反垄断豁免。然而，我们也应看到，评级业的垄断局面除了其自然垄断的特性外，政府监管对评级的依赖也是造成评级市场准入壁垒和行业集中的重要推手。有鉴于此，单纯地放松准入监管，增加评级机构的数量并非评级业打破垄断、提高效率的最优选择。实现自然垄断与有效竞争间的平衡，才是评级机构准入制度改革的方向所在。

一、不对称规制促进有效竞争

对于评级业这样一个具有自然垄断属性的行业而言，过度竞争是不符合产业特征的。首先，过度竞争会使得评级购买变得更加便利。评级市场竞争越激烈，发行人就越有可能实现评级购买，因为评级机构出于争夺市场份额的考虑，往往会给出高于实际水平的评级以赢得客户的青睐，而发行人也愿意选择那些以最小成本给出最高可能评级的机构为其评级，从而使得评级无法准确反映评级对象的实际信用风险水平。其次，过度竞争还可能会导致评级业出现“竞底现象”(race to bottom)，从而导致整个行业的评级标准下降。而投资者则不得不再花费时间和精力对评级结果进行进一步分析以发现产品的真实价值，这无疑会造成社会成本的增加。

因此，对于评级这样一个自然垄断行业，政府应考虑将实现有效竞争作为该行业竞争政策的首要目标。有效竞争是相对完全竞争而言的，在经济学的定义中，完全竞争存在多种假设的前提条件，因此，在现实经济生活中几乎完全不可能实现，而只能作为一种分析工具或价值判断的标准。有鉴于此，J·M·克拉克(J. M. Clark)提出了有效竞争的概念。他认为，有效竞争是一种竞争与垄断相结合、以竞争为主导的市场模式。在自然垄断行业，强调完全竞争忽视了规模经济的有益性，而完全垄断也会导致市场缺乏竞争活力，均不利于市场的发展。因此，应当将二者兼顾起来，在适度规模和适度竞争中找到平衡点，从而形成一种有利于长期均衡的竞争格局。从发达国家的经验来看，不对称规制是政府在促进自然垄断行业内部竞争时常用的政策，即扶持和保护非主导经营者并对主导经营者施加更为严格的限制，促进非主导经营者与主导经营者的有序竞争。① 其核心价值在于通过适当的帮扶和限制措施，一方面尽快增强非主导经营者的实力，另一方面削弱主导经营者传统的竞争优势，进而缩小与二者之间的差距，这样才可能尽快实现均衡竞争的目标。一般而言，不对称规制是短期过渡措施，一旦均衡竞争格局形成，就应让位于反垄断规制。就短期或者个体而言，不对称规制有违公平竞争的原则，与市场经济的初衷相悖，但就长期和整体行业而言，其目标是促进自然垄断行业均衡竞争格局的实现，依然是从保护消费者利益和社会公共利益的角度出发，因此，从长期看，是有利于实现有效竞争的，是经济法促进实质公平要义的具体体现。

具体到评级业，可选择的不对称规制包括给予暂未取得认证的评级机构设置一定时间的观察期，例如为减少准入障碍，美国司法部曾建议SEC考虑给一些在投资分析领域享有盛誉的机构投资者所新建立的信用评级子机构以“储备地位”，同时建议考虑给一些对评价美国企业有良

---

① 不对称管制的典型案例是1984年美国联邦通讯委员会对美国电报电话公司(AT&T)进行强制拆分，并在市场准入、资费、网络互连等方面采取了鼓励竞争的不对称规制措施，经过十余年的不对称规制，AT&T的优势不再存在，以Sprint、WorldCom等为代表的新兴电信运营商逐步提高了市场占有率，美国长途电信市场逐步成为竞争性市场。

好经验的外国评级机构以相同待遇。① 在实施双评级要求的情况下，可规定发行人选择一个主流评级机构的同时，必须选择一个新入或中小型评级机构参与评级；或者发行人在国际金融市场发行时，选择一个国外主流评级机构的同时必须选择一个发行人本国的评级机构，从而增加非主流评级机构的市场参与可能。

二、准入条件设置上“输入”与“输出”并重

由于证券市场高度复杂，对于发行人及其产品的评级是需要具备相应水平的人力资源和财力资源投入保障的，因此评级业并非一个自由准入的市场，必须设定适当的条件。如果市场准入完全自由化，使得一些不具备相应实力的机构进入该行业，只会扰乱市场秩序，徒增整个市场的选择成本。而为了促进评级市场的竞争，就必须增加那些具备准入资格的评级机构进入评级市场的自由度，这就要求评级机构的准入条件设置应当合理，不能过于宽松，也不能过于严苛，应围绕评级机构开展特定评级所具备的必要条件设置，而不应附加其他无关的条件，给新机构进入市场增加不必要的准入障碍。这些条件通常包括评级机构的从业时间、人力物力等资源配置、内部治理机制等，亦可称之为“输入端”条件。

同时，为了促进声誉约束机制更好地发挥作用，准入条件还需要在“输出端”予以考虑，即重视对评级机构历史评级表现情况的评估。由于评级是经验产品，以往投资者只能主观地凭借模糊、不可比较的市场声誉来判断评级准确程度的状况，而无法对评级质量有更为直观的认识和判断。因此，有必要建立一套简洁明了的质量评估体系，方便投资者对评级机构评级的历史表现进行客观的评估和比较，从而强化市场的约束机制。例如，在 SEC 修订的监管规则中就要求评级机构应该按 1 年、

① U. S. Department of Justice. Antitrust Division, “Comments of the United States Department of Justice before the Securities and Exchange Commission”, 1998.

3年、10年为期限，公布各类评级的表现情况，以便投资者进行比较；还应披露所有的评级变动情况(包括评级上升和评级下降)和违约率。而欧洲则有学者建议建立“信用评级机构评估中心”，专门负责对评级机构的评级准确性进行分析和比较，并向公众发布报告，通过这样持续性的比较和分析，评级质量相对可靠，在某一领域具有比较优势的新入评级机构就会及时地被市场所发现，从而使得人员和财力相对有限但具有先进评级模型和技术的新入评级机构能够更迅速地得到市场的认同，这在一定程度上有利于促进评级机构间的良性竞争。

三、消除监管对评级的过度依赖

评级作为独立的第三方信用评估，将其视作金融监管的参考是有合理性的。然而，当其被大量金融监管法规所援引，并作为监管规则的一部分时，却对金融市场的安全与稳定是极为不利的，一方面，上述做法客观上赋予了评级机构准监管的超然地位，造就了现有评级机构的霸主优势成为新入者进入评级业难以逾越的障碍，牺牲了市场的效率和公平；另一方面，金融监管机构和投资者过于依赖评级，而忽视自身对风险的评估与判断，这种盲从极易集聚金融风险，一旦评级出现失误，将会造成巨大损失。正因如此，在次贷危机后，监管部门和投资者都在反思将评级作为风险衡量的重要标准甚至是唯一标准是否应当修正，力图通过减少监管规则对评级的直接援引，逐步减少评级触发条款在私人合约中的使用，从而向资本市场传递这样的导向，即评级只是第三方信用评估的一种类型，而非唯一，投资者尤其是机构投资者应当通过内部风险评估部门的评级对外部评级校验后再审慎地作出投资决策。这样还评级以本来功用，而不是将之神化，这样，对评级的过分依赖将会大为缓解，进而也有利于评级市场竞争的形成。事实上，FSB一直致力于消除对评级的过度依赖，FSB认为减少对评级的依赖，有助于改变目前由于评级硬性接入监管标准、规则、法律所带来的断崖效应和羊群效应，从而减轻其对金融系统稳定性的威胁。这一观点在其《减少对评级机构评级依赖的原则》(*Principles for Reducing Reliance on CRA Ratings*)中得到充分体现，并通过制定路线图和定期检查来推进这一目标的实现。作为对这一监管原则的响应，美国和欧盟在危机后出台的监管规则中均体现了这一变化。

第三节 评级机构市场准入的监管改革

一、美国关于准入的监管改革

(一)早期的无异议函程序认可

评级机构最初在美国出现时，美国并未对其进行任何准入监管，其设立与发展完全取决于市场因素，但历经数十年的发展后，在市场优胜劣汰机制的作用下，评级市场逐步集中在少数大型评级机构手中，随着信用评级机构在金融市场中的作用日渐显著，1975 年，SEC 首次提出了“全国认可的统计评级机构(NRSRO)”的概念。这一认可有两个显著特点：一是根据评级机构的市场表现，从监管部门使用评级结果的角度认定评级机构；二是评级结果被认可的机构很少，首批获得资质的评级机构仅有 3 家，分别是穆迪、标准普尔和惠誉。SEC 对于 NRSRO 的认可采取无异议函模式，即由评级机构提交申请，SEC 市场监管部收到评级机构的申请后，会要求评级机构提供能证明其满足 NRSRO 标准的详细信息，并通过面谈、现场检查等方式对信息进行验证，并确定其是否符合 NRSRO 的标准。如果认可，则回复申请人无异议函。相反，如果工作人员认为评级机构不符合 NRSRO 条件，将回复信函拒绝不采取行动请求。① 工作人员在无异议函中会声明，评级机构在构成无异议函授予基

---

① U. S. Securities and Exchange Commission. Report on the Role and Function of Credit Rating Agencies in the Operation of the Securities Markets, at http: //www.sec.gov/news/studies/credratingreport0103. pdf, 2003, p. 17.

础的事实发生任何重大变化时，应及时通知 SEC。如果确有根据，SEC 可以撤回无异议函。在实际运作中，由于无异议函模式对 NRSRO 制度没有明确的定义、没有规范的审批程序且申请过程不透明，因此一直受到各方质疑。

（二）目前的 NRSRO 注册制度

1. 概述

鉴于无异议函认可制度的饱受诟病，2006 年 9 月美国正式颁布《2006 年信用评级机构改革法案》，并于 2007 年 6 月颁布了该法案的实施细则——《对注册为信用评级机构的监管》。上述法案明确规定任何信用评级机构欲取得 NRSRO 资格，都必须向 SEC 申请注册并提交涵盖申请人详尽资料的注册文件，SEC 则根据法定程序及期限对申请进行审核并做出是否予以注册的决定，即以注册制代替了“无异议函”程序，使注册制度更加透明化。该法案还明确了 NRSRO 应具备以下条件：（1）持续从事信用评级业务至少满 3 年；（2）其所发布的评级已得到金融组织、保险公司、公司债券发行人、资产支持证券发行人、政府债券发行人等“合格的机构投资者”的认可；（3）已完成相关的注册程序。同时法案还对评级机构的注册程序及其注册资格管理、利益冲突防范、非公开信息保护、自身信息披露等方面做出了全面、详尽的规定；降低了原认可程序的不确定性，统一了申请注册的法定程序和考核标准，使注册制度进一步规范化；并取消了对信用评级机构组织形式和业务规模的限制规定，降低了进入门槛和资金成本。① 总体而言，法案对 NRSRO 概念最遭人诟病的两个问题做出重大变革，一是明确 NRSRO 定义及其申请注册的条件和程序，二是以注册登记程序取代无异议函程序，从而得到社会的好评。

2. NRSRO 具体注册程序

（1）申请注册，主要包括初次申请，注册另外的信用评级类别的申

---

① 陈怡西：《证券信用评级法律制度研究》，西南政法大学 2008 年硕士学位论文。

请、补充申请和撤回申请。

评级机构申请 NRSRO，必须向 SEC 提交一份 Form NRSRO。该表应当包括以下内容：组织架构；道德准则；评级程序和评级方法；防止非公开信息滥用的政策和程序；与发布评级有关的任何利益冲突；短期、中期和长期评级表现的衡量统计数据；注册评级范围以及基于公共利益或者保护投资者所必要和适当的其他信息和文件。SEC 还承诺对提交的以下信息予以保密：使用申请人信用评级服务的发行人和订购者中前 20 家的名单；提交申请前最近财务年度中从这些发行人和订购者获得的收入金额；评级类别涉及的债务人及其相关的书面证明。

如果在初次申请或者注册另外的信用评级类别的申请提交给 SEC 的信息被发现不准确或者发生实质变化，申请人在 SEC 同意或者拒绝注册之前提供补充材料，亦可提出书面的撤回申请的通知。

(2)审查申请，SEC 在收到注册申请后应当进行审查。对于批准注册申请的决定应在 90 日内做出。对于不同意申请的决定应在 120 日内做出，并应当通知申请人拒绝的理由以及给予申请人听证的通知。

一般而言，SEC 只有在发现申请人存在违法行为，或是没有充足的财务和管理资源支持诚信评级的情况下才能够拒绝注册，否则应当批准注册。

(3)注册终止，主要包括中止或撤销注册、撤回注册和取消注册。

中止或撤销注册主要基于以下情况：当 NRSRO 或者与之有关联的任何人，具有证券交易法第 15(b)(4)节情形的，申请前 10 年内或者此后的任何时间被判处有期徒刑 1 年及以上的任何罪行，或者未能保持充分的财务和管理资源以提供诚信评级。当 NRSRO 已不存在或是不从事评级业务时，SEC 可取消注册。NRSRO 也可以主动向 SEC 提交书面撤回注册的通知。

3. 对注册制的评价

相比之前的无异议函程序，注册制具有以下优点：

(1)注册制明确了准入标准和准入程序，明确了 NRSRO 的准入门槛，有利于新评级机构或者小型评级机构进入评级市场。而评级机构的增加，会促进行业竞争，从而带动评级质量的提高。

(2)强化了 SEC 对 NRSRO 的监管权，无论是前期的注册审查或是后期的取消注册，SEC 的监管权力均得以加强，特别是规定不符合条件的 NRSRO 退出制度，更是对 NRSRO 施加了额外的约束机制。

截至 2012 年 12 月底，注册的 NRSRO 共有十家，除去传统的穆迪、标准普尔和惠誉三家外，另有 A. M. Best、DBRS、EJR、HR Ratings、JCR、KBRA、Morningstar 等七家，其中 JCR 来自日本，HR Ratings 来自墨西哥。从发布的评级所占市场份额来看，标准普尔为 45.6%，穆迪为 36.9，惠誉为 14%，三强所占市场份额总计为 96.5%，这是自 2007 年以来三强所占市场份额最少的一年，2007 年其所占据的市场份额高达 98.8%。① 从以上数据来看，实行注册制以后，美国评级市场的竞争有所增强，但垄断局面尚无明显改观。

二、欧盟关于准入的监管改革

(一)准入的相关立法

欧盟 2009 年通过的《信用评级机构监管规则》(以下简称《规则》，最新版本为 2013 年 5 月修订的 CRA3)制定了一套完备的注册程序。如果评级机构希望欧洲金融机构基于符合监管目的而采用其评级结果的话，都应事先注册。考虑到评级结果可能会在欧盟范围内采用并产生影响，因此，所有欧盟相关监管机构都应参与注册程序，为此，规则指定 ESMA(2009 年规则为 CESR，2011 年 5 月后转为 EMSA)作为唯一受理注册申请的机构，全面受理注册申请，并做出是否接受或者撤销注册的决定，同时还负责与欧盟其他监管机构和成员国监管当局之间的信息传递和监管协调。

CRA3 规定的申请注册的文件主要包括：机构全称及欧盟内注册的

---

① http://www.sec.gov/divisions/marketreg/ratingagency/nrsroannrep1213.pdf.

办公地址；联系人姓名及方式；法人；评级等级划分；评级的程序、方法；利益冲突的识别及管理的程序和政策；有关的雇员信息；赔偿安排；附属服务；运营计划，包括预期的主要业务实施地和设定业务类型等内容。只有提供完整信息的评级机构方能提交注册申请，从而使得评级机构的准入实现了源头上的严格把关。

《规则》还明确了取消注册的情形，一是评级机构表示放弃注册或未发布评级满6个月；二是评级机构通过虚假陈述或其他非法方式取得注册；三是评级机构不再符合注册条件。使用评级的成员国监管当局认为评级机构不符合上述条件时可以要求ESMA检查评级机构是否满足撤销注册的条件，如果ESMA决定不撤销注册，应当提供详细理由。撤销注册在欧盟范围内即时生效。

(二)准入的审批程序

(1)评级机构向ESMA提交注册申请。评级集团申请注册，必须指定一家评级机构代表集团提出注册申请。在收到注册文件的20个工作日内，ESMA评估申请文件是否完备，如果不完备，应当给出补充文件提交的最后时限。当申请文件完备后，ESMA应当通知评级机构。

(2)监管机构决定是否同意注册。ESMA在收到完整注册申请后的45个工作日内(评级集团为55个工作日)，最多可延长15个工作日，对注册申请进行审核。ESMA在作出决定前，应当与欧盟监管机构如EBA、EIOPA，以及相关区域的监管当局进行沟通。对于是否接受注册申请的决定应当在5日内通知相关评级机构，对于拒绝注册，应当提供完整的原因说明。

(三)背书(Endorsement)或认证(certification)程序

《规则》要求各类金融机构只能为监管目的使用由位于欧盟境内或依据《规则》而注册的评级机构发布的信用评级。所谓“监管目的”指的是在欧盟境内为公开发行证券或上市证券的招股说明书中提及或使用信用评级。对于金融机构为监管目的而使用非在欧盟注册的评级机构的评级，《规则》并未完全禁止，而是要求其通过背书或认证程序后才可以使用。

背书程序是指位于欧盟境内的评级机构或者依《规则》注册的评级机构可以背书同意一个非欧盟的评级机构发布信用评级，背书后非欧盟的评级机构的信用评级即可在欧盟境内使用。① 但非欧盟的评级机构必须满足以下条件：(1)欧盟境内的评级机构与非欧盟的评级机构属于同一集团，这意味着任何被认为具有系统重要性(systemic important)的非欧盟的评级机构，必须在欧盟境内设立分支机构。《规则》没有对"系统重要性"进行明确定义，但暗示目前世界主要的评级机构位于美国、日本和加拿大。(2)非欧盟的评级机构必须获得第三国授权或注册并受到监管。(3)非欧盟的评级机构在有关利益冲突、评级分析师、方法、来源、披露等方面应达到与欧盟同等程度的透明度要求。

认证程序则是针对被认定为对一个或更多成员国的金融稳定或金融市场的完整性不具有系统重要性的信用评级机构。此类评级机构同样须被第三国授权或在第三国注册并受其监管，并且欧盟与第三国监管者必须达成合作协议。欧盟委员会还必须采用"同等化"决议承认第三国的法律和监管框架与《规则》所建立的框架相当。然后，非欧盟的评级机构需要按照适用于欧盟内评级机构的注册程序来申请认证。关于是否具有系统重要性的问题，交由 ESMA 来决定。

对于上述程序，有学者认为将会导致规则适用于欧盟之外，使其具有跨法域的效力。欧盟委员会表示，其背书和认证程序应当被解释为非欧盟的评级机构所在地的法律和监管制度应对评级机构施加与《规则》相同强度的要求。非欧盟评级机构获取背书或认证资格的成功与否，与其母国的监管机构高度相关。如果非欧盟的监管者希望在其法域内注册的评级机构所发布的信用评级可以在欧盟境内获得使用，但尚不具备一

---

① Kristina St. Charles. Regulatory Imperialism: The Worldwide Export of European Regulatory Principles on Credit Rating Agencies. Minnesota Journal of International Law, 2010, pp. 8-9.

套与欧盟大致强度的监管体系，那么，它将不得不遵守欧盟的《规则》，包括与欧盟监管者达成合作协议。①

2013 年 ESMA 发布了欧盟评级市场份额报告。② 截至 2012 年底，欧盟共批准注册评级机构 22 家，其中标准普尔所占市场份额为 34.61%，穆迪为 34.75%，惠誉为 17.66%，其余 19 家所占份额总计为 12.98%。其中只有 CERVED Group S. P. A 和 Economist Intelligence Unit Ltd 两家的份额超过 1%但均在 5%以下（分别为 2.60%和 4.65%）。欧盟评级市场竞争情况总体要好于美国，这与欧盟对评级机构监管制度改革的力度基本相符，但三大评级公司的强势地位仍未有明显改观，通过市场准入制度改革评级市场竞争的努力仍待加强。

本章小结

评级业是具有自然垄断属性的行业，声誉资本和监管对评级的依赖构成了评级业市场准入的主要门槛，在经历了早期的市场竞争后，评级业逐步形成寡头垄断局面，竞争活力明显不足且严重影响到了声誉资本约束机制作用的发挥。针对这一情况，应当兼顾评级业自身的规模经济和实现有效竞争的双重要求，多管齐下，打破现有的寡头垄断局面，实现评级业的有效竞争，从而使得市场约束机制重新发挥作用。在促进有效竞争方面，可采取的措施有不对称管制措施，即对主流经营者和非主流经营者采取差异化的管制措施，对非主流经营者予以适当扶持，从而尽快缩小主流经营者和非主流经营者之间的差距，促进有效竞争的形成。同时还应严格评级业的准入标准，避免门槛过低形成的无序竞争局

---

① Kristina St. Charles. Regulatory Imperialism: The Worldwide Export of European Regulatory Principles on Credit Rating Agencies, Minnesota Journal of International Law, 2010, pp. 8-9.

② CRAs' Market share calculation according to Article 8d of the CRA Regulation, ESMA 2013.

面，促进行业的健康发展，评级作为事后验证的产品，应当重视建立科学的评级质量评估体系，跟踪评级机构的历史表现，供监管者和投资者进行比较参考，进而促进评级机构间的竞争。同时，还应当消除监管对评级的依赖，改变目前由于评级硬性接入监管标准、规则、法律所可能带来的断崖效应和羊群效应，从而减轻其对金融系统稳定性的威胁，并鼓励相关市场参与方重视与改进内部评级方法。

危机之后，美国和欧盟都对现有的评级机构市场准入制度进行了改进，其中美国将原有的 NRSRO 的无异议函认证程序改为法定的注册程序，明确了准入标准和准入程序，以及 NRSRO 的准入门槛，有利于新评级机构或者小型评级机构进入评级市场。而评级机构的增加，会促进行业竞争，从而带动评级质量的提高。同时还强化了 SEC 对 NRSRO 的监管权，特别是 NRSRO 退出制度更强化了对 NRSRO 的约束。欧盟通过制定《信用评级机构监管规则》，指定 ESMA 作为唯一受理注册申请的机构，全面受理注册申请，并做出是否接受或者撤销注册的决定，同时还负责与欧盟其他监管机构和成员国监管当局之间的信息传递和监管协调。该规则对注册申请的内容、标准和程序做出了详细的规定，还对来自欧盟以外的评级制定了背书和认证程序。从美国和欧盟最近的统计数据来看，在新规则的推动下，评级业的市场竞争有所加强，但市场的垄断局面并未得到明显改观。

第四章　评级利益冲突问题的监管——基于发行人付费模式的分析

第一节　利益冲突的产生和类型

一、利益冲突的产生

利益冲突是英美衡平法上的概念。英国学者佩宁顿(Pennington)认为利益冲突是“当一个人作为另一个人的代表行事时，如果在他接受委托时，或在事后他担任了第三人的代表或与之有重大的个人利益(关系)，而这种利益的存在可能产生这样一种实质性的危险，即他可能不为他所代表人的最大利益服务，在这种情况下，他就处在一种利益冲突的位置。偏袒一方利益而歧视另一方利益在现今生活中并不罕见”。①利益冲突究其本质，就是受托人个人利益与委托人利益之间的矛盾。

评级机构作为资本市场中发行人和投资者之间信息沟通的桥梁，其中介地位导致评级机构的行为同时代表了发行人和投资者的利益。从经济学角度来看，评级机构与发行人和投资者之间的关系是典型的代理关

① 焦津洪:《论管制知情交易的自律机制——信息长城(Chinese Wall)》,《中外法学》1998 年第 5 期，第 40 页。

系。众所周知，代理人和委托人之间普遍存在代理问题，这一问题源于双方的目标不一致以及两者之间的信息不对称。而评级机构因其商业模式，导致代理问题可能对投资者和发行人造成各种不利影响，利益冲突由此产生。

(一)发行人付费模式引发利益冲突

自 1970 年中期以来，评级机构的收费模式逐步由订阅用户付费转向了发行人付费，到 2008 年，获得 NRSRO 资格的评级机构中有 7 家主要采用了发行人付费模式，而只有 3 家沿用订阅用户付费模式，这 3 家评级机构发布的评级占全部评级的 1%都不到。① 然而在发行人付费模式下，评级机构面临着激烈的利益冲突。作为消除资本市场中发行人与投资者之间信息不对称的中介机构，评级机构本应在发行人和投资者之间保持独立，但是就发行人而言，本能地有着获得较高评级的需求，因为越高的评级，投资者就越不用担心其违约，发行人的证券也更容易获得更多的大型机构投资者的青睐，从而就会募集更多的资金并减少资金成本。这与投资者希望获得可靠评级信息的需求显然并不一致。而作为私人企业，评级机构有追求利润最大化的愿望和义务(对股东而言)。在发行人付费模式下，发行人有能力使得评级机构的利益与自己保持一致，因为评级机构可能会出于获得评级业务以增加市场份额和收入的考虑，而屈从于大型发行人的压力给予发行人与自身信用水平不相符的过高评级，使得发行人的利益和评级机构的利益紧紧结合在一起，而这显然是以牺牲公共利益为代价的，评级机构不能有效地为投资者提供服务，结果投资者也许会承受未知风险且无法获得补偿。

---

① 7 家主要采取发行人付费方式的机构是：A. M. Best Company，Inc.，DBRS Ltd.，Fitch，Inc.，Japan Credit Rating Agency，Ltd.，Moody's Investors Service，Rating and Investment Information，Inc.，Standard and Poor's Ratings Services. 3 家采用订阅用户付费方式的机构是：Egan-Jones Rating Company，LACE Financial Corp.，Realpoint LLC。

(二)次贷危机中利益冲突再次被放大

在次贷危机中，这一利益冲突更为明显。与传统的债券融资主要为发行人募集长期资金不同，一些结构化金融产品如 RMBs 设计的主要目的是为了分散发行人的表内风险，该风险通常来自长期贷款或其他债务工具，通过利用投资者的不同风险偏好和不同时间的风险偏好，发行人向投资者提供的不是来自发行人的现金流，而是发行人持有资产所产生的现金流。为此，在资产证券化之前就需要根据其目前的风险状态进行分层(tranches)，具有相近风险的贷款、债务类工具和其他资产被归为一组后进行证券化。由于结构化金融产品设计的初衷就是利用投资者不同的风险偏好和不同时间的风险偏好，因此，从某种意义上说，分层就是为了取得特定的信用评级。当这类产品寻求评级时，其评级过程与传统债券评级的过程显出差异。在发行之初，发行人就会向评级机构购买咨询服务，就债券的分层和信用增级听取评级机构的意见，从这一角度而言，评级机构已经成为结构化金融产品的制造者之一。由于发行人已经以在限定条件内如何获得相应的评级为标准对资产进行了分类，在评级之前就已决定了每一层级可能会获得怎样的评级，因此，这一过程直接导致了潜在利益冲突的增加。而且，一些结构化债务证券如 RMBS 和 CDO 被一些金融机构设计成一种融资机制，打包和出售它们发起或从其他发起人处购入的资产。其目的不是为了分散风险，而是以发起——分销模式(Originate-to-Distribute，OTD)，通过分销来打包资产的稳定现金流，而不是在资产负债表中持有该资产组合以赚取手续费收入。而评级将直接决定发行的成功与否和发行规模的大小，因此，发行人有直接的利益需求从而对评级机构施加不合理的影响以获得满意的评级。而在次级抵押债券的承销商高度集中的情况下这一局面被加剧，在 SEC 抽查的 642 宗 RMBS 交易里，只有 22 个不同的承销商，其中 12 家的承销量占到了总量的 80%；在 368 宗 CDO 交易里，共有 26 个不同的承销商，其中 11 家承销数占到总量的 92%，同时 RMBS 承销中排名前 13 位的承销商有12个是CDO承销中最大的12家承销商。① 由于承销商的过分集中，它们之中的任何一个都可能对评级机构的业务规模和收入水平产生重大影响，因为它们可以发放或撤回分量很重的评级业务。这直接导致了评级机构不得不在短期的竞争压力、利润和声誉保护之间的权衡。在这一背景下，发行人付费的利益冲突应当被视作系统性问题，而不仅仅是单个发行人的问题。尽管评级机构认为它们受到声誉资本的自律约束，并有一整套内部制度和规程以避免和管理利益冲突和保证评级不被捕获。例如，评级机构内部保证分析师的收入水平与其发布评级的准确性挂钩，且独立于被评级资产的发行规模或者是任何不正当的使其分析变得不客观的干预。但是，在次贷危机中，此类政策的有效性却值得怀疑，SEC报告指出三大评级机构分析师的主要收入来源于其等级和经验，而奖金则来源于个体和整个机构的表现情况。② 而事实上，分析师的业务越成功，才能获得越高的奖金。因此分析师的收入事实上并没有和他们评级的职业操守和准确性挂钩，特别是有些评级机构还给予分析师股权激励，分析师在正常的收入以外还可获得期权奖励，这种收入分配机制，实质上还是将分析师的收入与评级机构的盈利情况捆绑起来，因此，在发行人付费模式下，分析师的职业操守和评级准确性受到严重干预。而《华尔街日报》的调查则表明：穆迪的分析师卷入了潜在的发行人活动，以便寻找到使交易符合穆迪评级方法的途径。一些建议降低评级的分析师被解雇或者被调离，而由那些愿意给出高评级的分析师代替。而且通常情况下，如果发行人对分析师有不满，穆迪也会将其调换，穆迪的一名前管理层认为评级过程已经变成了一场谈判。③

---

① SEC Summary Report Of Issues Identified In The Commission Staff's Examinations Of Select Credit Rating Agencies，2008.

② SEC Summary Report Of Issues Identified In The Commission Staff's Examinations Of Select Credit Rating Agencies，2008.

③ Aaron Lucchetti. Rating Game：As Housing Boomed，Moody's Opened Up，WALL ST. J.，Apr. 11，2008，at A1.

二、利益冲突的类型

具体而言，评级业面临的利益冲突来自两个方面，一是来自分析师层面，二是来自评级机构层面。

(一)来自分析师层面的利益冲突

(1)持有被评级对象的证券，即分析师持有评级机构将要评级的发行人的证券或货币市场工具。这可能导致分析师对发行人给出不恰当的评级以使其获得有利的交易地位。这种利益冲突在持有发行人的证券的人并未直接参与评级过程的情况下依然存在。例如，评级分析师可能会被与评级无关、但持有被评级对象证券的同事影响，分析师可能会提供不恰当的正面评级以使得持有该证券的同事受益。

(2)受雇于被评级对象或担任其董事，当分析师担任被评级对象的董事或高管时会产生此类利益冲突。这也会导致分析师对评级对象给出不恰当的正面评级。例如 Clifford L. Alexander Jr，穆迪的前任主席，曾经在世界通信公司董事会任职长达 19 年，在这期间，世界通信公司在其市场信用利差已经跌至投资等级以下的情况下，仍从穆迪获得了有利的评级。①

(3)超出正常业务范围的商业联席或特殊的个人关系，例如分析师从被评级对象处获得了低于市场利率的借款。他可能会因此受到影响，从而给予有利的评级作为维持优惠借款条款的条件。而特殊的个人关系指分析师的亲属或配偶为被评级对象工作。

(4)从被评级对象处收受礼物，指分析师从被评级对象处收受超过正常数额的礼物从而丧失评级过程中的公正性。

(5)分析师的收入取决于评级收费，如果分析师的收入与其给评级

---

① Alec Klein. Moody's Board Members Have Ties to Clients, WASH. POST, Nov. 22, 2004, at A9.

机构带来的评级业务收费挂钩的话，也会产生利益冲突，发行人可能会通过评级选购以获得更为有利的评级。评级机构在给出较低评级的情况下，发行人可能不会选择该评级并且不支付评级费用，如果分析师的收入与其所创造的评级业务收费挂钩，他们就有可能给出较高评级以获得相应的收入增加。

（二）来自评级机构层面的利益冲突

（1）与发行人或承销人有关联关系。评级机构评级的债务类证券是由与其有关联的经纪人或交易商承销的。

（2）为被评级对象提供附属服务。评级机构在提供评级服务的同时，还提供如结构化产品的组合或风险管理建议类的咨询服务。多数评级机构均提供类似的附属服务作为评级核心业务的补充。① 上述附属服务可能会造成两方面的问题。首先，在被评级对象购买附属服务的情况下，评级机构可能会给出比预期要高的有利评级。一般而言，提供附属服务都是评级机构增加其收入的主要渠道。评级机构尽管辩称其有详细的政策和程序以管理此类利益冲突，包括实质性的防火墙以隔离附属业务对评级业务的影响，例如评级分析师不得参与附属业务的营销。但在 SEC 的听证会上，一个买方当事人证实至少有一家评级机构的分析师向她的机构提出购买咨询服务的营销建议。② 其次，评级机构也可能利用评级来强迫企业购买附属服务。鉴于评级机构的优势地位，有可能会将是否购买附属服务作为评级决策的影响因子，进而对发行人造成威胁，发行人可能购买此类附属服务仅仅是因为担心如果不购买可能会对其评级产生负面影响。最典型的就是穆迪对汉诺威再保险公司（Hannover

---

① 只有 DBRS 等少数评级公司例外，DBRS 不提供任何附属服务并禁止分析师就被评级产品的设计提供意见或建议。See DBRS Business Code of Conduct § C. 1. 14 (June 2009), http://www.dbrs.com/research/228896.

② U. S. Sec. & Exch. Comm'n, Hearings on the Current Role and Function of Credit Rating Agencies in the Operation of the Securities Markets (2002) (statement of Cynthia L. Strauss, Director of Taxable Bond Research, Fidelity Investments Money Management, Inc.).

Re)评级的下调。该公司曾购买过穆迪的评级服务，但后来其选择了标准普尔和另一家小型评级公司，穆迪随后对其进行非请求评级，其评级结果比标准普尔的要低一个等级，最后导致该公司股票价格下降10%，而事实上该公司基本面并无任何变化。这一行为被汉诺威公司的管理层认为是“纯粹的敲诈”①。

(3)大客户的影响。由于大客户对评级机构收入的贡献巨大，评级机构也注重与这些大客户保持良好的商业关系，尽量满足大客户的各种需求。当大客户所持有的证券价值或者合规监管成本可能会受评级结果影响的情况下，由于担心失去收入，评级机构可能会屈从压力而发布不恰当评级或者推迟发布评级变动情况以使大客户受益，从而损害市场和投资者的利益。

(4)发行人付费的影响。1970年以来，发行人付费模式逐渐成为评级机构普遍采取的收入模式，SEC在2002年11月的调查显示，穆迪90%的收入来自发行人支付的费用，10%来自其提供的研究和数据服务；而惠誉也是如此，90%左右的收入来自发行方支付的费用，10%来自订购服务。② 由于评级收入取决于评级得到发布，而发行人为了获得有利评级会在评级机构间进行评级选购，评级机构如果给出较低的但是诚实的评级，可能不会被发行人选择因而也就无法获得评级收入。因此，评级机构有可能低估发行人的信用风险以获得业务收入。SEC2008年的调查报告表明，评级机构的管理人员和分析师参与与发行人的谈判，可能会损害评级过程的客观性，例如，决定评级方法和过程的人员可能不会将评级模型调整得更为保守，如果这样可能会使得与发行人的谈判变得更为艰难。③

---

① Patrick Van Roy. Is There A Difference Between Solicited And Unsolicited Bank Rating, If So, Why?, National Bank Of Belgium Working Paper, 2006.

② 应娟，张益新：《信用评级机构收费模式探讨》，《上海金融》2006年第6期。

③ Staff Of The Sec. And Exch. Comm' N, Summary Report Of Issues Identified In The Commission Staff's Examinations Of Select Credit Rating Agencies (July 2008).

发行人付费模式同样还会损害发行人的利益。对于未购买评级的发行人，评级机构可能会主动发布非请求评级，而该评级通常会比请求评级要低，从而迫使发行人付费购买评级。其中最为典型的例子当属杰弗逊学区诉穆迪一案（Jefferson County School Dist. No. R-1 v. Moody's Investor's Services, Inc）。① 由于杰弗逊学区没有选择穆迪作为债券发行的评级机构，穆迪在其网站上公布了对债券评级的负面展望，直接导致其订阅客户中的部分买方取消了认购，而学区不得不重新对债券进行定价并支付更高的利息。有实证数据表明非请求评级通常会低于被动评级，② 评级机构解释这一现象是因为发行人的不合作，没有提供足够的信息，因此评级机构通常会出于保守考虑给出较低评级。但在实际中，非请求评级通常变成了评级机构滥用市场垄断地位的不正当竞争手段。

第二节　美欧对利益冲突问题的监管改革

投资者对于评级机构的评价，在很大程度上取决于评级机构的评级结果是否受到那些与评级无关的因素的不当影响，利益冲突明显会削弱投资者对于评级机构及其评级结果的信心。一般而言，存在利益冲突本身并不可怕，关键在于评级机构是否建立一套行之有效的利益冲突识别、管理和披露制度以保证评级过程的独立、公正。特别是在目前评级机构的"发行人付费"的收费模式下，评级机构的绝大部分收入来自发行方支付的费用。发行主体很容易通过对评级机构的选择权和支付评级费用而对评级结果产生影响，基于这一背景，作为商事主体的评级机构在理性选择下容易诱发道德风险。次贷危机的实践已经证明，评级机构面临的利益冲突已经超出了其内部治理的范畴，其与发行人间的利益关

① 175 F. 3d 848 (10th Cir. 1999).

② Christina Bannier, Patrick Behr & Andre Güttler. Rating Opaque Borrowers: Why are Unsolicited Ratings Lower?, 14 REV. FIN.

系已经影响到了金融市场的稳定，单凭评级机构的内部控制制度是难以解决的，而美欧监管当局长期以来对利益冲突问题的监管并不得力，最终导致了次贷危机的全面爆发。因此，利益冲突识别、管理和披露制度成为了对评级机构监管的重要内容，有必要借助外部强制监管措施对评级机构与发行人之间失衡的利益关系进行纠正。

危机之后，美国、欧盟以及 IOSCO 等国际组织都提出了一系列的监管制度变革来规制利益冲突问题，其核心旨在“确保评级机构及其雇员、受其控制的任何人免受现存或者潜在的利益冲突的影响，保证评级过程和结果的客观性”①。2009 年 SEC 通过了专门的利益冲突监管规则 Rule 17g-5，增加了三类禁止的利益冲突，通过设置合规主管进一步强化评级机构内部的利益冲突的防控，还增加了有关利益冲突的披露要求。2010 年出台的《多德法案》明确了应将评级业务与市场营销业务分离，强化了对评级从业人员的离职审查，增强了独立董事和合规主管对利益冲突的监管权力，并提出相应的任职限制条件，以确保其能独立地履行监管职责。在外部监管上，设置了 SEC 信用评级监管办公室定期对评级机构的利益冲突内控机制进行检查。从而加大了政府的监管力度，使得外部监管和评级机构的内部控制有机地结合起来。欧盟 2009 年通过的《信用评级机构监管规则》明确提出要将避免利益冲突和有效管理利益冲突作为提高现有信用评级监管水平、改善评级质量、从而恢复投资者信心和加强投资者保护的四项基本举措之一。该规则要求评级机构从组织架构、内部控制等方面进行改革以保证评级的独立性。评级机构应建立合理的执行程序、会计程序、风险评估程序以及信息处理体系等内部控制的制度性安排，以确保利益冲突得以有效识别、控制和管理。

一、利益冲突监管的主要规则

经过一系列改革，美欧对评级机构利益冲突的监管体系的逐步完

① Oversight of Credit Rating Agencies Registered as Nationally Recognized Statistical Rating Organizations, SEC, 2007.

善，大致是从三个方面来着手的。第一，设立完善的防火墙对各类现实或潜在的利益冲突进行隔离，例如评级机构及其工作人员与利益相关方之间、评级业务与附属业务之间、评级分析师与市场营销人员之间等。第二，强化利益冲突的披露，以加强公众对评级机构利益冲突的监督，例如要求披露年度收入来源前20名客户名单等。第三，强化利益冲突的监管保障机制，包括评级机构的内部控制机制和外部的监管制衡，以加强外部监管者对评级利益冲突的审查。

（一）各类防火墙

1. 与利益相关方之间的防火墙

评级机构与利益相关方之间的回避。SEC规则禁止评级机构对上年度占其收入10%以上的客户进行评级。如果评级机构与发行人或其承销商有关联，如直接或间接控制，或受控于同一主体，SEC和欧盟规则都禁止评级机构发布评级。

评级分析师与利益相关方之间的回避。SEC和欧盟规则都禁止评级分析师从被评级对象处收受礼物。禁止评级决策或验证评级的人员直接持有被评级对象的证券(间接持有不在禁止之列)。如果参与评级决策或验证评级的人员受雇于被评级对象管理层或担任其董事，禁止发布或撤销评级。

加强对评级机构从业人员的离职审查。SEC规则要求评级机构雇员离职加入其提供过评级的发行人处，或者加入因评级工作原因联系较多的其他金融机构后，评级机构应通过内部程序对上述人员的过往工作情况进行调查。欧盟规则要求当分析师从评级机构离职后，其所参与的评级应在2年内进行复审；直接参与评级的雇员在评级发布后6个月内不得担任被评级机构或相关第三方的高级管理人员。

2. 业务防火墙

评级服务和附属服务间设置防火墙。SEC和欧盟都规定评级机构不得对同一机构同时提供评级服务和附属服务。评级机构不得发布或维持评级，如果该评级机构或关联人对发行人、发起人或承销商曾就债券的法律结构、资产债务安排等提出建议。SEC 规则还禁止以购买附属服务作为提供评级的条件(或威胁)。

评级服务与评级市场营销业务间设置防火墙。由于评级分析人员的职责是提供准确的评级，而市场营销人员的职责是开拓市场，二者业务混同可能会出现为赢得客户而干预评级过程的情况，易于引发利益冲突。SEC 规则都禁止评级机构的市场营销人员影响评级过程和评级方法。

在评级分析师薪酬和评级收费间设置防火墙。在实践中，尽管分析师的基本薪酬与评级收费并未挂钩，但分析师的奖金和期权收入在很大程度上是与评级机构的总收入水平直接相关的，因此，评级分析师有可能会给出偏高评级以取悦客户来获得更多的提成。因此，有必要在评级分析师与评级收费间设立防火墙，保证评级分析师的独立性和客观性。SEC 规则禁止分析师参与同发行人的收费谈判。并要求评级机构在其内部准则中规定了相应的分离措施。欧盟规则要求分析师和评级检验人员的报酬和绩效评估不应与他所提供评级服务的被评级实体为评级机构所创造的利润挂钩。

结构化金融产品评级的防火墙。就结构化金融产品市场的历史来看，其迅猛发展与评级机构的积极参与密不可分。在产品的设计开发阶段，评级机构会被邀请提出咨询意见并提供预评估服务；发行人随后会按评级机构的建议进行产品设计，以获得价高的评级；在结构化金融产品的发行过程中，评级机构会发布评级，增强市场对产品的认可度。这种按照评级要求设计产品的思路与传统的评级方式完全是本末倒置，从而导致结构化金融产品评级虚高情况的出现。在吸取次贷危机的教训后，美国和欧盟的监管规则都严格禁止评级机构参与产品的设计过程(见表 4-1)。

表 4-1 **美国和欧盟关于避免利益冲突规则的比较**

冲突层面	利益冲突类型	冲突表现形式	美国	欧盟(REGULATION (EC) No 1060/2009)
分析师层面	禁止类	持有被评级对象的证券	Exchange Act Rule17g-5(c)：禁止评级机构发布评级，如果参与评级决策或验证评级的人员直接持有被评级对象的证券(间接持有不在禁止之列)	ANNEX I Section B(3a)：禁止发布或撤销评级，如果参与评级的分析师或决定评级的人直接或间接持有被评级机构或相关第三方发行的金融工具或在其直接或间接持有上述机构的所有权； ANNEX I Section C(1)：参与评级的分析师和协助其工作的人员不得买卖或交易被评级对象发行、担保、或支持的金融工具或者投资基金
分析师层面	禁止类	受雇于被评级对象或担任其董事	Exchange Act Rule17g-5(c)(4)：禁止评级机构发布评级，如果参与评级决策或验证评级的人员受雇于被评级对象或担任其董事	ANNEX I Section B(3c)：禁止发布或撤销评级，如果参与评级的分析师或决定评级的人在被评级机构或相关第三方发行的董事会、管理层任职； ANNEX I Section C(7)：直接参与评级的雇员在评级发布6个月内不得担任被评级机构或相关第三方的高级管理人员

续表

冲突层面	利益冲突类型	冲突表现形式	美国	欧盟(REGULATION (EC) No 1060/2009)
分析师层面	禁止类	超出正常业务范围的商业联系或特殊的个人关系	Exchange Act Rule17g-5(b)：列明这是利益冲突的一种，需要在NRSRO注册表格中注明管理政策和程序。但并没有严格限制，因为很难界定究竟何为超出正常业务范围的商业联系，需进行个案判定	ANNEX I Section B(3d)：禁止发布或撤销评级，如果参与评级的分析师或决定评级的人与被评级对象或其相关第三方处在可能导致利益冲突的关系
分析师层面	禁止类	收受礼物	Exchange Act Rule17g-5(c)(7)：禁止评级机构发布评级，如果参与评级决策或验证评级的人员收受礼物或娱乐项目超过25美元	ANNEX I Section C(4)：直接参与评级过程的雇员不得主动或被动接受业务往来单位的钱财、礼品
分析师层面	禁止类	分析师的收入取决于评级收费	在Section 15E of the Exchange Act和Rule 17g中均无明文限制，因为多数NRSRO的内部准则中都规定了相应的分离措施	Article 7(5)：分析师和评级检验人员的报酬和绩效评估不应与他所提供评级服务的被评级实体为评级机构所创造的利润挂钩
评级机构层面	禁止类	与发行人或承销人有关联关系	Exchange Act Rule17g-5(c)(3)：禁止评级机构发布评级，如果评级机构与发行人或其承销商有关联关系，如直接或间接控制，或受控于同一主体	ANNEX I Section B(3b)：禁止发布或撤销评级，如果评级机构与发行人或其承销商有关联关系，如直接或间接控制，或受控于同一主体

续表

冲突层面	利益冲突类型	冲突表现形式	美国	欧盟(REGULATION (EC) No 1060/2009)
评级机构层面	禁止类	为被评级对象提供附属服务	Exchange Act Rule17g-5(c)(5)：禁止评级机构发布或维持评级，如果该评级机构或关联人对发行人、发起人或承销商就债券的法律结构，资产债务安排等提出建议； Exchange Act Rule17g-2(a)(5)：要求 NRSRO 就其提供的附属服务列出明细清单； Section 15E(i)(1)(c) of the Exchange Act 和 Exchange Act Rule 17g-6(a)禁止以购买附属服务作为提供评级的条件(或威胁)	ANNEX I Section B(4)：评级机构不得就任何被评级对象或相关第三方的法人结构、资产、负债或行为提供顾问或咨询服务业务；评级机构可以提供评级之外的附属服务，评级机构应确定何为附属服务，确保附属服务的提供将不会与评级行为发生利益冲突； ANNEX I Section B(5)：评级机构应确保分析师不会直接或间接地就结构化金融产品的设计问题提出建议或意见，如果该机构有可能受邀对该产品进行评级
评级机构层面	禁止类	发行人付费模式的影响	Exchange Act Rule17g-5(c)(1)：禁止评级机构对上年度占其收入 10%以上的客户评级； Exchange Act Rule17g-2(a)(1)：要求 NRSRO 提供相应原始记录，为 SEC 检查可能的受被评级对象影响的评级提供便利；	ANNEX I Section B(2)：评级机构应定期公布占其年度收入超过 5%以上的机构或相关第三方的名称； ANNEX I Section E II 2：每年披露利润来源排名前 20 位的客户，上年度单个客户贡献的利润增长率超过整体利润增长率 1.5 倍的客户名单，源自这些客户

续表

冲突层面	利益冲突类型	冲突表现形式	美国	欧盟(REGULATION (EC) No 1060/2009)
			Paragraph (d) of Rule17g-2：要求 NRSRO 最迟在评级公布 6 个月后随机提供 10%的发行人付费的评级及其变动情况	的收入是否占到全球范围内评级机构收入总量的 0.25%，上述提到的客户包括公司及其下属公司、关联公司或持股超过 20%的企业，以及参与债券打包谈判并成为客户，或直接间接就债券发行付费评级机构的企业
评级机构层面	披露类	大型订阅客户的影响	Exchange Act Rule17g-5 (b)(5)：要求 NRSOR 提醒投资者此类利益冲突的存在以及相应的管理政策和程序； Section 15E(a)(1)(B)(viii) of the Exchange Act 和 Exhibit 10 of Form NRSR 要 NRSRO 提供上年度占其收入前 20 名的发行人、承销商和订阅客户名单	

二、利益冲突的披露规则

由于单凭评级机构的内部控制机制很难有效解决利益冲突问题，因此有必要通过冲突的披露来加强对评级机构的社会监督，通过市场参与方的监督，保障声誉资本约束机制作用的充分发挥。

（1）利益冲突的披露。美国在评级机构的注册阶段就规定了利益冲突信息的披露。在向 SEC 提交的 NRSRO 组成的申请材料中就必须包括评级机构的利益冲突和利益冲突规制的相关材料，SEC 据此来评判这些利益冲突是否得到有效的识别和控制，以此作为是否同意评级机构注册的重要参考因素。取得注册后，还要求评级机构对其历史评级活动和表现的数据进行披露，以便投资者发现评级过程中存在的利益冲突问题。要求评级机构应披露其利润来源，投资者可以据此评价是否会导致利益冲突。评级机构在发布评级时应向投资者提供评级的局限性、是否存在利益冲突、是否存在购买评级现象等情况的说明，从而有利于向投资者提供更多的评级信息以帮助他们评价评级的表现情况。

（2）利益冲突记录的保存规则。SEC 规则要求评级机构对评级业务和日常管理过程中的相关信息，包括会议记录、谈话记录、投诉记录、电子邮件等进行保存，一般不少于 3 年，以便 SEC 必要时的检查。欧盟规则要求评级机构的年度透明度报告中必须包括评级历史记录保存的情况。

三、利益冲突监管的保障规则

如前所述，对于利益冲突的监管，还必须借助有强制力的专门监管手段对相关规则的执行情况进行监督，以保障利益冲突的识别，管理和控制措施能落到实处。具体而言，在评级机构内部应当强化内部监督部门的权力，完善内部治理结构；外部监管当局应对评级机构的利益冲突内部控制行为进行监督和检查。

美国《多德法案》通过强化独立董事和合规主管的作用来完善评级机构内部的监督机制。法案规定评级机构董事会的独立董事不得少于 2 人，且必须有评级用户。独立董事的重要职责之一是应负责评级机构内部利益冲突规制机制和程序的制定，并保障其实施，还应对评级机构利益冲突控制活动的信息披露情况进行监督。此举旨在借鉴上市公司中独立董事的作用来完善评级机构的内部治理结构。

对于合规主管，《多德法案》也明确规定了其任职资格、工作职责、薪酬和报告义务。其年度合规报告明确要求要对评级机构在利益冲突的内部控制方面的任何重大变化予以报告，该报告与机构的财务报告一样均提交 SEC 检查，从而强化了合规主管对利益冲突的监督权力。

在外部监管方面，《多德法案》要求 SEC 设立信用评级办公室，其重要职能之一就是负责对评级机构利益冲突内部控制情况事实监督和检查，检查结果还应通过公众可以理解的方式向社会公布。

第三节 解决利益冲突问题的替代方案

美欧监管当局目前对评级机构利益冲突问题的监管虽在不断完善，但是对于利益冲突产生的根源——发行人付费模式并未进行否定，只是针对该模式所带来的问题进行逐一修补。因此也有观点认为不对问题产生的根源进行彻底改变，而仅仅在此基础上进行查漏补缺，恐怕对利益冲突问题的实质解决并无太大作用。SEC 主席夏皮罗(Mary L. Schapiro)在参议院作证时曾表示“除非我们着手解决收费模式，否则我们无法解决利益冲突问题，民众也没有信心认为评级是值得信赖的”。① 因为在发行人付费模式下，评级机构为了获取市场份额和利润而与发行人共谋与其独立公正提供评级服务这一对矛盾始终存在，尽管有声誉约束机制，但由于声誉机制发挥作用的前提条件正悄然消失，当评级机构面临的超额利润大于声誉所带来的利润时，评级机构仍会选择违法。在此基础上的监管措施只是在一定程度上增加了违法成本，但并不能从根本上消除利益冲突，因此有学者认为要想对评级机构的监管取得实效，仍需要对现有的发行人收费模式进行变革。

---

① Stephen Labaton. Obama Plans Fast Action To Tighten Financial Rules, New York Times, January 25, 2009, at A1.

一、恢复订阅人付费模式

科菲(J. C. Coffee)教授认为，应当“恢复此前的委托代理关系，即评级机构由评级信息的用户而非发行人付费”。① 作为传统的收费模式，该方案在操作上比较简单，比如在美国 SEC 近期批准注册的三家 NRSRO(Egan-Jones Rating Company，LACE Financial Corp.，Realpoint LLC.)都是采取订阅人付费模式的评级机构，这似乎也暗示着 SEC 也希望在现阶段通过引入订阅人付费模式来观察和检验其是否会减少利益冲突问题，尽管其并未强制要求将发行人付费模式改为订阅人付费模式。

但是，订阅人付费模式也不能完全解决利益冲突问题，比如，当订阅人拟买入某产品进入投资组合时，可能会面临因产品信用评级较低而受限购买的问题，因而订阅人可以暗示评级机构给予该产品较高评级以消除购买限制，而这是可以以是否订阅评级服务为利诱的。当然这种利益冲突较之发行人付费模式下的利益冲突要轻得多，因为不同订阅人对评级高低的要求会各有不同，从而大大缓解了利益冲突的过于集中。

而且，在信息社会，订阅人付费模式仍然会面临诸多问题。由于评级服务具有准公共产品属性，但在当下高度发达的信息社会中，信息传播速度十分迅速，一旦订阅客户将评级信息泄露出去，潜在的订阅需求就会大大减少，评级机构的收入基础就没有了保障，生存环境会逐渐恶化，进而会危及整个评级行业的生存发展。事实上 20 世纪 70 年代评级机构纷纷转向发行人付费方式，这是重要原因之一，应该说也是评级机构基于市场变化的理性选择。而评级机构若对订阅信息采取加密处理方式，投资者和监管者不付费就无法得到这些信息，那么整个社会的投资决策成本就会增加，同时普通投资者获取评级信息的机会被剥夺后，也将弱化市场的公开监督，反而为利益冲突的滋生提供了温床。还有一个

① J. C. Coffee. Gatekeepers：The Professions and Corporate Governance. Oxford University Press，2006，p. 298.

不容忽视的问题是，订阅用户会取得信息比较优势，特别是在非公开发行的情况下，这种信息优势比普通投资者要大得多，从而造成了实质的信息选择性披露，这显然是有违证券市场公平原则的。综合上述原因，笔者认为在当前恢复订阅人付费的建议并不可取。

二、组建政府运营的评级机构

古德佐沃斯基（Milosz Gudzowski）建议成立一个联邦政府机构（Federal Government Entity）取代评级机构对于 RMBS、CDO 的评级职责。① 这一建议主要基于两点考虑，首先，由于评级服务的准公共属性，由评级机构这样的私营部门承担部分公共职能并不合理。因此，设立政府运营的评级机构或者由公共基金为评级机构服务付费有其合理性，因为准确的评级信息对于资本市场的稳健，乃至整个社会都具有重要价值。其次，实践已经证明私营的评级机构不能很好地维护公共利益。由于评级被监管机构大量援引和 NRSRO 认可制度的实施，评级机构也具有准监管职能，但其并未认真履行公共职能，反而是将其私人利益置于社会公共利益之上，从而导致次贷危机的最终爆发和全球性的金融危机。因此有必要通过政府介入评级市场来给评级机构提供制度激励。

具体而言，政府运营的评级机构会具备以下优势，首先是利益冲突产生的根源被消灭。政府运营的评级机构由财政拨款，不以盈利为目的，因而也不会存在发行人付费模式下的种种利益冲突。其次，政府运营的评级机构高度透明。由于是非私营机构，因此可以完全公布所有的评级模型和程序、评级假设等核心内容供公众查阅，各类市场参与者均可对此进行讨论，进而有利于其不断修正自己的评级体系，提高评级结

① Milosz Gudzowski. Mortgage Credit Rating and the Financial Crisis：the Need for a State-run Mortgage Security Credit Rating Agency，Columbia Business Law Review，Vol. 2010，No. 1，2010，pp. 119-124.

果的可靠性。而高度的透明，也有利于更好地实现投资者教育的目标，投资者通过对评级过程的深入了解，可以减少对评级的过度依赖，可以更为理性地使用评级进行投资决策。再次，政府运营的评级机构还可作为评级质量的标尺。设立政府运营的评级机构，并不是完全废除私营评级机构，也不是政府直接对评级进行监管，而是为投资者和社会提供更多的选择，通过不同类型评级机构发布评级的比较，投资者能获取更多的信息以做出判断。当私营评级机构和政府运营的评级机构发布的评级偏差较大时，私营评级机构有必要给出合理的解释，要么论证自身的正确所在，要么指出政府运营机构存在的不足之处。最后，还可以为监管决策提供依据，政府运营的评级机构将对资本市场上的证券进行广泛评级，从而可以帮助监管当局了解主要机构投资者的稳健运营情况，也为政策制定提供参考，有利于系统风险的预警和事前防范。

当然，公共部门介入评级市场也会引发一些问题。最为突出的就是其独立性问题，由于政府投资评级机构，而政府债券在资本市场上占有相当的比重，因此，政府寻租现象很难避免，政府有出于金融市场稳定的目的要求公营评级机构对政府债券给出虚高评级。再就是监管成本问题，由于国家财政负担评级成本，而维持政府运营评级机构的成本投入可能会远高与现有模式下的监管投入，而不符合经济效率原则。还有就是政府运营的评级机构可能会发布过于保守的评级，在其看来，这种保守可能会更加符合监管的要求，但发布这种保守而未必准确的评级可能会带来系统性过低评级的意外后果。

三、组建买方控制的评级机构

有学者建议设立由专业机构投资者拥有和运作的评级机构。① 该评

① Joseph A. Grundfest & Evgenia Petrova. Buyer Owned and Controlled Rating Agencies: A Summary Introduction, at http: //www. sec. gov/comments/4-579/4579-10. pdf, [2009-4-13], pp. 5-10.

级机构由高度专业的机构投资者(Highly Sophisticated Institutional Purchasers，HSIP)持有多数投票权和运作控制权。该建议认为 HSIP 具有足够的动机和专业知识监督评级过程和 BOCRA 的运营，能够被信赖为多数投资者利益的可靠代表，从而可以确保 BOCRA 的评级可以准确反映投资者的立场和观点。在具体运作模式上，方案建议由发行人付费委托 NRSRO 作出的所有评级，SEC 应同时要求发行人付费委托 BOCRA 进行评级。必要时，SEC 可豁免 BOCRA 三年的等待期，从而增加评级市场的供给进而促进有效竞争的形成。

上述替代性方案，主要都是为了解决发行人付费模式所产生的无处不在的利益冲突问题，激进的方案要求完全废除发行人付费模式，如恢复订阅人付费的建议；温和的方案则尝试在不改变现有发行人付费模式的基础上，通过商业模式间的竞争和重构激励的方式而逐步解决利益冲突问题，比如政府运营评级机构和 BOCRA 的方案，旨在通过不同商业模式的评级机构在同一评级市场中相互竞争，最终实现“优胜劣汰”，从而发现消除利益冲突问题的最终解决方案。应当说各方案均有优势和可取之处，同时也有各自的局限和不足，解决评级机构利益冲突问题的最终改革方案仍然有待在实践中继续探索。

本章小结

从经济学角度来看，评级机构与发行人和投资者之间的关系是典型的代理关系。众所周知，代理人和委托人之间普遍存在代理问题，这一问题源于双方的目标不一致以及两者之间信息不对称。而评级机构因其商业模式，导致代理问题可能对投资者和发行人造成各种不利影响。利益冲突由此产生。在发行人付费模式下，发行人有能力以使得评级机构的利益与自己保持一致，因为评级机构可能会出于获得评级业务以增加市场份额和收入的考虑，而屈从于大型发行人的压力给予发行人与自身信用水平不相符的过高评级，因此评级机构面临着激烈的利益冲突。在次贷危机中，这一利益冲突更为明显。由于结构化金融产品承销商的过分集中，他们之中的任何一个都可能对评级机构的业务规模和收入水平产生重大影响，这直接导致了评级机构不得不在短期的竞争压力、利润和声誉保护之间的权衡。发行人付费引发的利益冲突应当被视作系统性问题。

具体而言，评级业面临的利益冲突来自两个方面，一是来自分析师层面，二是来自评级机构层面。次贷危机的实践已经证明，评级机构面临的利益冲突已经超出了其内部治理的范畴，其与发行人之间的利益关系已经影响到了金融市场的稳定，单凭评级机构的内部控制制度是难以解决的。对利益冲突进行规避和管理是保证评级独立性和公正性、提高评级质量的必然要求。因此，危机之后，美国、欧盟以及 IOSCO 等国际组织都提出了一系列监管制度变革来规制利益冲突问题，其核心旨在“确保评级机构及其雇员、受其控制的任何人免受现存或者潜在的利益冲突的影响，保证评级过程和结果的客观性”。

目前美欧监管规则中对利益冲突主要从三个方面着手来进行规制。第一，设立完善的防火墙对各类现实或潜在的利益冲突进行隔离。例如评级机构及其工作人员与利益相关方之间，评级业务与附属业务之间，评级分析师与市场营销人员之间等。第二，强化利益冲突的披露，以加强公众对评级机构利益冲突的监督。例如要求披露年度收入来源前 20 名客户名单等。第三，强化利益冲突的监管保障机制，包括评级机构的内部控制机制和外部的监管制衡，以加强外部监管者对评级利益冲突的审查。但对于利益冲突产生的根源即发行人付费模式，美欧监管当局都未予以否定，因而也有观点认为在此基础上进行查漏补缺对利益冲突问题的实质解决并无太大作用。进而有学者也提出了替代发行人付费模式的选择性方案，应当说各方案均有优势和可取之处，同时也有各自的局限和不足，解决评级机构利益冲突问题的最终改革方案仍然有待在实践中继续探索。

第五章　评级信息披露问题的监管——自愿披露与强制披露的选择

第一节　评级市场信息披露的理论分析

一、评级市场中的信息披露

信息披露制度在证券监管法律制度中占据核心地位。信息是证券市场的枢纽和核心，在证券市场的运转过程中，信息的传递和处理贯穿始终，它决定着证券市场的繁荣与衰落。然而由于信息不对称问题的普遍存在，有效市场理论的假设条件很难实现，作为信息沟通起点的信息披露过程如果出现问题，那么信息沟通与传递的后续环节都会受到影响，由此引发的道德风险和逆向选择问题，会导致投资者无法进行理性决策，进而市场资源配置会发生扭曲，影响到市场的整体运行效率的提升。因此，要实现证券市场的高效运行和资源配置的合理有序，就只能通过有效的信息披露制度方能够实现。这也是各国证券立法将重心置于信息披露的原因之所在。哈森教授(Hazen)在其《证券管理法综述》中写到“联邦证券监管框架背后的理论是：如果流通交易证券的方方面面均能得以完整无缺地、公平地披露，投资者便可以得到充分的保障。对证券发行时那种耗时耗力的实质性审查也就没有必要”。①

在证券市场中，评级存在的价值原本就是消除市场的信息不对称，但是在评级过程中信息不对称问题依然存在。例如由于各评级机构使用的评级方法、程序并不完全相同，而且评级的基础资料的可靠性也只有评级机构知道，这些都会直接影响评级质量的高低，因此，评级也就存在透明度和可信度的问题，以及评级等级披露的适时性问题。同时，在出现替代发行人付费的收费模式之前，由此引发的利益冲突是不可避免，没有足够的信息披露来对评级机构的利益冲突进行规制，投资者可能会因此承担评级不准确的风险。有鉴于此，在评级机构监管制度中一个不可或缺的部分即有效的信息披露制度，只有通过合理的信息披露制度，尽量消除评级市场中的信息不对称，提升投资者对评级质量的独立判断能力，方可对处于信息优势地位的评级机构施以足够的监督和约束，从而提高市场的运行效率。

评级机构在次贷危机中暴露出的一个突出问题就是信息披露和信息质量存在明显缺陷。结构化金融产品通常有非常复杂的法律结构，包含复杂的金融服务和数量众多的资产池内的资产，因而公开信息非常少，结构化金融产品通常被认为透明度很低且比一般的公司债券结构复杂。而且由于产品通常仅在机构投资者之间买卖，许多国家对机构投资者的披露要求一般比公开交易的证券要少。因此，对于结构化金融产品的信息披露非常不充分。信息披露不充分直接导致了三个方面的问题。第一，投资者无法完全了解结构化金融产品评级的含义及其局限性。传统的评级是作为衡量公司债券的发行人的偿付能力的，但对于日益复杂结构化金融产品而言，有关投资安全和投资收益的决定因素远不止发行人的信用。因此，评级所包含的信息在不同的证券类型间越来越难以比较。投资者可能很难了解由同一发行人发行且具有相同的评级的证券之间存在的差异。而次贷危机引发的关注之一就是投资者没有完全了解结

① 齐斌：《证券市场信息披露法律监管》，法律出版社2000年版，第10页。

构化金融产品评级的含义及其局限性。① 即使此类证券获得很高评级，投资者也可能会承受严重损失，而这已经为最近的危机所证明。例如那些获得 AAA 评级的债券在 2007 年 1 月至 2008 年 1 月间损失了 70%。因此，投资者应当获得更多关于评级的额外信息披露以便投资者合理评估评级在投资决策中所占地位。第二，投资者无法获得足够的信息以对评级机构所面临的潜在的利益冲突及其对评级的影响进行合理分析。在结构化金融产品评级市场中，发行人付费的普遍运用可能导致评级膨胀，因为评级机构为了吸引客户以获得未来的评级业务而发布过高评级。而且，评级机构还同时为发行人提供附属服务，这也构成了评级机构收入的重要来源，从而进一步加剧了评级机构对于利益冲突管理的难度。另一方面，发行人的评级购买(rating shopping，指发行人会在不同的评级机构中选择以获得最高的评级)也会导致评级膨胀。但投资者却没有被告知这一系列信息，这使得发行人最后所得评级的可靠性受到质疑。第三，信息披露方面存在的障碍也从实质上影响了评级业的竞争，特别是在结构化金融产品方面，在发行人付费模式下，一旦被发行人雇佣，发行人对评级机构提供的有关产品评级的信息是不公开的，这导致其他评级机构无法对这些产品进行评级，最终的产品评级通常只是由一到两家 NRSRO 发布。投资者也通常会对这些具有信息优势的评级给予较高的关注，其他评级机构对于结构化金融产品发布主动评级的可能性大为减少，从而造成了部分优势评级机构对于结构化金融产品评级的垄断，由于缺乏足够的竞争，导致评级质量无法得到有效的保证。

而结构化金融产品资产池中基础信息质量也存在问题。评级机构通常不会确认提供给他们的资产池中信息的有效性，尽管评级机构无法预期发行人的欺诈或者像独立的审计机构那样对信息进行确认，但评级所依靠的信息甚至很难通过最基本的取样测试(sniff test)，很多信息从表

---

① Recommendations of the Securities Industry and Financial Markets Association Credit Rating Agency Task Force (July 2008), http://www.sifma.org/capital_markets/docs/SIFMACRA-Recommendations.pdf.

面上看就是存疑的，或者在市场的瞬息万变中，是不确定的。更重要的是，评级方法甚至没有考虑市场的变化对评级所依赖信息质量的影响，一个明显的问题就是，评级机构对历史数据做了有限的设定，特别是对于美国次级贷款表现的历史数据在很大程度上被限定在了一个房价持续上升的良性经济环境中。此举增加了评级方法中模型的风险。由于缺乏足够历史数据的支持，最终导致了评级失准。

二、评级市场信息披露制度的价值取向

作为证券市场的组成部分，评级市场信息披露制度的价值取向和证券监管制度的价值取向是一致，即投资者保护和提高市场效率。

(一)投资者保护

没有投资者的广泛参与，证券市场的功能也就无从实现，但在弱肉强食的证券市场中，公众投资者大多处于弱势地位，给予其特殊保护，使其有平等的机会获得理性投资决策的必要信息资料是维护证券市场稳定的基础所在，对于评级市场而言，体现在以下几个方面。

第一，有助于投资者正确认识评级的含义。

传统的信用评级被认为是前瞻性预测，评级存在的局限性是评级机构从不否认的，包括评级程序和方法的局限以及分析师的主观局限等。然而，在评级被监管机构大量援引后，投资者对评级的过度依赖往往使其忽视了这种局限性，特别是在次贷危机中，投资者将评级机构给出AAA级评级的RMBS、CDO等产品等同于传统意义上的无风险债券，这在很大程度上，都与评级机构信息披露不完整、不准确有关。如果评级机构能够事先详细地披露确定结构化金融产品资产池中基础资产的信息以及评级方法使用的主要假设和原理，那么投资者就能够更好地认识信用评级的含义。

第二，有助于投资者正确认识评级的质量。

要求评级机构披露评级模型、方法、程序等方面的信息，有利于投

资者评估评级的科学性和合理性；要求评级机构披露利益冲突相关信息，以及规制利益冲突的内控机制及执行情况，有利于投资者评估评级的独立性和公正性；要求评级机构披露评级的历史记录和违约率有利于投资者正确评价评级的准确性。以上各种方面信息的充分披露，终将有利于投资者对评级质量有准确的认识，从而使得声誉资本约束机制中的识别和控制机制得以有效发挥作用，运用市场之手将评级质量低劣的机构曝光并受到市场的惩罚。

(二)提高市场效率

信用评级本身就是为促进资本市场效率应运而生的，但其发挥作用的前提在于评级的独立性和准确性。而对此，只有通过完善的信息披露才能实现有效的监督，才能让市场约束机制真正引导评级机构发布准确的评级，发挥信用评级的功能作用，使市场的运作更为平滑顺畅，增进市场效率。

三、制约评级市场信息披露效果的因素

一般而言，信息披露制度应遵循以下三个原则：(1)充分性和完整性；(2)真实性和准确性；(3)及时性。① 然而在评级市场中，上述三个原则都或多或少地受到一些因素的制约。

(一)信息披露的充分性和完整性

信息披露的充分性和完整性指的是可能影响投资者决策的所有信息都应该得到披露。因为投资者只有在掌握完整的信息条件下才能对评级的产生过程及质量做出正确的判断。但事实上要求评级机构做到这一点并不容易。

---

① 高西庆:《证券市场强制性信息披露制度的理论依据》,《证券市场导报》1996 年，第 14 页。

第一，基于发行人信息保密的考虑会使信息披露不完全。在正常的评级过程中，评级机构会从多方面收集发行人的相关信息，其中既有公开渠道获取的信息，也有从发行人处获得的商业秘密或者非公开信息，而评级机构获取这些信息后，通常会与发行人签订保密协议，评级机构会“明确同意为所披露的信息进行保密”，相关信息非但不便公开，还需进行相应的管制以避免滥用非公开信息，以减少信息不对称对资本市场造成的不利影响。通常这些信息也是决定评级质量的重要参考因素，这一部分信息的披露缺失对于投资者正确评判评级质量会造成不利影响。

第二，出于商业秘密保密的考虑会使信息披露不完全。评级模型和评级方法是评级机构的核心商业秘密，也是评级机构核心竞争力所在，评级机构出于商业利益的考虑对这些商业秘密都会进行保密处理，如果强制要求其向所有市场参与主体公布，可能会影响评级机构对评级技术开发创新的积极性，进而导致评级技术无法跟上市场创新的步伐和评级水平的整体下降。然而评级模型和评级方法又是与评级的准确性密切相关的，对评级的可靠性有着决定性的影响，对于这些信息的保密处理也会阻碍投资者对评级的考量。

第三，其他影响信息披露不完全的因素。例如由于结构化金融产品的设计和开发具有高度的复杂性，这一复杂性会阻碍信息披露的效果，因为过于庞杂深奥的信息会使得投资者望而生畏，而一般性简单的披露又无法对其有准确的理解，无论哪种情况都会影响市场和投资者对该类产品评级的认知。再比如发行人付费模式下利益冲突的广泛存在，发行人为掩饰其利益冲突往往会对相关信息不公开或不完全公开，如果缺乏有效的信息披露监管措施，信息披露的效果必然大打折扣。

（二）信息披露的真实性和准确性

真实性是指信息披露义务人所公开的情况不得有任何虚假成分，所披露的信息资料必须真实可靠，与客观实际相符，能够全面反映客观情况。准确性是指信息披露义务人披露信息时必须确切表明其含义，其内容与表达方式不得使人误解。它不仅强调已披露信息与信息所反映的客观事实上的一致性，而且还强调相关方对于信息理解的一致性。

在结构性金融市场，评级信息的准确性很难得到保障，由于结构化金融产品都是基于庞大的资产池而设计的，而资产池中的基础资产信息的准确性是评级机构无法保障的，它们也不会对信息的真实性和准确性进行尽职调查，一方面是这些信息过于庞大，验证成本太高；另一方面，它们也乐于直接采用而将责任甩给其他机构，因此，很多表面上存疑的信息都被评级机构采纳和披露了。而对于结构化金融产品的评级模型，很多经验数据和假设都未经过一个完整的经济周期的检验而被评级机构直接采用，因此，评级模型的准确性也有待验证。

(三)信息披露的及时性

及时性是指信息披露义务人在法律规定的时间范围内将相关信息传递给投资者。信息的价值通常具有时效性，即使是客观准确的信息如果未能及时披露，对投资者而言也会没有意义。国际会计准则委员会认为："信息的报告如果不适当地拖延，就可能失去其相关性……决定性的问题是如何最佳地满足使用者的经济决策需要。"(IASC 2004)

然而 SEC 在对评级机构的检查中发现，评级机构信息披露不及时的情况十分普遍，有评级机构的评级标准发生变化，但在执行的时间和公开披露的时间上存在时间差。有评级机构进行评级模型以外的调整但并未说明调整理由，而且在上述调整披露前就已经开始使用了。还有的机构对评级历史违约表现等信息并未按期公布。① 由于评级机构未对其评级方法和变动情况进行及时披露，因而对评级机构可能存在的违规行为无法及时发现，投资者对评级是否可靠、是否可以作为投资决策的依据也就很难做出理性判断。

---

① U. S. Securities and Exchange Commission, Summary Report of Issues Identified in the Commission Staff's Examinations of Select Credit Rating Agencies, July 8, 2008, pp. 13-16.

(四)投资者的识别能力

除了上述三个方面的限制以外，对于评级市场而言，投资者的识别能力也是制约信息披露作用充分发挥的重要因素，即使信息披露完整、准确、及时，但如果信息的使用者不具备相应的信息识别和分析能力，要想实现信息披露制度设计的初衷也有难度。随着市场中金融创新速度日益加快，各种金融产品的结构日趋复杂，纵使信用评级机构愿意完全披露其评级所依据的全部信息，信息的复杂程度也会远超专业人士的理解范围，更不用说公众投资者了。① 例如，在安然破产案中，尽管安然公司已经明示其表外交易存在较大风险性，但是由于这些表外交易过于复杂，时任公司审计委员会主席的罗伯特教授(Robert K. Jaedicke)也表示无法完全理解其蕴含的风险。② 而次贷危机再次证明，对于复杂的结构化金融产品，尽管评级机构充分掌握信息并提供丰富的资源支持，但专业分析师仍难以保证评级的准确性，那么要求没有受过专业训练而有缺少各种资源的普通的公众投资者具备相应的风险判断能力就未免过于苛刻。如果要求评级机构就评级对投资者进行事无巨细的披露，只会加重投资者的负担，期望在买者责任自负的基础上由投资者对这些信息进行再次分析判断，事实上也是一种资源浪费，与评级产生的价值目标是背道而驰的。而且，投资者正是因为对自身识别能力不足的考虑，从而选择更加信赖评机构的评级来作为投资依据，在这种有限理性的驱动下，尽管投资者会对评级心存疑虑，也仍会选择继续信任评级。

因此，评级市场的信息披露制度应充分考虑上述制约因素，找准投资者保护和促进市场效率的平衡点。一方面，对于信息披露的复杂程度要适中，信息披露既不能太过详细，以致超过投资者的理解和接受能力，也不能太过简单而无法帮助投资者对评级进行充分评估；另一方

---

① Frank Partnoy，Infectious Greed：How Deceit and Risk Corrupted the financial Markets（2003），p. 268.

② Ibid.，pp. 302-305.

面，监管当局对于那些明显超过普通投资者理解范围的信息，应要求评级机构做出相应解释，以帮助投资者更好地理解相关信息。

第二节 评级市场信息披露的模式选择

一、信息披露模式的历史演进

在证券市场初创伊始，受亚当·斯密为代表的自由经济主义影响，证券市场完全依靠市场自律维系运转，政府对市场运行基本不干预。此时，信息披露亦是遵循自愿原则，基本处于放任状态。

1720 年，英国爆发了证券史上著名的“南海公司事件”，由于投资者损失巨大，信息披露问题开始得到关注。1844 年，英国颁布了《股份公司法》，对资产负债表作出了详细而具体的规定，从而奠定了现代意义上的强制信息披露制度的基础，强制信息披露制度在英国开始有了萌芽。①

美国关于信息披露的规定始于 20 世纪初。1911 年，得克萨斯州通过了《蓝天法》，规定发行人有义务披露财务报告；之后美国各州纷纷制定类似的法律。1929—1933 年的经济大危机后，为了遏制虚假信息披露，保护投资者利益和提高证券市场的效率，美国先后颁布了 1933 年的《证券法》和 1934 年的《证券交易法》，成立 SEC 专司证券监管之责，并通过会计行业协会推动会计准则、审计准则的建设，从而上市公司的信息披露的规范性和质量得到明显改善，美国证券市场信息披露制度逐步完善，并成为各国效仿的典范。这也标志着强制披露成为信息披露的主导模式。

---

① 转引自上海证券交易所研究中心：《中国公司质量报告(2008)：透明度与信息披露》，复旦大学出版社 2008 年版。

到20世纪80年代以后，上市公司通过资本市场融资的难度加大，为了增强投资者对公司的信心，上市公司开始通过强制披露以外的自愿披露来展示公司实力，提高公司的知名度，使得公司在资本市场融资中占据有利地位。此时，尽管强制披露仍然为监管当局所主导，但作为强制披露以外的信息补充披露，公司自愿披露有关信息也逐步形成趋势，目前很多国家证券市场的信息披露制度也正朝着自愿披露和强制披露相结合的方向发展。

二、主要的信息披露模式

从西方发达国家的信息披露制度发展历程看，信息披露方式普遍经历了从自愿信息披露到强制信息披露，再到自愿信息披露与强制信息披露相结合这样三个阶段。评级市场也不例外。

(一)自愿披露

自愿披露是指评级机构从自利角度出发，通过主动对外披露评级符号、评级方法、评级程序、内部制度等信息，以取得市场信任。自愿性信息披露是一种以市场激励为动力机制的披露形式，注重通过激励和引导等市场手段促使评级机构进行信息披露。自愿披露的动机源自经济学上的信号传递理论。在评级市场中，优秀的评级机构通常希望向外界传递相关信息，向发行人和投资者表明自身优秀之所在，从而彰显自身实力以赢得市场的青睐。而那些较差的评级机构往往缺乏这样的动机来披露真相。但是，在市场竞争的压力下，竞争中的任何一方的沉默都有可能会被市场认为存在隐情或不利消息。因此，处于竞争劣势的评级机构为了避免市场的猜疑或是不信任，也不得不跟进披露，信号传递的过程将一直持续下去，直到处于末位的评级机构再也无法通过信息披露来显示其价值为止。这就意味着通过信号传递功能，市场自动对评级机构进行了质量区分，更为重要的是评级机构自愿披露的动机得以加强。在早期声誉资本约束机制充分发挥作用的情况下，自愿披露对评级机构的激励作用更为明显，即使在缺乏强制披露立法的时候，也存在着强大的市场力量促进充分披露目标的实现，并使投资者得到保护。

事实上，在21世纪之前美欧监管当局对评级市场的信息披露都是遵循自愿披露原则的。到2004年，随着IOSCO发布了《信用评级机构基本行为准则》(以下简称《行为准则》)以后，方有行业自律组织对评级机构的信息披露提出原则性意见，该准则对相关信息的披露在自愿的基础上倡导“遵守或解释”(or comply or explain)模式，即评级机构必须保证其自身行为准则在多大程度上遵循了《行为准则》，如果有所偏离，必须解释为何出现偏离以及如何在出现偏离的情况下仍可达到《行为准则》中的基本要求，通过这种自愿披露方式来促进评级透明度，提升市场参与者以及监管者对评级机构满足基本准则执行情况的监管能力。

(二)强制披露

强制信息披露是指评级机构按照有关法律法规的要求和规范化的格式进行信息披露，并承担相应的法律责任。这是通过政府干预来对评级机构的信息披露进行规范，力图通过规范化和法制化的信息披露方式提高评级公司的信息披露质量。如前所述，评级市场存在信息不对称情况，评级机构占据信息优势，极易引发“逆向选择”和“道德风险”，导致市场失灵。而对于处于信息劣势的投资者和监管者而言，如果评级公司没有就相关信息进行有效披露，那么各评级机构在评级符号、评级程序和方法等方面披露格式的千差万别，会大大影响传递给投资者的信息价值，投资者和监管者对评级相关信息的搜索和验证将耗费高额的成本，这对整个市场而言是无效率的，这在客观上要求政府承担矫正市场失灵的重任，制定合理的信息披露制度并强制实施，从而消除信息不对称的隐患，实现保护投资者和提高市场效率的目标。

次贷危机的爆发，暴露了评级市场中自愿披露存在的弊端，一方面，双方对于信息披露的充分性存在认知上的差异，投资者认为披露远远不足，而评级机构认为已经足够；另一方面，评级机构自愿披露缺乏有效的激励，造成事实上的披露供给不足。正如帕托尼(Partnoy)教授所言："自愿性监管体制是'自利而又无约束的'(self-serving and toothless)，如果没有一个可信的强制机制，评级机构不会监督它们自己的行为。"①在信息披露方面尤其如此。因此，危机之后，美欧监管部门都倾向于实施强制信息披露制度，以求增加评级的透明度，保护投资者的利益。美国2006年《信用评级机构改革法案》对强制披露的要求还主要集中在注册主体信息方面，即评级机构在注册时必须提交符合注册要求的基本信息，对于信用评级方法和程序(包括数据和模型)的信息、初始评级及其后评级行为的变化等评级表现信息的规定比较符合原则和简单。到2009年SEC发布的监管规则中将强制披露的范围扩大，包括要求评级机构披露评级的历史数据，以便投资者比较；披露有关利益冲突方面的内控机制；对评级方法和程序方面增加了实质性披露要求；增加了有关评级记录方面的要求；同时还要求在对结构化金融产品评级时，被发行人雇用的NRSRO应通过系统向其他NRSRO披露决定评级的细节，从而增加对结构化金融产品评级的供给。2010年《多德法案》进一步强化了这方面的要求，例如要求SEC制定规则让每个评级机构公开披露其做出的初始评级及此后评级变化信息(包括评级上调、下调、列入观察名单等)，以便评级用户可以简便直观地对评级质量进行评估并对评级机构的表现进行比较。要求SEC制定规则让每个评级机构发布信用评级时附随一张表格，表格应当披露关于评级程序和方法的基础假设、确定信用评级所依赖的数据、如何使用第三方服务商报告以及评级监测的频度等方面信息。对强制披露的范围、形式和内容的要求力度都大大加强了。而欧盟2009年通过的《信用评级机构监管规则》明确将"通过设定法定披露义务增强评级透明度"作为提高评级监管水平的四大举措之一，对评级机构注册的信息披露；评级报告的发布规则；评级过程中使用的实质性材料；评级所采用的方法，模型、关键的评级

---

① The Senate Committee on Banking, Housing, and Urban Affairs, Report to Accompany S. 3850, Credit Rating Agency Reform Act of 2006, Senate Report No. 109-326, 109th cong., 2d Sess. p. 7.

假定以及其实质性的变化；利益冲突的相关信息；结构化金融产品的附加披露义务以及年度透明度报告等都有强制性规定。由此可见，在各国评级机构监管体系中，强制信息披露已成主流选择。

（三）强制披露与自愿披露的协调

如前所述，对于评级市场而言，自愿披露和强制披露都有各自的局限性。就自愿披露而言，其有效的一个重要前提是评级市场是完全竞争的市场，而现有的评级市场结构显然与之相悖，因此，在自愿披露有效性的前提都无法满足的情况下，缺乏足够的激励机制促使评级机构进行有效的自愿披露。就强制披露而言，也并非万能，由于评级本质上是一个前瞻性预测，带有比较浓厚的主观色彩，因此，评级过程中的许多信息都属于不可观测也不可预测的信息。① 比如关于评级模型、评级方法、评级的确定等，这部分信息完全由评级机构掌握，即便在强制披露要求下，评级机构仍有较强的裁量权，其信息披露质量的高低并不为监管者所掌控，强制披露规定对这方面的信息几乎无效。加之投资者的识别能力的不足以及有限理性，这些都决定了强制披露对部分信息披露的先天局限性，因此，提高评级市场信息披露的质量，单独依靠自愿披露或是强制披露都是无法实现的。事实上，强制披露和自愿披露的关系如同管制与市场的关系，存在互补性。强制披露是以政府监管为导向，强调事前干预和市场公平，主要从提高评级质量入手保护投资者利益，但也有管制的通病，如缺乏效率和灵活性；而自愿披露则是市场导向、强调激励和事后惩罚，主要考虑评级机构的成本效益平衡，可通过市场调节来决定信息供给的数量，但主要缺陷是可靠性不足。而历史早已证

---

① 信息经济学认为从信息不对称的角度看，信息按照内部性的强弱，确定性或完美程度可细分为两对信息：可观测和不可观测信息、可核实和不可核实信息。可观测是指披露时信息的获取与否和披露动机能被公司外部人观测，即当公司没有披露某种信息时，外部人可观测到是公司收到该信息但不愿披露，还是公司根本没有收到该信息；可核实则是指披露时信息的真实与否对外部人来说是可以验证的。参见道格拉斯．G．拜尔等：《法律的博弈分析》（中译本），法律出版社 1999 年版。

明，单纯依靠政府有形之手或是市场无形之手调节的做法都不利于市场经济的健康发展，只有彼此相互配合才能确保调控的有效性。有鉴于此，应增加强制披露和自愿披露的相容度和协调性方能构建有效的信息披露制度。二者对于评级市场而言都是缺一不可的。

在笔者看来，在现行市场条件下，评级市场的信息披露应以强制披露为主，以自愿披露为辅。毕竟评级市场的有效竞争局面尚未形成，而就结构化金融产品评级的信息披露而言，应该是量有余而质不足的，因此，有必要通过政府权威保障实施的惩罚机制促进信息披露质量的提升。当然，也应给自愿披露以足够的空间，对于强制披露监管无效的信息，以及披露成本明显大于披露收益的信息，如涉及商业秘密或竞争优势方面的信息，把披露权交给评级机构，将相应的信息披露的量更多地交给自愿披露制度来掌控，从而充分发挥二者各自的优势，实现有机协调与配合，共同实现高质量的信息披露目标。

第三节　美国评级机构信息披露监管的主要规则

自 2006 年《信用评级机构改革法案》要求评级机构强制披露注册信息以来，通过 2008—2009 年 SEC 颁布的系列披露监管规则，到 2010 年《多德法案》进一步增加强制披露内容和提高透明度的要求，以强制披露为主的美国评级机构信息披露监管体系基本形成。

一、信息披露的主要内容

(一) NRSRO 注册信息

NRSRO 注册信息主要包括评级机构的法人注册信息、附属机构信息、评级分析师和评级委员会组成人员的基本信息、评级机构组织结构（包括内部组织架构和与控股公司、附属机构的组织架构）。

（二）内部控制信息

内部控制信息主要包括评级机构的公司治理结构、内部控制机制、风险控制机制等内容，旨在评估评级机构是否能有效管控利益冲突，实现评级的独立性、客观性。具体包括合规主管的基本信息；道德准则信息；防止非公开信息滥用的信息；利益冲突的规避和管理信息等。

（三）评级方法信息

评级过程始终为投资者所关注，但是由于这一过程的专业性、复杂性，披露的信息可能也是普通投资者难以全面理解和掌握的；同时由于其事关评级机构的核心竞争力，如何实现投资者利益保护与评级机构商业利益保护之间的平衡，是制度设计的难点所在。

目前美国立法要求评级机构披露的有：评级类别信息；评级的收费情况；对评级程序和方法的说明，该说明应当尽可能地详细，从而便于投资者能够理解评级产生的具体过程，涵盖从评级启动到评级决定再到评级复审的全部过程；结构化金融产品评级的验证信息；评级跟踪监测信息；评级应当附带表格，以简明扼要的方式披露有关信用评级程序和方法的基础假设、评级所采用的基础数据以及如何使用其他服务商提供的信息或报告等方面信息；还应披露关于第三方尽职调查的书面证明，尤其是对结构化金融产品的评级。

（四）评级历史表现情况

《多德法案》要求 SEC 制定实施规则，敦促 NRSRO 公开披露初始评级及此后变化信息，此举旨在提高公众判断评级机构评级准确性的能力。具体包括合格机构买家对评级机构的表现出具的证明；评级变化及违约率统计信息；历史评级行为信息。这些信息的披露，是投资者对评级表现情况进行比较和判断的前提和基础。

二、信息披露的时间和格式

（一）NRSRO 注册表格（Form NRSRO）

NRSRO 在被批准注册后，NRSRO 必须将它当前申请注册的 Form NRSRO 及其附件在 10 日内通过适当的方式向公众公布。

对于披露信息的更新，SEC 规定了两种方式：第一，即时披露，当 Form NRSRO 及其附件中的任何信息或文件变得实质性不准确时，NRSRO 应立即更新注册（update of registration），并披露更新信息。第二，NRSRO 必须在不晚于财务年度结束后 90 日内，向委员会提交关于 Form NRSRO 的年度证明（annual certification），以证明 NRSRO 申请注册的信息和文件继续正确，并且列明该信息或者文件在此前财务年度中发生的任何实质性变化。

（二）评级披露表格

SEC 要求评级机构对每个评级都附上专门的表格，以披露与该评级相关的信息。该表格的格式应符合三个原则：第一，易用。表格应让评级用户易于使用，并且对评级用户理解报告中包含的信息有所帮助。第二，可比。表格应以可直接比较的方式提供规定的定性和定量内容。第三，易得。表格可以是电子或书面形式，只要便于客户获取。

三、信息披露的保障制度

与利益冲突监管相类似，除了具体的规则外，SEC 还制定了相应的披露监管保障制度。在内部有董事会通过独立董事负责建立、维护和实施信息披露的内控规则，并由合规主管按规定程序监督披露的执行情况，并提交年度透明度报告。在外部则由 SEC 的信用评级办公室对 NRSRO 是否遵循 NRSRO 披露的政策、程序和评级方法开展检查。

四、防止非公开信息滥用问题

评级机构一般不仅依靠发行人根据法律要求所披露的信息公开信息进行评级，还需寻求一定的非公开信息，以更好地了解发行人的业务前景和风险，比如发行人的资本预算和财务信息、内部资产配置信息或风险等，从而能够更深入地了解各种信息对于发行人信用风险的可能影响。而发行人为了获得准确的(甚至是较高的)评级，通常会配合或者主动向评级机构提供一些尚未向市场公开的信息。由于在评级过程中使用了非公开信息，评级机构在公布的评级决定时就会体现这些信息，这就涉及了防止非公开信息滥用问题。一方面，尽管评级机构的订阅客户和公众能够同时得到公布的评级结果，但订阅客户还可以得到额外信息(如详细的评级报告和评级分析)，并有机会与评级人员产生直接接触。含有一定非公开信息的评级结果一旦选择性地流向订阅用户，无疑会妨害交易的公平性。另一方面，对于非公开信息，一般评级机构会与发行人签订保密协议或保密承诺。但评级人员与外界之间的沟通，特别是一些非正式口头交流，增加了发行人的保密信息被不适当披露的风险。

(一) FD 规则的豁免

美国 2000 年公布的信息披露监管规则(Regulation Fair Disclosure，以下简称“FD 规则”)规定，上市公司向部分市场主体披露的实质性信息也应当向其他市场主体进行披露，以防止上市公司选择性信息披露造成的投资者之间的不公平竞争现象。FD 规则的主要目的是禁止特定主体利用非公开信息的优势地位从事交易获利。根据 SEC 对评级机构的调查，并未发现存在评级机构利用非公开信息进行交易并获利的情况，因此在 FD 规则制定过程中，SEC 并不反对发行人向评级机构进行选择性披露的做法。SEC 认为评级机构和公众媒体类似，都承担着向公众传递公开信息的职责。评级过程的目标和结果就是信用评级的广泛传播，评级机构进行信用评级的整个过程实际上就是向公众提供了公开信息。① 因此，最终的 FD 规则条文将信用评级机构列为豁免适用之一。即信用评级机构将取得的非公开信息仅用于对发行人进行信用评级，且公众能获悉评级机构对发行人的信用评级，则发行人对信用评级机构的信息披露不受 FD 规则的限制。② 该规则在一定程度上强化了评级机构的市场地位，因为豁免，有些其他市场主体受限获得的非公开信息只有评级机构可以掌握，从而提高了评级的市场价值。

尽管评级机构并未直接滥用非公开信息以从交易中获利，但仍可能因其内部控制机制的漏洞导致信息非法使用问题，一旦这些信息被超出评级机构范围之外的其他人获悉并用之于发行人的证券交易，则间接地违反公平披露法的规定。为此，2006 年《评级机构改革法案》规定 NRSRO 应当建立并实施相应程序，以防止 NRSRO 及其关联人员违反规定非法使用重大非公开信息。同时，法案还规定，NRSRO 应当指定合规主管负责管理该 NRSRO 建立的防止非公开信息非法使用的政策和程序，以确保其符合有关规定。2007 年，SEC 颁布“NRSRO 防止重大非公开信息非法使用”规则，③ 要求 NRSRO 防止以下三种非法使用行为：(1)在 NRSRO 之内或者之外，不正当地散布所取得的与信用评级服务行为有关的重大非公开信息；(2)NRSRO 及人员知道与信用评级服务行为有关的重大非公开信息对证券或者货币市场工具具有影响，而购买、出售该证券或者货币市场工具，或者从该证券或者货币市场工具的交易中受益的；(3)NRSRO 通过网站或者其他容易获得的方式发布信用评级以前，在 NRSRO 之内或者之外，不正当地散布待定的信用评级行为。

---

① U. S. Securities and Exchange Commission, Final Rule: Selective Disclosure and Insider Trading, Release No. 33-7881, at http://www.sec.gov/rules/final/33-7881.htm, [2000-8-21].

② C. F. R. § 243. 100(b)(2)(iii).

③ 17 C. F. R. § 240. 17g-4 72 FR 33620.

(二)《多德法案》对豁免的取消

为了削弱评级机构在市场中的强势地位，2010 年的《多德法案》要求 SEC 在法案实施后不晚于 90 天修订 FD 规则，从该规定中取消信用评级机构的豁免。当然这种豁免的取消并非绝对，因为 FD 规则的例外情况还包括另外的例外情况，一是对发行人具有信托义务或者保密义务的人(比如投资银行、会计师事务所和律师)；二是明确同意为披露信息保密的人。因此，发行人可以与评级机构签订保密协议，让评级机构成为"明确同意为披露信息保密的人"而豁免 FD 规则的适用。因此，FD 规则中评级机构豁免取消的实际效果还有待实践观察。

本章小结

在评级过程中信息不对称问题依然存在。在发行人付费模式下，如果没有足够的信息披露来对评级机构的利益冲突进行规制，投资者就可能会承担评级不准确的风险。次贷危机中，评级机构暴露出的一个突出问题就是信息披露和信息质量存在明显缺陷。由于结构化金融产品通常有非常复杂的法律结构，包含复杂的金融服务和数量众多的资产池内的资产，因而公开信息非常少。而且由于产品通常仅在机构投资者之间买卖，许多国家对机构投资者的披露要求一般比公开交易的证券要少，对于结构化金融产品的信息披露非常不充分。投资者无法完全了解结构化金融产品评级的含义及其局限性，也无法获得足够的信息以对评级机构所面临的潜在的利益冲突及其对评级的影响进行合理分析。信息披露方面存在的障碍也从实质上影响了评级业的竞争，导致评级质量无法得到有效的保证。因此，有效的信息披露制度对于完善评级机构监管不可或缺，只有通过合理的信息披露制度设计，尽量消除评级市场中的信息不对称，提升投资者对评级质量的独立判断能力，才能对处于信息优势地位的评级机构施以足够的监督和约束，从而提高市场的运行效率。

作为证券市场的组成部分，评级市场信息披露制度的价值取向和证券监管制度的价值取向是一致，即投资者保护和提高市场效率。给予投资者特殊保护，使其有平等的机会获得理性投资决策的必要信息资料是维护证券市场稳定的基础所在。只有通过完善的信息披露才能实现有效的监督，才能让市场约束机制真正引导评级机构发布准确的评级，从而增进市场效率。在评级市场中，信息披露的充分性和完整性、真实性和准确性、及时性以及投资者的识别能力都受到一些因素的制约，因此，评级市场的信息披露制度的设计应当找准投资者保护和促进市场效率的平衡点。一方面，对于信息披露的复杂程度要适中，信息披露既不能太过详细以致超过投资者的理解和接受能力，也不能太过简单而无法帮助投资者对评级进行充分评估。另一方面，监管当局对于那些明显超过普通投资者理解范围的信息，应要求评级机构做出相应解释，以帮助投资者更好的理解相关信息。

从发达国家证券市场信息披露制度的发展历程看，信息披露方式一般都经历了从自愿信息披露到强制信息披露，再到自愿信息披露与强制信息披露相结合这样三个阶段。评级市场也不例外。在 21 世纪之前美欧监管当局对评级市场的信息披露都是遵循自愿披露原则的。到 2004 年，随着 IOSCO 发布了《信用评级机构基本行为准则》以后，方有行业自律组织对评级机构的信息披露提出原则性意见。次贷危机的爆发，验证了评级市场中自愿披露存在的弊端，一方面，评级机构与投资者之间关于信息披露的充分性存在认知上的差异，投资者认为披露远远不足，而评级机构认为已经足够；另一方面，评级机构自愿披露缺乏有效的激励，造成事实上的披露供给不足。有鉴于此，美欧监管部门都倾向与实施强制信息披露制度，以求增加评级的透明度，保护投资者的利益。强制披露是以政府监管为导向，强调事前干预和市场公平，主要从提高评级质量入手保护投资者利益，自愿披露则是以为市场导向，强调激励和事后惩罚，主要考虑评级机构的成本效益平衡，只有彼此相互配合才能确保调控的有效性。有鉴于此，应增加强制披露和自愿披露的相容度和协调性方能构建有效的信息披露制度。二者对于评级市场而言都是缺一不可的。信息披露制度一般由信息披露的内容、信息披露的时间和格式、保障制度以及防止非公开信息滥用等几个部分组成。

第六章　评级机构的法律责任——强化权利与义务的平衡

发达国家信用评级机构的发展历程表明，信用评级业目前存在两个突出矛盾。一是评级机构具有的准监管权力和评级机构私人企业地位之间的矛盾。由于评级结果在监管规则中的广泛采用，评级机构具有了准监管者的权力，但是，评级机构作为私人企业具有天然的逐利性，当这种准公权力为私人主体所掌握，而又缺乏必要的法律约束和监督，则必然产生权力滥用。二是在民事责任分担上评级机构与投资者的矛盾。评级机构始终认为评级作为一种观点受到言论自由原则的保护，投资者使用评级报告应责任自负。而投资者则认为评级作为独立第三方专家的观点，对其高质量的合理期待是理所当然的，评级机构基于专家的信赖义务应承担相应的民事责任。前一个矛盾是关于评级机构是否应当承担法律责任的问题，后一个矛盾是关于评级机构如何承担法律责任的问题。而在有关国家现有的法律框架下，这两个突出矛盾并没有得到妥善解决，这直接导致了评级机构存在严重的权利与义务不对等问题。在权重责轻的严重失衡的法律责任模式下，评级机构没有得到有效的监管和约束，使得他们肆意妄为地给予结构化金融产品过高评级，从而给次贷危机的爆发埋下祸根，进而助推次贷危机的不断深化。因此，在研究评级机构的法律监管制度改革时，设计合理的责任分担模式也是制度设计的重要环节。下面重点以美国为例，从现有制度模式下对评级机构问责存在的法律障碍分析入手，结合晚近美国立法、司法层面关于评级机构法律责任的发展趋势，进而提出完善评级机构法律责任制度构建的初步设想。

第一节 评级机构问责的主要法律障碍

尽管自20世纪90年代以来，无论是在亚洲金融危机或是在安然财务丑闻案中，评级机构的表现备受质疑，但是在美国，投资者因评级机构的工作失误而对其提出诉讼的案例寥寥无几，即便在为数不多的评级机构被诉案件中，尚无判定评级机构承担法律责任的情况。由此可见美国对评级机构的法律责任一直持审慎态度。究其原因，主要有以下两个方面。

一、声誉资本的监管理念

美国一直秉承“声誉资本驱动”的监管理念，认为评级机构自身的利润来源与声誉紧密挂钩，因此会自觉地提供精确和有效率的评级，额外的监管可能会使评级机构受制于政治干预而影响评级的可靠性，也会阻碍创新。评级机构出于维护声誉的考虑，有足够的激励来消除利益冲突和不当行为。① 在这一理念下，法律制定者的任务仅仅只是设计法律框架以纠正市场失灵，让声誉资本机制运行得更为顺畅，这就是监管当局对评级业的制定激励和约束机制并不太感兴趣的原因，而责任和其他事后法律救济措施并没有被认为是声誉机制的合理补充。②

正因为如此，在次贷危机之前，对评级机构的监管几乎处于空白状

---

① Steven L. Schwarcz. Private Ordering Of Public Markets: The Rating Agency Paradox, University of Illinois Law Review, Vol. 2002, No. 2, February 2002.

② J. P. Hunt, Credit Rating Agencies and the Worldwide Credit Crisis: the Limits of Reputation, the Insufficiency of Reform, and a Proposal for Improvement, Columbia Business Law Rev. 109, 128-129 (2009). J. Manns, Rating Risk After the Subprime Mortgage Crisis: AUser Fee Approach for Rating Agency Accountability, 87 N. C. L. Rev. 1011, 1057.

态。在法律制定上，很多法律都将评级机构排除在责任追究之外，比如：SEC 制定的 Rule436(g)(1)规定，任何 NRSRO 发布的评级报告不得被认为是专家制作或认证的注册说明书(registration statement)的内容，投资者无从援引《1933 年证券法》第 11 节重大不实陈述的规定从而向 NRSRO 请求民事损害赔偿。① 虽然 NRSRO 根据《1940 年投资顾问法》注册为投资顾问，但该法却未对 NRSRO 出具的评级报告有任何法定要求，投资者也难以凭借该法向 NRSRO 索赔。直到 2006 年的《信用评级机构改革法》颁布后，才赋予 SEC 对 NRSROs 的注册监管权力，并对评级机构的透明度提出了要求。其中 Section15E(d)授权 SEC 在评级机构存在不当行为的情况下，对评级机构进行批评、限制活动、暂停或吊销 NRSRO 的注册。但是，法案并未赋予 SEC 对于评级机构的实质监管权限，SEC 不得对评级机构进行实质性审查，而只能就评级过程是否符合程序规定进行检查，这无疑使得对评级机构的问责效果大打折扣。

二、宪法第一修正案的保护

在美国，评级机构一直作为出版机构而享有宪法第一修正案的保护，从而免于因发布不实的评级报告所承担的民事或刑事责任。一直以来，新闻与出版自由在美国被视为不可剥夺、与生俱来的天赋人权，赋予新闻出版机构这种自由与特权，是美国民主政治不可分割的组成部分，捍卫这种自由与特权是美国各级法院贯彻落实宪法第一修正案的一贯传统和立场，而传统意义上信用评级机构向公众发布的信用评级报告被视为“公众关注”的金融信息，因而也受到宪法第一修正案的保护。例如，杰斐逊学区诉穆迪投资者服务公司(Jefferson

① Rule 436(g)(1) of the Securities Act of 1933, 17 C.F.R. § 230.436(g)(1).

County Sch1 Dist1No1 R-1 v1Moody's Investor's Services, Inc）一案中，法院认为穆迪提供的评级报告属于意见陈述，而非事实陈述，因此受到第一修正案的保护。①

根据盛世平教授对美国案例的研究，目前追究评级机构法律责任的诉因主要有违约之诉、专业人士失职之诉、诽谤之诉、产品质量责任之诉、干扰他人合同之诉等。② 但是，无论哪种诉因，对投资者而言，举证都绝非易事，要证明损失与对评级的信赖存在因果关系更是难上加难，这些都对投资者起诉评级机构构成了难以逾越的障碍。

另外，美国法院对于金融中介机构对不特定公众承担无限法律责任一直持限制性态度，在乌拉塔马斯公司诉塔趣案(Ultramares Corp. v. Touche, Níven & Co.)中,③ 法官认为应避免让会计师事务所对一群不特定的多数人在一段不特定的时间内承担不特定金额的索赔责任。这一观点在许多判例中得到承继和延续。而会计师事务所出具审计报告与评级公司发布评级报告无疑有相似之处，可能因其不实陈述而受到误导的投资者都是不特定多数人。因此，法院的这种限制性态度很容易沿用到评级机构身上。④ 即便是在安然事件之后，萨班斯-奥克斯利法案(Sarbanes-Oxley Act of 2002)加重了对公司的 CEO、审计委员会和会计师事务所的法律责任，但对评级机构的法律责任仍持审慎态度，仅在该法案的 702(b)条款中，要求 SEC 负责研究评级机构在证券市场中的作用。⑤

---

① Jefferson County Sch. Dist. No. R-1 v1Moody's Investor's Services, Inc., 175 F13d 848 (10th Cir. 1999).

② 盛世平：《美国证券评级机构的法律责任》，南京大学出版社 2005 年版，第 13~102 页。

③ Ultramares Corp. v. Touche, Níven & Co., 174 N. E. 441, 444 (N, Y. 1931).

④ 盛世平：《美国证券评级机构的法律责任》，南京大学出版社 2005 年版，第 8~9 页。

⑤ Sarbanes-Oxley Act of 2002, Pub. L. No. 107-204, § 702(b), 116 Stat. 745 (2002).

第二节　次贷危机后评级机构法律责任制度的新发展

次贷危机爆发后，国家在立法层面和司法层面对于完善评级机构法律责任机制都出现了一些新的变化，试图通过制度变革改变现有评级机构责任制度体系与金融创新严重不匹配的现状，以期亡羊补牢，避免危机的再次发生。

一、立法层面

2009 年 9 月，SEC 在监管建议稿中就撤销 1933 年证券法中规则 436(g)向公众征求意见，规则 436(g)免除了 NRSRO 关于在注册说明书中的虚假陈述的责任。SEC 认为如果评级机构对这样的错误承担责任，有助于他们提高对投资者的责任感，投资者也有可能要求评级机构对因错误陈述造成的损失进行赔偿。2009 年 10 月 28 日，美国众议院金融服务委员会以 49 票对 14 票通过了名为《评级公司责任与透明度法》的草案。① 该法案起草人、众议院金融服务委员会资本市场分委员会主席保尔坎约斯基(Paul Kanjorski)认为，该法案通过设立责任标准和考察指标等途径提高评级业的透明度，降低评级机构的道德风险和利益冲突，以减少他们过去存在的“不恰当”和“不负责”的行为。而草案最突出的一条就是在 NRSRO 明知(knowledge)或罔顾(reckless)会违反证券法的情况下，依然发布评级从而误导投资者决策并给投资者造成损失时，投资者有权对 NRSRO 提出起诉。② 这比美国政府提交至国会的监管改革方案更为“严厉”，从另一个侧面也反映了立法机构对于目前评

① H. R. 3890 (111th Congress 2009—2010): Accountability and Transparency in Rating Agencies Act.

② H. R. 3890 Section 3 (a).

级机构责任承担机制的不满。但经过利益集团的多方游说和博弈，在国会2010年最后通过的关于金融监管改革的《多德法案》中，并未采纳该草案，而是废止了SEC根据1933年《证券法》颁布的规则436(g)条款，在NRSRO同意将评级纳入注册说明书的情况下，评级机构应当对误导性陈述承担专家责任，从而使评级机构面临因过失而遭到诉讼的可能性。但对评级机构提起民事诉讼的理由被严格限定在评级机构明知或罔顾没有对评级方法中的关键因素进行合理调查或者从独立于发行人或承销商的渠道进行合理验证两种情况之下。① 从立法动机来看，立法机构正在试图逐步取消评级机构往日的超然特权，1933年《证券法》规则436(g)条款的废除，使得评级机构受制于专家责任，在这一专家责任下，除非评级机构表现出它符合了尽职义务的要求，比如在合理的调查、合理的确信，在其准备的那部分注册文件中没有错误陈述也没有重大事实的遗漏，方可免除责任。

二、司法层面

(一)多元化的诉因以期追究法律责任

次贷危机后，美国已经有数起针对评级机构的诉讼，而且诉因呈多元化的趋势。

1. 检察机关提起的调查和诉讼

2007年7月，作为在此次危机中遭到最严重损失的州政府之一的俄亥俄州，率先发起了对评级机构的调查。② 州检察长戴恩(Marc Dann)表示评级机构和发行人的关系过于密切，评级机构没有合理审查发行人提供的数据。2009年11月20日，俄亥俄州检察署向俄亥俄南

---

① Dodd Frank Act Section 933.

② http://money.cnn.com/2007/07/05/news/economy/subprime.fortune/index.htm，[2009-9-17].

区法院对标普等三家主要评级机构提起诉讼，诉称评级机构对于抵押支持债券的不当评级导致俄亥俄州公务员退休基金、教师退休基金和警察退休基金等5家机构蒙受了约4.57亿美元的损失。①

2008年6月，在经历了近一年的调查后，纽约州检察署与三家主要评级机构达成一项和解协议。② 该协议旨在增加评级机构的独立性和评级的透明度。评级机构承诺进行收费模式改革，对各类的分析任务都应收费，而不论其最后是否被投资银行选定进行评级，评级机构应当披露所有提交审核的证券化产品信息。评级机构同样要对结构化金融产品所有原始贷款人的情况以及产品的结构化过程进行审查。协议还要求评级机构研发新的审核标准，确保评级机构对投资银行收集提供的结构化金融产品资产池中的相关抵押资产信息做好尽职调查。评级机构应当在每年报告的基础上，识别并纠正可能影响评级独立性的行为。评级机构还必须要求投资银行和其他当事方就结构化金融产品相关贷款提供一系列陈述和保证。

2008年7月，康涅狄格州检察长对穆迪、标普和惠誉三家评级机构提起了诉讼，主要诉因是评级机构的欺诈及不公平行为。③ 自2007年秋季以来，康涅狄格州检察署就评级机构可能违反《反垄断法》和《消费者保护法》的行为开展了一系列调查。检察长指出评级机构在公共债券和公司债券有相似甚至是更低违约率的情况下，系统性地给予公共债券更低的评级。诉称评级机构违反了康涅狄格州的不公平交易法，通过故意的错误陈述和对实质性事实的疏漏，导致康涅狄格州公共部门债券发行人不得不支付较高利率或购买债券保险，从而造成了纳税人数百万美元的额外开支。

2013年2月，美国司法部对标准普尔提出诉讼，诉其在次贷危机

---

① http：//www.ohioattorneygeneral.gov/Briefing-Room/News-Releases/November-2009/Cordray-Sues-National-Rating-Agencies-for-False-an.

② http：//www.oag.state.ny.us/media_center/2008/jun/june5a_08.html，[2009-9-17].

③ http：//www.ct.gov/ag/cwp/view.asp? Q=420390&A=2795，[2009-9-17].

中谎称其评级是客观和独立的，并对结构化债务证券发布虚高评级，从而造成了投资者的损失。指控认为，标准普尔曾公开表示的 RMBS 证券及债务抵押债券的评级是客观的、独立的，并未受到选中其评级并出售这些证券的投资银行施加的潜在利益冲突的影响，但事实上，标准普尔出于对扩大市场份额的考虑，在增加收入和利润的驱动下发布虚高评级，从而误导公众，并欺骗投资者。①

2. 有关的民事诉讼

2008 年 5 月，在 New Jersey Carpenters Vacation Fund 诉 Harborview Mortgage Loan Trusts 案中，② 原告诉称三家评级机构，穆迪、标准普尔以及惠誉由于从发行人那里收取费用而未尽应尽之责，给予那些问题金融工具最高评级。评级机构在对 Harborview 发行的结构化金融产品进行评级时使用了发布于 2002 年的过时的评级方法。原告诉称评级公司与其客户之间有不正当的紧密关系，其发布过程被认为是“评级采购”(rating shopping)，即如果发行人对一家机构的评级不满意，很容易转向另一家可以获得满意评级结果的机构，诉称这是导致评级膨胀的原因，也是导致最后这些金融产品真正价值为人所知后大幅贬值的原因。原告以评级机构违反了 1933 年证券法的 section 11 为由诉至法院。

2007 年 9 月，Teamsters Local 292 Pension Trust Fund 作为股东对穆迪提起了集团诉讼。③ 原告诉称：穆迪在次贷危机中没有保持其所宣称的独立和公正的立场，而是在对结构化金融产品的评级中陷入了严重的利益冲突，并最终丧失其独立性。穆迪所宣称的对提交评级的结构化金融产品的原始抵押贷款质量的检验并未做到，穆迪对结构化金融产品给予同普通公司债券相同的评级符号，使人误以为二者有相同的违约风

---

① United States v. McGraw-Hill Cos.，Standard & Poor's Financial Services LLC，Complaint for Civil money penalties and jury trial，Case No. CV13-00779，http：//www.justice.gov/opa/pr/2013/February/13-ag-156.html.

② Case No.：08-CV-05093.

③ Case No.：07-CV-08375. 股东对穆迪的诉讼最早是 2007 年 7 月提交伊利诺斯南区法院的 Nach，et al. v. Huber，et al.（Case No.：07-CV-04071），该案后来与本案合并提交纽约南区法院审理。

险。由于穆迪没有披露对于高风险的证券化的次级抵押贷款予以过高的评级，并错误地表示其利润来源于合法的商业活动，在次贷危机爆发后，穆迪公司的股价也随之下跌。原告依据 1934 年证券交易法的 sections 10(b) 和 20(a)寻求救济。2009 年 2 月，法庭对穆迪要求驳回起诉的申请作出了裁定，认为穆迪公司在关于其独立性和评级过程的陈述中存在实质性的错误，从而使得案件得以继续。尽管股东对评级机构提起的诉讼和投资者对评级机构提起的诉讼属于完全不同类型的案件，但法官对于这一问题的裁定无疑会对投资者诉评级公司的案件有很大的借鉴意义。

类似的案件还有 2007 年 7 月，Indiana Laborers Pension Fund 向纽约南区法院对惠誉的母公司 Fimalac，S. A 提起诉讼。① 原告诉称由于评级公司在对抵押贷款证券评级时使用宽松的标准甚至是没有标准，这些高估的评级导致评级业务量增加，从而人为地造成公司收入增加和股票市值膨胀，原告称该行为违反了 1934 年证券交易法的 sections 10(b) 和 20(a)。

(二)强化评级机构法律责任的重要突破——第一修正案的全面保护受到审查

上述案件目前尚未进入正式的审判程序，评级机构针对原告的诉因向法庭提出了驳回诉讼的申请，从法官对驳回申请的裁定中，我们看到了法官关于强化评级机构法律责任的一些希望。其中最具标志性意义的当属阿布哈比商业银行诉摩根士丹利案(Abu Dhabi Commercial Bank et. al. vs. Morgan Stanley et. al.)。② 在该案中，切恩金融公司(Cheyne Financia)发行了约 58.6 亿美元的结构化投资债券，这些债券由包括住宅抵押支持证券在内的一系列资产为担保，并在评级机构处获得了最高评级。次贷危机爆发后，切恩金融公司因无法偿还到期的高级债券而宣

---

① Case No.：08-CV-05994.

② Case No.：08-CV-07508.

告破产，持有这些债券的投资者遭受了巨额损失。以阿布哈比商业银行为代表的机构投资者因此起诉摩根士丹利(债券的承销商)、纽约梅隆银行(债券的托管人)、穆迪和标普(债券的评级人)。原告于2009年3月20日向法院提出了涉及12个领域的32项诉求，其中最为重要的包括基于纽约州普通法上的有关欺诈的请求、侵权的请求、违反合同义务的请求。2009年5月18日，评级机构申请驳回起诉，理由是评级应受到第一修正案的保护且作为一种观点不可起诉。

2009年9月，纽约南区法院(Southern District of New York)法官希拉·斯凯德琳(Shira Scheindlin)否决了评级公司要求驳回起诉的请求，她否决了评级机构关于受到宪法第一修正案保护的抗辩，同时否决了他们关于评级是项不可诉的观点的抗辩。

一直以来，无论是政府或是私人对评级机构的诉讼都将面临一大法律阻碍，即宪法第一修正案对出版机构的保护。在以往的案例中，评级机构均因其属于金融信息出版机构，其所发布的评级被认为是公众关注的事项，因而受到纽约时报诉萨利文案中(New York Times v. Sullivan)所确定的“实质性恶意”(actual malice)标准保护，① 即受到出版机构错误信息或不当出版误导的受害人除非能证明出版机构具有实质性恶意，否则无权对出版机构提起诉讼。很多法庭都据此作出了有利于评级机构的裁定。例如，在杰弗逊学区诉穆迪案中(Jefferson County School District No. R-1 v. Moody's Investors Services, Inc.)，② 法庭认为宪法第一修正案阻止了关于故意违反合同义务，故意干扰合同预期收益，以及出版过错的诉讼。类似地，在橙县诉标准普尔案中(County of Orange v. McGraw Hill Cos., Inc.)，③ 法庭认为第一修正案的保护优先于过失违反合同。在关于安然公司的一系列诉讼中(In re Enron Corp.

---

① New York Times v. Sullivan, 276 U. S. 254(1964).

② Jefferson County School District No. R-1 v. Moody's Investors Services, Inc., 175 F. 3d 848 (10th Cir. 1999).

③ County of Orange v. McGraw Hill Cos., Inc., 245 B. R. 151(C. D. Cal. 1999).

Securities, Derivative & "ERISA" Litigation.),[①] Connecticut Resources Recovery Authority(CRRA)要求赔偿与安然公司交易中近2亿美元的公共基金的损失(此案也是由康涅狄格州检察长 Richard Blumenthal 提起),CRRA 诉三家评级公司存在虚假陈述和违反康涅狄格州不公平交易法案,在获取安然公司信用评级信息时未尽合理的注意义务。但法庭最终驳回了关于评级机构虚假陈述的指控,因为原告没有合理证明评级机构存在实质性恶意。

尽管如此,美国法院对评级机构的法律责任所持的这种限制性态度近年来发生了些许转变。在关于惠誉公司的诉讼中,[②] 第二巡回法庭提出了评级机构是否应被视为出版机构的两个重要前置条件。首先,评级机构是否仅是因为雇佣关系而对特定交易发布评级报告,而不是像传统的出版机构那样对一系列证券和交易发布评级报告。第二,法庭审查评级机构在交易中所扮演的角色,判定其卷入交易的程度是否像传统的记者那样为发布新闻评论而进行采访活动。

这一观点在本案中得到了肯定。法官认为:在本案中,原告明确地表明公司债券的评级并没有被广泛地分发,而只是被提供给选定的投资人,评级机构是对选定的投资者发布评级而不是对公众发布评级,在这种情况下,评级机构不可以受到同样的保护;同时,在该公司结构化债券的发行过程中,评级机构扮演了更为积极的角色,它们卷入了结构化债券的组成和发行过程,例如帮助确定不同等级的债券需要多少相应的资产,而不仅仅是发布评级报告。评级机构据此获得了近600万美元的收入,是正常收费的三倍,同时,评级机构的收入还随着结构化债券发行规模的扩大而增加。因此,宪法第一修正案在此不适用。

法官进一步否决评级机构关于评级作为一种观点不可起诉的抗辩。在该案中,原告有充足的理由表明评级机构无法合理地表明其所发布的

---

① In re Enron Corp. Securities, Derivative & "ERISA" Litigation, 511 F. Supp. 2d742 (S. D. Tex. 2005).

② In re Fitch, 330 F. 3d 104 (2d Cir. 2003).

评级是准确的和基于事实的。2004 年夏季，两家评级机构各自独立地推出新的评级模型，简化了对于非基础性债券的信用评级标准。而且评级机构在确定评级等级时，这些结构化债券与其他的投资工具如稳定的公司债券使用同样的等级符号，因而从表面上看，这些结构化债券的信用风险与同级别的公司债券信用风险相同，但事实上，对于一无所知的投资者来说，这二者是有实质性差别的。而且，尽管评级机构知道该资产组合中有超过 55%的住房抵押债券，但在债券的发行信息备忘中，却陈述该结构化债券的资产组合中住房抵押债券不超过 55%，使得该债券的风险与其获得的高评级并不相符。因此，评级机构明知该结构化债券属于高风险投资，且肯定不应获得那么高的评级，却依然做出了错误的误导性陈述。

更为重要的是，评级机构在评级过程中存在严重的利益冲突。评级机构清楚地知道它们的收入来源于债券的成功销售，而债券是否成功销售又取决于是否获得高评级，即评级机构知道如果对于该结构化债券不给承销商所希望的高评级，承销商将会把该业务交给其他评级公司。作为发布不合理高评级的交换，评级机构获得了 600 万美元，超过通常收费标准三倍的收入，同时该收入会随着债券发行规模的扩大而增加。这就导致了直接的利益冲突，有损评级的客观性和公正性。

上述分析表明，评级机构知道评级模型和程序有瑕疵，且该结构化债券的资产组合并不是安全稳健的投资组合；同时，由于存在利益冲突，评级机构基于收益考虑而无法发布客观的评级。鉴于评级机构有发布误导性陈述的动机，法官认为评级机构的评级不能仅仅作为观点而应作为可诉的不当陈述。

本案的裁决，对于正在进行中或将要提起的有关评级机构的诉讼案件有着重要意义，它全面分析了评级机构在结构化金融产品评级中所扮演的角色，以及评级机构所面临的利益冲突，第一次就评级机构在多大程度上应受到宪法第一修正案保护进行了阐述，评级机构并非当然的出版机构而受到宪法第一修正案的全面保护，应是受到相应的前置条件审查后才能明确其出版机构的地位。评级机构发布的评级也并非完全不可诉的观点，而是根据具体情况分析是否可以视为可诉的不当陈述。这一观点对于有关评级机构案件中的原告无疑是极大的鼓舞，对于其他法官也具有一定的劝说意义和先例价值。

（三）新的法律责任制度的构建——强化权利与义务的平衡

从目前提起的诉讼可以看出，相对于投资者小心翼翼地尝试各种不同的诉因，试图绕开宪法第一修正案对评级机构的保护，从而追究其法律责任的做法，法官似乎更有勇气反思评级机构是否应得到宪法第一修正案的全面保护，毕竟今时不同往日，在金融创新日益深化的时代，评级机构面对结构化金融产品带来的巨大评级收入,① 逐渐迷失了作为资本市场看门人应有的方向，百余年来形成的“声誉激励机制”对于评级机构的自律约束，在人性的贪婪面前，在作为私人公司的评级机构对利润最大化追逐的天性面前显得力不从心。评级机构潜在的为追求短期利益而损害公共福利的可能大大增加，同时也降低了投资者充分监督和约束评级机构的能力，在此背景下，继续给予评级机构宪法第一修正案的保护显然是有违保护新闻和出版自由特权的初衷的。

构建合理的评级机构法律责任体系的关键在于，应在“资本市场对评级信息的合理需求”和“投资者对于评级信息质量的合理期待”之间达成一种利益平衡。在资本市场中，评级机构因其具有消除信息不对称和价格发现以提高资源配置效率的独特作用而不可或缺，但评级终究只是评级机构基于客观事实所作出的，对评级对象未来履约能力和可信任程度的预测和主观判断，评级的准确与否在很大程度上取决于评级对象提供的基础信息，和评级机构所采用的评级模型和方法的可靠性。从这一角度而言，相较于会计师事务所基于公认的财务准则，对于被审计对象的财务状况所出具的审计报告，评级报告的主观成分和预测成分更多，

① 据 Bloomberg 统计，结构化金融产品的评级收入已占到 CRA 总收入的 50%。而据穆迪的年报，在 2000s 前期和中期，穆迪的利润，边际利润率和股价都呈显著增长，其中前 5 年利润增速每年都在 20%以上，而同期的利润率几乎在 50%左右。

而其所面临的不确定性也更大，因此，要求评级机构必须提高评级报告的准确性，否则对评级机构苛以和会计师事务所相似的严格责任显然会增加评级机构的负担，评级业为免于追责，极有可能会出现“竞次”(race to the bottom)的局面，即均发布最为保守的评级报告，这无疑与“资本市场对评级信息的合理需求”是相悖的。但如果过分强调评级作为一种观点不可诉，对于评级机构因利益冲突而丧失应有的独立、客观的地位，发布不实评级报告的情况听之任之，则会严重损害投资者免受错误评级报告侵害的合法权利，次贷危机是对此最好的印证。正是评级机构近百年发展所积累下的“声誉资本”构成了投资者对评级信息质量合理期待的基础，对于投资者而言，如果没有这种合理期待，投资者也不会花钱购买评级报告，与其相信他人没有质量保证的评级分析而使投资遭受损失却得不到任何赔偿，不如相信自己的分析而作出相应的投资决策，毕竟后者的主动权还掌握在自己手中。对于监管者而言，如果没有这种合理的期待，那么在监管规则中所附加的评级要求也就没有任何意义，一方面要求被监管的机构投资者只能投资获得一定评级的证券，另一方面却又认定该评级不得作为投资决策的依据，这无疑是自相矛盾的。

上述案件的法官煞费苦心地撕开宪法第一修正案对于评级机构的保护，将评级视为可诉的不实陈述是对实现上述二者平衡的一种有益尝试，尽管该案还未最终判决，评级机构最终会承担何种责任尚不明确，希拉法官的观点在何种程度上能得到其他法官的支持也是未知之数，但笔者认为评级机构肆意妄为地给予结构化金融产品不实评级而不承担任何法律后果的时代已经过去，会有越来越多的法官考量如何在“资本市场对评级信息的合理需求”和“投资者对于评级信息质量的合理期待”之间达成一种利益平衡。

尽管美国对于评级机构法律责任尚在不断完善中，但在经历了次贷危机所带来的巨大伤楚后，人们已清醒地意识到，对于已然拥有评级霸权的评级机构而言，单凭声誉资本为基础的自律监管无法抑制其对利润追逐的贪婪，必须有相应的责任制度体系，方能实现有效的监督和约束。欧盟 2009 年通过的《信用评级机构监管规则》(No. 1060/2009)明确规定在评级机构违反规则要求时，监管机构可采取以下监管措施：撤回注册许可；在欧盟范围内临时地禁止发布评级；在欧盟范围内终止评级的使用；采取相应措施使评级机构遵守法律规则的要求；对评级机构的违规行为进行通告；提起刑事起诉等。各成员国还可以针对违反规则的行为，主要是专业人士失职(gross professional misconduct)和未尽应尽之责(lack of due diligence)等制定相应的处罚条款，处罚条款应符合有效、适当和预防的原则。而澳大利亚调整后的评级机构监管规则规定：在发行文件中引用评级必须征得评级机构的同意，这从表面上看加强了评级机构对评级结果使用的控制，但实际上也强化了评级机构对评级结果的责任，因为评级机构一旦同意在发行文件中使用评级结果，就意味着评级机构将对评级中的误导或欺骗，或作出错误、误导性陈述而承担法律责任。

2012 年 12 月，澳大利亚联邦法院在巴瑟斯特地方委员会诉地方政府金融服务有限公司案中裁定标准普尔承担连带责任。① 该案中，标准普尔给一项结构化金融产品评为 AAA 级，该产品后被地方金融服务有限公司销售给了新南威尔士的 13 家地方委员会。次贷危机爆发后，上述产品净资产价值跌到 10%以下，给地方委员会造成了近 1600 万元的损失。地方委员会将标准普尔列为共同被告，指控其存在欺诈和误导行为而承担连带责任。经过法院审理认为，标准普尔无法证明自己确实恪尽职守，因为 AAA 评级传递了标准普尔认为该产品前景非常看好的观点，而这一观点是标准普尔基于合理原因和合理注意的基础上得出的结论，但是事实上，法庭认为，标准普尔在评级时选用的模型，并没有被任何理性的评级机构所采用，而评级中的持续性假定是基于更利于产品表现所设定的，而不是根据实际经济运行情况，标准普尔在该产品的评级明显缺乏合理的注意和应有的专业水准，因而该评级属于误导和欺

① Bathurst Regional Council v. Local Government Financial Service Pty Ltd (No. 5)[2012] FCA 1200.

诈。同时，标准普尔也无法证明地方委员会对自己的AAA评级结果没有合理信赖，因为发行前，发行人就评级与投资者进行了沟通，投资者据此作出了投资决策。因此，评级机构因违反注意义务而承担责任。该案中，澳大利亚联邦法院克服了传统信用评级机构在承担民事责任方面的一些显著障碍，拒绝评级机构在本案中适用媒体自由的相关规定，认为评级机构即使与投资者之间没有直接的关系，也可能因为其错误指引性的欺诈行为(misleading and deceptive conduct)或者疏忽大意的陈述而对投资者承担责任。而且举证责任标准较美国案例也有所降低，法庭将评级视为产品，采取类似产品责任案例的举证模式，即投资者证明评级是有缺陷的，他们是可以预见的第三方使用者，而他们被有缺陷的产品伤害。事实上，投资者证明评级有缺陷，仅仅只要证明输入模型及假设没有满足必要的标准，从而证明评级机构宣称的合理注意和专业技能是虚假的，在此框架下，法庭判定评级是有害的有缺陷的产品，因此认为标准普尔应当承担责任。该案对于评级机构无疑敲响了警钟。正如德国学者弗里德曼所言："法律犹如有机体，必须随社会生活之发展变化而变化，在变化中求其生长，否则不免陷于僵化，不断适应社会的需要。"①面对金融创新不断深化背景下所赋予评级机构的巨大权力，现有法律责任体系显然无法驾驭，因此，变革也就在情理之中。

第三节 评级机构法律责任体系的完善

一、评级机构的法律责任

(一)责任形式

评级机构的法律责任包括行政责任、刑事责任和民事责任。行政责

① 王泽鉴：《民法学说与判例研究》第一册，中国政法大学出版社1998年版，第300页。

任是指评级机构违反国家有关法律、法规或不履行相应法律义务而由监管当局对其处以行政处罚的责任，主要包括警告、罚款、没收违法所得、暂停或撤销评级业务许可等。刑事责任是指评级机构因其犯罪行为所承担的由司法机关代表国家所确定的否定性法律后果，主要包括限制、剥夺责任人的自由、财产等。民事责任是指评级机构因违反合同义务，或者因故意或过失违反相关法律规定而给相应民事主体造成损失所应承担赔偿、补偿责任。

（二）重视民事责任的必要性分析

现代法律以权利为本位，法治的基本内涵是合理分配权利和切实保障权利，受损害的权利是否有救济渠道，尤其是能否通过诉讼伸张，是衡量一国法律之完善与否的重要标志，也是判断法律有无可执行性的重要标准。① 而民事责任制度在对受害人的财产补偿和权益恢复方面有着行政责任和刑事责任无法替代的优势。因此，健全的证券法律体系应是三种责任制度并重，缺一不可的。建立合理的民事责任制度，是一国证券市场法治建设的重要环节。

1. 有助于实现“保护投资者利益”的立法宗旨

在各种法律责任制度中，民事责任对受害人的权利救济是最为直接和充分的。因为行政责任和刑事责任的主要目的是维护公共权利和秩序，重在对违法者进行惩罚和教育，而对受害人（投资者）的财产补偿和权益恢复并无实质上的意义，但这对于投资者而言却是最为重要的。在证券市场中，投资者因侵权而遭受的损失能否通过法律责任的追究而得到补偿事关重大，一旦投资者的合法权益无法得到法律的充分保护，就会影响到投资者对市场的信心，投资者的信心丧失就会影响到市场的稳定。而通过对投资者民事救济实现对已经失衡的利益关系的修复，有利于维系证券市场的稳定与发展。投资者也可通过民事诉讼的方式维护自己的权益，建立有效的市场约束机制，从而提高市场监管的有效性。

---

① 文建秀：《证券市场信息披露中注册会计师的法律责任》，法律出版社2003年版，第162页。

从我国证券市场的发展历程来看，大量的证券市场违法案例也已证明，证券法律责任制度过于重视行政责任和刑事责任，忽视民事责任的现状，在很大程度上助长了违法违规者的侥幸心理，而行政责任和刑事责任在证券市场适用的固有缺陷，事实上为证券违法行为留下了法律责任的缺口，这也是我国证券市场违法违规行为屡禁不止的重要原因。为此，在设计评级机构法律责任时，需要重视民事责任制度的构建，填补现有的漏洞，从而真正实现“保护投资者利益”的立法宗旨。

2. 有助于预防和打击评级机构违法行为

在证券市场中，对于投资者利益保护的前提条件是确保投资人的合理投资决策免受不完全或者不正确信息的影响，确保投资人的证券交易免受不健全的市场中介的影响，免受不公平、不公正市场交易的影响。而根据对评级机构在证券市场中作用的分析，可以看出在日趋复杂的金融市场中，评级机构的评级对于投资者尤其是中小投资者的投资决策有着重要影响，次贷危机更是证明了评级机构发布的不准确评级会对市场造成灾难性的影响，因为很多投资者购买结构化金融产品的重要原因之一就是评级机构给予其极高的评级，而其后这些产品评级的急剧下调，直接给持有这些产品的投资者带来极大的损失。鉴于评级机构在消除证券市场信息不对称的同时，本身也具有相当的信息优势和专业能力，普通投资者正是基于此对于评级机构有相当的信赖。而这种信赖关系如没有有效的规制则极易为评级机构所利用，从而出现发布不当评级、操纵市场等情形，因此有必要建立相应的民事责任制度以保证评级的质量，从而保证投资者在作出相关决策时所获取的信息的真实和完整。如果建立切实可行的民事责任，允许投资者可以针对评级机构的违法行为提起损害赔偿诉讼，无疑会增加不法行为的违法成本，从而有效预防和打击各类不法行为。

二、评级机构民事责任的构建

(一) 民事责任的确定标准

如前所述，在民事责任分担上评级机构与投资者之间存在突出矛盾。评级机构始终认为评级作为一种观点受到言论自由原则的保护，投资者使用评级报告应责任自负。而投资者则认为由于评级机构的专家地位，有理由对评级报告的质量予以合理期待，评级机构基于专家的信赖义务应承担相应的民事责任。在评级机构看来，评级属于预测信息，因此只要评级流程符合有关执业规范的要求，即使事后证明评级结果不准确，评级机构也应免责。但从投资者的角度来说，他们普遍对评级的准确性寄予厚望，甚至是依赖，因此，一旦发现评级结果与实际情况不符，就认定评级机构须承担法律责任。从上述分析可以看出，在确定民事责任的标准问题上，评级机构和投资者之间对评级结果的准确性存在的期望差距是问题的根本所在。

期望差距理论是会计学上的概念。1998 年，加拿大特许会计师协会发表的一份研究报告对期望差距问题进行了分析。报告认为：审计期望差是指公众对审计报告的质量需求与公众对现行审计执业准则下所能达到标准的认识之间存在的差距。这一差距由四个部分组成：(1)完美准则与现行准则的差距；(2)现行准则与当前执业水平之间的差距；(3)公众对审计的期望与完美准则之间的差距；(4)当前执业水平与公众对执业水平认识之间的差距。其中，前两个差距属于合理的期望差，有可能通过技术改进加以缩小，后两个差距则属于不合理的期望差，只能通过沟通来弥补认识上的差距。

这一理论和评级业责任认定标准有一定的相似之处。由于评级本身属于预测性分析，评级的准确性受多种因素制约，即便评级机构严格按照执业规范进行评级，也无法保证最终的评级结果一定与真实情况相符，而只能增加合理确信的程度。正是由于评级的先天局限性，公众对评级的质量要求与评级执业准则之间总会存在差距，评级机构无法发现被评级对象设计的恶意欺诈。因此，评级的期望差距永远存在，不能靠改进评级执业准则来完全弥补。而这种期望差距的大小只是判定评级机构执业质量的公众标准，评级机构现行执业水平和现行执业准则之间的差距才是判定评级机构承担责任的法律标准。

笔者认为，只要评级机构严格遵循了现行的执业准则，对被评对象提供的资料和信息履行了应尽注意之责，那么评级机构对其评级结果的质量和准确性无需承担法律责任；但如果其未能遵循法定的程序和专业的执业规范，未能履行勤勉尽职的义务，即使评级机构所获得的所有信息都是真实的，仍导致评级结果有误，评级机构应当因此承担法律责任。事实上，这也是次贷危机后，SEC 对三大评级机构调查所要搞清的主要问题，评级机构是否在内部控制上遵循了利益冲突规避原则，是否直接参与了结构化金融产品的构建而取得了超常规的收入，是否对发行人提供的评级资料进行了合理审慎的检查等。这显然是值得在确定评级机构民事责任标准问题上应当借鉴的。

因此，明确责任承担的一个关键性因素就是评级机构所遵循的执业标准的界定问题，只有一个公正、客观并具有较强专业性的标准才能更具有执行力。2008 年 5 月，IOSCO 对于《信用评级机构基本行为准则》作出了新的修订，一方面，主要国家的监管立法纷纷将 IOSCO 评级机构基本行为准则中的有关规定直接纳入监管规则中，并要求评级机构定期报送其内部行为准则是否与 IOSCO 的准则相符，如有差异，原因何在，是否影响了 IOSCO 基本行为准则目标的实现。另一方面，评级机构大多数也根据 IOSCO 基本行为准则制定了内部行为准则。因此，在制定评级机构执业标准时应当参照这一规则，既能为民事责任的认定提供更具说服力的标准，也能对国际评级机构跨国执业的监管适用国际标准，提高监管的规范性和有效性。

(二)民事责任的主体

在信用评级过程中，民事责任的行为主体和责任主体存在一定程度的分离。一般而言，评级分析人员是民事法律责任的行为主体，而评级机构则是第一责任主体。这是因为评级人员受评级机构雇佣方能执业，分析人员的评级行为是受评级机构委派而从事的职业行为。因此，评级行为引发的民事责任应先由其所在的信用评级机构承担，而后方可根据雇佣合同判定评级分析人员的责任大小并行使追偿权。

(三)民事责任的对象

根据评级行为中的不同法律关系，民事责任所涉及的对象也有所不同。一般而言，与评级机构签订评级服务合同的发行人以及与评级机构签订购买合同而使用评级报告的投资者都是当然的民事责任对象，在评级机构发布不实评级报告而使其权利受损时可依合同约定追究评级机构的民事责任。而对于评级机构采取非请求评级的评级对象而言，在评级机构未按执业规范和未尽合理注意的情况下发布不实评级，其侵害的是被评级对象的商业信誉，同时亦会对被评对象的经济利益造成损失，因为评级对象在资本市场中的融资成本和规模都会受到不当评级的影响，理应赋予被评对象要求评级机构承担责任的权利。这方面比较典型的案例就是2002年穆迪降低日本债券评级后，日本政府向穆迪提出索赔要求。通常被评级对象可提起诽谤之诉来追究评级机构的责任。

在评级机构民事责任的对象中比较复杂的是所谓的利益关系第三人，即与评级机构没有直接合同关系而使用评级机构的评级报告作出特定投资决策的具有直接利害关系者。通常包括未与评级机构签订购买合同而使用评级报告购买相关证券的投资者(即公众投资者)或发行人的债权人等。对利益相关者的范围的确定直接关系到对评级机构法律责任承担程度与对评级信息使用者权益保护程度之间的平衡，即前文所提到的"资本市场对评级信息的合理需求"和"投资者对于评级信息质量的合理期待"的平衡。这直接关系到评级机构责任范围的扩张或缩小，是讨论评级机构法律责任的一个重要问题，在明确第三人的范围时必须考虑以下两点：一是在合理范围内要尽可能使相似的损失得到相似的待遇；二是任何损失在量化时应当具有一定的确定性以及与虚假陈述之间的合理联系。① 笔者认为，在合理第三人范围确定问题上，可参照注册会计师法律责任中的有关标准，即将第三人限定在"已预知的报告使用人"

---

① 齐斌：《证券市场信息披露法律监管》，法律出版社2001年版，第272~277页。

中。已预知的第三人是指评级机构在提供评级报告之前已经被告知或明确知道的使用者。① 例如评级报告用于公开发行债券的说明书中，则在公开发行后，在评级报告错误存续期间内购买该债券的投资者就是已预知的第三人。这一标准可以尽量避免评级机构对一群不特定的多数人在一段不特定的时间内承担金额不特定的索赔责任。如果第三人范围过宽，并滥用诉权以将自己的投资风险转嫁至评级机构，这样盲目加大对评级机构的责任追究是显失公平的。

(四)民事责任的性质

1. 当受害人是发行人时

在请求评级的情况下，如果评级机构没有按与发行人所签订的合同履行评级义务，即使没有给相关人造成损害，也应承担违约责任，责任的承担从其合同约定。同时，如果未履行合同也导致侵犯了发行人的名誉权或财产权时，评级机构也应承担侵权责任，此时就出现违约责任与侵权责任的竞合。在非请求评级的情况下，因评级机构与发行人之间未签订合同，一旦评级机构的不当评级给发行人造成损失，发行人只能主张侵权责任。

2. 当受害人是投资者时

如果是与评级机构有购买合同而使用评级报告的投资者，评级机构的违约责任从其合同约定。下面重点分析的是评级机构对利益相关第三人的责任性质。

笔者认为，评级机构对利益相关第三人的责任性质应认定为侵权责任。侵权责任是指行为人不法侵害社会公共财产或者他人财产、人身权利而应承担的民事责任，其与违约责任最大的不同在于两点：一是损害事实的存在是侵权责任成立的前提，没有损害结果也就无所谓侵权责任，损害事实与损害结果之间须有因果关系，而违约责任并不要求有损害结果发生，只要违反合同约定即可主张；二是侵权责任不具有相对

① 该标准在 1993 年，Bily v. Arthur Young & Co. 一案中确立。

性，任何人由于行为人的不法行为受到损害均可主张，而违约责任的主张必须是由合同的相对人提出。

如前所述，从评级机构所具有的专家法律特征和所承担的消除信息不对称的社会功能来分析，评级机构与利益相关第三人之间有信赖关系，并由此产生了高度注意义务，该项义务属于法定义务，一旦违反即产生侵权责任。在证券法上，维护专家与利益相关第三人之间的信赖关系，防止专家滥用资源优势而损害第三人利益是其基本职责，基于这一法理，尽管评级机构与第三人之间没有类似合同关系这样直接、对等的权利义务关系存在，但这并不能否定专家对投资者因信赖关系而应该承担的义务，对义务侵犯造成的损失，也应从侵权法中寻找法律救济。

在实践中，1798 年，英国法院在 Pasly 诉 Freeman 一案中第一次确立了专家对第三人是欺诈性侵权行为的判例。该案确立了欺诈作为侵权行为的一种理论，即对契约之外的第三人因虚假陈述而产生的损害应根据侵权行为要求赔偿，当事人之间不存在直接交易关系不构成抗辩理由。美国成文法也从 1933 年开始在证券市场上使用这一法理，证券法颁布后第一起该类案例“巴氏公司案”也是按照侵权行为赔偿责任进行判决的。① 而对于第三人的范围，美国《侵权法重述Ⅱ》第 522 条规定：“若是已经知道自己的表示将由某一特定范围内的人接收，并在特定的交易中使用，他对该特定范围内的信息接收人就负有注意义务，并对信息接收人在其特定交易中的损失承担责任。”据此我们可以对评级业务中的第三人作出合理界定：(1)该投资者使用评级的目的能被评级机构合理的预见；(2)投资者基于评级信息的投资决策是善意且合理信赖的；(3)投资者据评级作出的投资决策遭受损失。

将评级机构对利益相关第三人的责任性质认定为侵权责任有效地克服了合同相对性的限制，可以更充分地保护受害人的合法权益，使得民事责任制度真正具备了提供损害救济赔偿的现实基础。与此同时，评级

---

① 文建秀：《证券市场信息披露中注册会计师的法律责任》，法律出版社 2003 年版，第 188 页。

机构基于专家身份所承担的法定义务，可以约束其更加勤勉审慎地执业，而这对提高评级质量无疑是大有裨益的。

（五）评级机构侵权责任的归责原则

明确了评级机构对利益相关第三人的责任性质应认定为侵权责任后，下一个需要解决的问题就是如何确定侵权行为人承担侵权损害赔偿责任的归责原则。笔者认为评级机构的侵权责任应以过错责任中的过错推定原则为归责原则。即“无过错无责任”。首先，评级机构的侵权责任并不具备适用无过错责任原则的特殊条件，应当视为一般的侵权责任；其次，由于评级存在先天局限性，强制评级机构承担无过错责任，在很大程度上会将本应由投资者应当承担的市场风险强加于评级机构，这无疑显失公平，也不利于评级业的健康发展。所以，基于法律公平的考虑，过错推定原则更为合适。

但我们也应看到，相对于广大投资者，评级机构作为专家在信息占有和分析中处于优势地位，考虑到对弱势群体利益的保护，可以在诉讼中采取举证责任倒置的过错推定原则，即除非评级机构能够证明自己主观上没有过错，否则就应当承担侵权损害赔偿责任。这一归责原则的适用，将会大大减轻受害人的举证负担，同时赋予被告以免责抗辩权，从而让当事双方更为合理地负担举证责任，更加适应证券市场的实际。

（六）评级机构侵权责任的构成要件

侵权行为的构成要件一般包括以下四要素：违法行为、过错、损害事实、因果关系。具体到评级机构的侵权责任，可以细分为“发布虚假评级，评级机构存在过错，利益相关第三人受到损失，评级机构的过错与第三人的损失存在因果关系”。现就这四个方面进行分析。

1. 发布虚假评级

信用评级的特点决定了评级结果不可能与被评对象的实际情况完全相符，评级机构只能在对信用风险进行分析的基础上对被评对象未来的偿债能力和意愿做一个预测，而对于其他风险因素，评级机构是无法兼顾的。因此，评级失准与虚假评级有质的区别。但对二者的区分则有一定难度，对于评级失准可以通过建立评级结果的历史违约率数据库来进行衡量，而对于虚假评级则可以参照前文提到的评级机构现实执业水平与现行法律、法规和执业准则之间的差距作为判定是否发布虚假评级结果的法律标准。

2. 评级机构存在过错

过错是对注意义务的违反，这一义务是加害人能够意识到和能够履行的，也是能够按照客观标准进行衡量判断的，① 包括一般过失、重大过失和故意三种。从民法理论上讲，一般过失是指行为人没有保持法律对其职业要求上应有的合理谨慎；重大过失是指行为人不仅没有达到法律对其职业要求的合理谨慎，甚至连法律对普通人的一般要求也未达到；而故意是指行为人预见到自己的行为可能产生的损害结果，仍希望其发生或放任其发生。

当事人主观过错的程度直接决定着民事责任是否承担和承担责任的大小。具体到评级机构而言，一般过失是指评级分析师未能保持职业上的合理谨慎，未尽专家应有的“善良管理人”这一较高的注意义务。而重大过失则是指评级分析师连起码的执业谨慎都未能保持，根本没有遵守执业准则的要求。对于故意，指的是评级分析师知道在其所作出的评级报告存在不真实、不完整或不准确之处，却希望或放任这种结果的发生。最近在英美法的发展中，法院认为如果过失确实重大而几乎近于故意，且认定为过失可能会显失公平者，会毫不犹豫地将之认定为应负故意欺诈的责任。② 具体到评级机构而言，可以借鉴美国《公平信用报告法》中关于“报告准确性”和“严格责任”的相关规定：法案并未严格要求信用报告机构对其报告准确性和传播不准确报告负责。如果信用报告机

① 一般而言，过错有主观说和客观说两种标准。由于法律不可能直接对人类的思想状态进行规范，而只能规范人的行为，因此，只有明确的法律行为准则才能有利于过错行为的避免，所以，本书采用的是客观说。

② 文建秀：《证券市场信息披露中注册会计师的法律责任》，法律出版社2003年版，第207页。

构能证明其不准确的报告仍然遵守了合理的调查程序，该机构可以免除责任。只有当不准确的报告是因为未遵守合理程序而导致的，信用报告机构才对不准确报告导致的民事损害负责。而联邦委员会的主要任务是确定信用报告机构遵守的程序是否会造成不合理的错误。因此，对于评级机构而言，只有在其明知的情况下故意不遵循合理程序导致评级报告未能达到尽可能准确的行为才能认定为其存在过错。

笔者认为，由于评级行为并非对事实的判断，而是对未来可能性的推断，其所涉及的专业技术远高于一般的专家服务，其所发生偏差的概率也较大；同时，评级产品具有准公共物品的属性，其所服务的第三人范围也更为广泛，因此，基于公平考虑，评级机构只应该对故意和重大过失承担责任，对于一般过失可免于追究。

3. 利益相关第三人受到损失

虚假评级结果对投资者造成损害通常是投资者根据评级做出错误的投资决策而遭受财产损失。由于证券市场价格波动频繁，对损害的确定是一个较难判定的问题。在此，可以参照美国联邦法对投资者损失确定的实际损失原则(actual damages)，将损害范围确定在价格损失、资金占用的利息损失、相关交易费用损失、律师费和诉讼费等之内。这一原则，在我国最高人民法院公布的《关于审理证券市场因虚假陈述引发的民事赔偿案件的若干规定》中也得以体现。

4. 评级机构的过错与第三人的损失存在因果关系

受害人在要求评级机构承担民事责任时，不但应当证明损害事实存在，还应当证明自己所受损害与评级机构之间存在直接因果关系。只有存在直接联系，才能要求评级机构赔偿损失。但是，在实践中要求投资者承担上述的举证责任绝非易事。为了减轻原告的举证责任，实现投资者保护之目标，美国证券法在虚假陈述方面逐步放弃了传统的“谁主张，谁举证”，而改用因果关系推定说，赋予善意的投资者以诉权，加强对投资者合法权益的保护。因果关系推定尽管扩大了行为人的责任，但是并不排斥被告提出反证的权利。在评级机构的侵权责任中，可以借鉴这一原则作为因果关系的判定方法。由于评级机构在证券市场中的专家地位，其对投资者担负着基于信赖关系而产生的高度注意的义务，因此，信赖关系存在与否无需证明，关键是要证明信赖的合理性，即投资者是否以理性人的标准来管理自己的资金，只要投资者能证明自己合理信赖了评级机构的虚假评级，说明这种信赖是交易得以完成的原因，投资者是善意交易者即可。而由评级机构证明损失与虚假评级之间的因果关系不能成立作为免责的理由，即在合理信赖基础上推定投资者的损失由评级机构的虚假评级造成，但赋予评级机构免责抗辩权。这种举证责任分担方式，有利于投资者保护和维护证券市场的公平与效率。

本章小结

美国对评级机构的法律责任一直持审慎态度，其原因有二，一是在声誉资本的监管理念下，法律制定者的任务仅仅只是设计法律框架以纠正市场失灵，让声誉资本机制运行得更为顺畅，这就是监管当局为何对评级业的制定激励和约束机制并不太感兴趣的原因，而责任和其他事后法律救济措施并没有被认为是声誉机制合理的补充。二是宪法第一修正案的保护，评级机构被视为出版机构，发布的评级被视为不可诉的观点，而免于承担民事或刑事责任。在权重责轻的严重失衡的法律责任模式下，评级机构在结构化金融产品评级上肆意妄为，为次贷危机的爆发和蔓延埋下祸根。

危机后，有关国家在立法层面和司法层面对于完善评级机构法律责任机制方面都出现一些新的变化，他们试图通过制度变革改变现有评级机构责任制度体系与金融创新严重不匹配的现状。美国 2010 年通过的《多德法案》中，废止了 SEC 根据 1933 年《证券法》颁布的规则 436(g)条款，在 NRSRO 同意将评级纳入注册说明书的情况下，评级机构应当对误导性陈述承担专家责任，从而使评级机构面临因过失而遭到诉讼的可能性。欧盟的《信用评级机构监管规则》对评级机构的违法行为，主要是专业人士失职(gross professional misconduct)和未尽应尽之责(lack of due diligence）等制定相应的处罚条款。而澳大利亚调整后的评级机构监管规则规定：在发行文件中引用评级必须征得评级机构的同意，这从表面看加强了评级机构对评级结果使用的控制，但实际上也强化了评级机构对评级结果的责任。而在美国，对评级机构的诉讼明显增加，诉因也呈多样化，在美国和澳大利亚的案件中，已有法官认为评级并非观点而不可诉，而应当具体分析是否可以视为可诉的不当陈述。对评级机构的责任追究应当在“资本市场对评级信息的合理需求”和“投资者对于评级信息质量的合理期待”之间达成一种利益平衡。

在评级机构民事责任构建方面，应当将评级机构是否严格遵循业界公认的职业标准作为判定评级机构是否承担民事责任的标准。在考虑民事责任的对象时，应严格限制无合同关系的第三人的范围，避免盲目加大对评级机构的责任范围。而评级机构承担民事责任的性质应定位基于专家义务的侵权责任，采取过错推定原则，通过举证责任倒置合理分担举证责任。

第七章　我国信用评级机构监管制度的完善

第一节　我国信用评级业的概况

一、我国信用评级业发展历程

（一）初创阶段（1987—1992 年）

1987 年 3 月，国务院颁布了《企业债券管理暂行条例》，规定中国人民银行为企业债券的主管单位，具有债券发行审批权，并会同原国家计委、财政部制定全国企业每年债券发行的总额度。在这一背景下，为了促进企业债券市场的统一与规范，中国人民银行提出了在各地组建资信评级公司的构想，并在吉林省成立了我国第一家评级机构——吉林省资信评估公司，主要对当地的企业债券发行进行评级，随后各地人民银行纷纷成立了自己的评级机构。这种评级机构作为人民银行的下属公司，不具备独立性，其评级对象也基本以本地发行的企业债券为主，评级结果一般不具备在全国范围内的公信力。在实践中也逐渐演变成为将人民银行的行政主管权力转化为评级机构收入的工具，从而无法起到揭示债券风险的作用。

1988 年中国经济出现了严重过热现象，各种债券的发行量急剧上升，导致了一些信誉较差、规模较小的企业也进入债券市场发行债券，而在此过程中作为人民银行分支机构的评级机构并未能起到揭示风险的作用。因此，1989 年，中国人民银行下发了《关于撤销人民银行设立的证券公司、信誉评级公司的通知》，明确规定将银行设立的评级公司一律撤销，信誉评级业务交由信誉评级委员会办理。1990 年 8 月，人民银行又下发了《关于设立信誉评级委员会有关问题的通知》，确立了银行内部信用评级的组织体系问题。此阶段的评级是银行内部评级，目的是为银行的资产风险管理提供参考，这与独立公正地、以市场为导向地为第三方提供信用评级服务的现代评级制度有着明显的区别。整个评级行业的市场化水平很低，评级产品也十分单一。

（二）市场化初期（1992—1999 年）

1992 年，国务院发布《关于进一步加强证券市场宏观管理的通知》，明确债券评级工作应作为债券发行审批的一个必要程序。1993 年 8 月，国务院颁布《企业债券管理条例》，规定发行企业债券可以向经认可的债券评信机构申请信用评级。1993 年 11 月，《中共中央关于建立社会主义市场经济体制若干问题的决定》中明确提出要建立债券信用评级制度，促进债券市场健康发展。上述政策法规的颁布实施，为评级业的发展提供了良好的政策环境。此间，上海远东资信评级有限公司、上海新世纪投资服务有限公司、中国诚信证券评估有限公司、大公国际资信评级有限责任公司等外部评级公司先后成立，中国评级业的市场化进程也由此展开。随着独立的专业化评级机构的成立，评级业务逐步走向规范化和制度化，全国性的评级市场也逐步建立，主要评级机构在积累评级经验，提高评级技术和坚持独立、客观、公正的评级原则等方面有了长足的进步。特别是 1997 年 12 月，人民银行发布了《关于中国诚信证券评估有限公司等机构从事企业债券信用评级资格的通知》，初步确立了中诚信、大公等 9 家评级机构企业债券的评级资格，这标志着评级机构得到了监管部门的认可，其市场地位进一步上升，为评级业的健康发展奠定的基础。

然而，由于20世纪90年代初期整个社会经济过热的大背景导致通货膨胀，国债发行困难，国家逐步收紧了企业债券的发行规模，评级业在经历了短暂的繁荣后，发展仍然举步维艰。

（三）逐步成熟阶段（1999—2004年）

1999年7月颁布施行的《证券法》第157条和第158条规定，可以根据证券投资和证券交易业务的需要设立专业的资信评估机构，设立条件、审批程序和业务规则，由国务院证券监督管理机构规定；资信评估机构的业务人员，必须具备证券专业知识和从事证券业务2年以上经验。2000年11月，中央经济工作会议和《国民经济和社会发展十五规划》首次提出加快建立健全社会信用制度，随着以人民银行为组长的“全国企业和个人征信体系专题工作小组”开展工作以来，社会各界逐步认识到了信用评级在征信体系中的功能和作用。

与此同时，我国企业债券市场也进入了新的发展阶段。1999年，企业债券的发行产生了实质性变化，主要是为了大型企业的发展和项目建设筹集资金，在发行条件上对企业的资产规模和筹资总额等进行了严格要求，并且发行额度呈逐年增加的趋势，从2000年的89亿元迅速增加到2003年的452亿元。① 而人民银行也不断加强银行间债券市场的建设，陆续推出了资产支持证券、国际开发机构人民币债券、金融债券和短期融资债券等新产品，这些产品的发行和信息披露中都明确要进行信用评级。日益壮大的企业债券发行市场和日益丰富的债券产品极大地推动了评级行业的发展，企业债券评级呈现出较为成熟的状态，主要评级机构逐步树立了具有较高的信誉度，其评级技术先进，评级流程科学，从而为整个评级行业的规范和发展起到了较大的推动作用。

这一阶段，各监管机构也从业务角度出发，将信用评级机构纳入了监管范围，出台了多部对评级机构和业务进行规范的规章制度。主要有2000年5月的《上海证券交易所企业债券上市规则（2000年修订版）》和

---

① 数据来源：中国人民银行网站。

《深圳证券交易所企业债券上市规则(2000年修订版)》；2003年5月，保监会发布的《保险公司投资企业债券管理暂行办法》；2003年8月，证监会的颁布《证券公司债券管理暂行办法》；2003年9月，国家发展和改革委员会发布了《关于国家电网公司等企业债券发行规模及审批有关问题的通知》；2004年6月，人民银行和银监会联合发布的《商业银行次级债券发行管理办法》；2004年7月，银监会发布的《商业银行授信工作尽职指引》；2004年9月，保监会发布的《保险公司次级定期债务管理暂行办法》；2004年11月，人民银行发布的《证券公司短期融资券管理办法》等。

(四)快速发展阶段(2005年至今)

2005年以来，我国信用评级业进入了新的发展阶段，主要是企业信用债券的发行标志着我国开始真正进入"信用债券时代"。同时，随着国家开发银行、中国建设银行的信贷资产证券化的试点发行，我国信用债券品种逐渐增加，这都为信用评级行业的发展带来了新的契机，也对信用评级机构提出了更高的要求。信用评级的定价作用逐步显现，市场对信用评级机构检验机制也逐步建立。

二、我国信用评级业发展现状

(一)信用评级业初具规模

经过20多年的发展，我国信用评级业取得了长足的进步，截至2012年6月底，纳入人民银行评级统计的法人机构共78家，专业评级人员2400多人。① "十一五"期间，债券市场和信贷市场开展信用评级业务22万多笔；其中，债项评级近3200多笔，信贷市场主体评级近

---

① 中国人民银行：http：//www. pbc. gov. cn/publish/goutongjiaoliu/524/2012/20120911171849994988978. html，[2012-12-12]。

21.7万笔。2012年，全国评级机构共完成债项评级1672笔，比2011年增长42%；完成信贷市场主体评级近5万户，比2011年增长近5%。① 主要评级机构具备了从事企业主体信用评级和企业债、金融债、结构融资债等长、短期债券信用评级能力，并在国内具有一定的公信力。评级机构在我国社会信用体系建设、金融市场发展和金融体制改革与完善的进程中发挥着日益重要的作用。

(二)行业龙头初步显现

20多年来，我国信用评级的发展经历了一个膨胀、清理整顿、竞争和整合的过程。随着债券评级市场的日趋成熟，部分评级机构已在市场竞争中逐步站稳脚跟，从近年来有关监管部门认可的主要评级机构来看，初步呈现出垄断竞争的态势，根据人民银行统计，中诚信、大公国际、联合资信等8家机构主要从事债券市场评级业务，收入、人员、业务规模相对较大。这些知名的资信评级公司建立了较高的信誉度，其评级技术先进，评级流程科学，对整个评级行业的规范和发展起到了较大的推动作用。

(三)行业监管规范初步建立

2006年3月，人民银行发布了《信用评级管理指导意见》，这是我国第一部系统的信用评级监管规范，要求信用评级机构保证自身独立、客观公正的市场形象，并对评级机构的工作制度、内控制度、外部监管、禁止性行为和检验体系等方面做出了具体规定。随后在2006年11月和2008年3月，人民银行先后出台了《信贷市场和银行间债券市场信用评级规范》和《关于银行间债券市场信用评级作业管理的通知》。对于规范评级机构运作程序和评级人员执业操守提出明确要求，从而有助于

---

① 中国人民银行．中国征信业发展报告(2003—2013)．http：//www.pbc.gov.cn/image_public/UserFiles/goutongjiaoliu/upload/File/中国征信业发展报告(2003—2013).pdf，[2013-12-24]。

保障信用评级结果的可靠性，促进我国信用评级机构有秩序地发展，也有助于建立专业客观的评级制度，进一步为金融管理部门制定规则及检查提供依据，减少监管成本，提升监管效率。2013 年 3 月，《征信业管理条例》正式实施，以法律形式明确了人民银行及其派出机构依法对征信业进行监督管理，为人民银行依法履职提供了完善的法制基础。

(四)国际合作初见成效

随着改革开放的不断深入和我国资本市场对外开放程度的进一步加大，国内评级机构与国外评级机构的合作交流日渐频繁。1998 年 9 月，惠誉国际与中诚信合资。1999 年 7 月，大公国际与穆迪投资者服务公司签署合作协议。1999 年 8 月，中诚信也与惠誉国际共同组建了我国第一家中外合资信用评级机构——中诚信国际信用评级有限责任公司(中诚信国际)。2006 年 8 月，穆迪从中诚信手中购买了中诚信国际 49%股份，中诚信国际由此成为穆迪与中国诚信的合资公司，中诚信占 51%股份保持控股地位。但根据双方协议，在政策允许时，穆迪持股比例可上升至 51%。同年，上海远东被香港新华财经公司(美国控股)收购；2007 年，联合资信 49%的股权被惠誉收购。上述合作，对于国内机构吸收国际先进的资本市场信用风险分析与管理的核心技术，快速提升评级分析水平和能力，推进国内信用评级业国际化与规范化都起到了积极作用。

第二节 我国信用评级业监管的主要问题

一、信用评级业法律法规建设滞后

在信用评级行业的法律方面，我国还没有出台单独的法规，只是在《证券法》中对评级机构的法律地位和法律责任方面有原则性的规定，而国务院于2012年12月颁布的《征信业管理条例》尽管对征信机构的设立条件和程序、征信业务的基本规则、征信信息主体的权益、金融信用信息基础数据库的法律地位及运营规则、征信业的监管体制和法律责任等内容进行了规定，初步解决了征信业发展中无法可依的问题。但具体配套制度仍不完善，对评级业监管的具体规则更多的是散见于部门和行业规章中。2005年，人民银行发布了《信用评级管理指导意见》对银行间债券市场和信贷市场的信用评级进行了规范；2007年8月证监会发布了《证券市场资信评级业务管理暂行办法》，对信用评级机构在证券市场从事信用评级执业行为进行了规范。上述指导性意见和暂行办法虽对评级业的监管提出了较为细致的要求，但是仍属行政规章，法律位阶较低，适用范围相对有限，难以对评级机构形成有效约束。而零散的法律条文直接导致法律的空白点过多。特别是针对次贷危机后评级机构暴露出的主要问题如：对于评级机构的市场准入和退出、不正当竞争行为规制、利益冲突管理等方面的法规仍存在盲区，除此之外关于评级机构法律责任方面的强制性规定较少。

二、信用评级业的监管主体不明

我国信用评级业是伴随企业债券市场的发展而成长的，由于历史原因，企业债券根据发行主体的不同而归属不同的部门管理，因此，对评级业的监管也存在多头管理的问题。证券市场信用评级业务由中国证监会管理；银行间债券市场和信贷市场信用评级业务由人民银行管理。企业债券发行信用评级业务等则由国家发改委管理。因为管理部门不同，相应地管理要求也各不相同，从而监管标准不统一，出现“各自为政、政出多门”监管差别化的现象，评级机构、发行人和投资者无所适从，而监管领域的重叠也增加了监管的协调成本。统一的市场监管体系也无法建立，而评级行业本身就是一个绩效评估高度统一的行业，需要有统一的标准来衡量评级质量的高低，我国当前阶段这种多头管理方式毋庸置疑会阻碍行业的发展。

三、缺乏行业自律机制

从发达国家的经验来看，在评级行业的健康规范发展过程中，信用评级机构的行业自律至关重要。通过行业自律，有助于评级机构树立守法合规、诚信经营的经营理念，提升评级行业的整体形象，提高市场认同度和社会责任感；有助于增强社会各界对证券评级行业的认知和了解，使公众更加关注评级行业，增强社会监督，促进其健康发展。但在我国，信用评级行业自律机制尚未形成，诸多工作尚未开展起来。

第三节 我国信用评级业的发展前景

一、评级业所处的债券市场环境不断优化

信用评级业的发展与债券市场成熟度息息相关。债券市场的规模和品种数量直接决定了评级业务需求的大小。2008 年 1 月，国家发展改革委员会发布《关于推进企业债券市场发展、简化发行核准程序有关事项的通知》简化了企业债券发行环节，同时指出企业可发行无担保信用债券、资产抵押债券、第三方担保债券等，使得原有的强制担保制度打开缺口。国务院办公厅发布了《关于当前金融促进经济发展的若干意见》明确提出扩大债券发行规模，积极发展企业债、公司债、短期融资券和中期票据等债务融资工具。上述政策导向的转变，使得我国债券市场迎来突破性发展的良好机遇。

截至 2012 年底，我国债券市场余额为 26 万亿，其中，金融债券余额为 9.3 万亿，企业信用债余额为 7.8 万亿。① 我国已成为世界上债券

① 中国人民银行：《2013 中国金融年鉴》，中国金融年鉴杂志社有限公司 2013 年版，第 389 页。

市场发展速度较快的国家之一。债券融资的比重从2005年开始超过股票融资，2012年债券融资占直接融资的比重达到90%，成为直接融资的主渠道，债券市场的快速发展便利了企业债券融资，充分发挥了优化资源配置、支持实体经济发展的功效，并在金融危机期间对于国民经济稳定增长发挥了重要作用。而我国债券市场也开始由以少数、政府型、中央型、无信用风险、形式相对单一的债券为主，向以大量、企业型、地方型、有信用风险、形式多样的债券为主的方向转型。

目前，我国债券市场已有债券品种日趋多样，未来各类衍生金融工具还会陆续面世，债券市场的不断成熟和日益创新，使得评级业务需求不断增加，这必会进一步带动评级产品的创新。而作为债券市场基础制度建设中的重要组成部分，信用评级在防范信用风险、市场定价等方面的功能将会进一步强化。未来我国信用评级业具有广阔的发展空间。

二、信用评级业发展面临的政策环境不断完善

在产业层面，2006年1月，国务院下发了《关于发布实施〈促进产业结构调整暂行规定〉的决定》，并批准国家发展改革委员会配套发布《产业结构调整指导目录》。在鼓励类行业中第二十五项其他服务业的第三十二条，即为"资信调查与评级服务体系建设"，这一规定标志着中国的资信调查与信用评级服务业将有一个广阔的全新发展空间。2007年3月，国务院办公厅又发布了《关于社会信用体系建设的若干意见》，明确了我国信用体系建设的指导思想、目标和基本原则，指出要加快建设企业和个人信用服务体系。2011年，党的十七届六中全会对社会信用体系建设提出了更高的要求。根据这一新要求，人民银行联合联席会议各成员单位编制了《社会信用体系建设规划(2011—2015年)(送审稿)》上报国务院。

而在监管层面，评级业的监管正逐步规范。2008年7月，国务院办公厅以《关于印发中国人民银行主要职责、内设机构和人员编制规定的通知》的形式，赋予了人民银行"管理征信业，推动建立社会信用体

系”的职能，其具体职责进一步明确为“组织拟定征信业发展规划，规章制度级行业标准；拟定征信机构、业务管理办法及有关信用风险评价标准；建立金融征信统一平台，推进社会信用体系建设”。2008 年 11 月，国务院下发了《关于同意调整社会信用体系建设部际联席会议职责和成员单位的批复》，进一步明确了关于由人民银行牵头建立社会信用体系建设部际联席会议制度。2013 年 3 月，《征信业管理条例》正式实施，明确中国人民银行为征信业监督管理部门，信用评级业作为征信业子行业也步入了有法可依的轨道。

三、对信用评级业战略地位的认识正不断深化

应该说，次贷危机再次凸显了评级机构在金融体系中的重要作用，没有评级机构的高等级评级，或许很多次级抵押贷款支持债券的发行规模和发行成本都会大受影响，甚至直接影响到其能否发行成功。信用评级机构的作用已经不仅仅是传统意义上的消除信息不对称和信用鉴证了，而是直接在金融产品的定价权中占据重要地位。而对于资本市场定价权的掌握，将直接影响金融资本的流向与流量，引导市场按评级结果分配资源。因此，在以信用为基础的现代金融体系中，信用评级所具有的这种决定性的话语权使得信用评级已与国家金融主权和经济安全密切相关。美国主要评级机构在评级市场中的垄断地位，将其金融产品定价权的影响力扩展至国际资本市场，演化成美国推进其政治霸权和经济霸权的工具之一。基于这一认识，我们也就不难想见为何美国政府和立法、司法机构一直对评级机构呵护有加，在言论自由的保护伞下对评级机构的行为肆意纵容，并一直强调要通过“声誉资本机制”这一市场化手段对评级机构进行约束而不愿意采用严格的法律监管手段。

对于中国而言，由于信用评级业的落后，金融产品的定价权受制于人，直接导致长期以来，我国的信用级别被刻意压低，影响了我国政府和企业的国际形象，增大了海外融资成本。最为典型的是在我国主要国有商业银行上市过程中，由于评级较低，因而在引入境外战略投资者的

谈判中处于被动地位，入股价格偏低。世界银行在 2007 年 5 月 30 日公布的《中国经济季报》中明确指出：中国银行股被贱卖，问题并不在 IPO 环节，而是出在此前引入战略投资者的定价上。①

与此同时，由于对信用评级业缺乏正确的认识，在缺乏有效监管的情况下，三大评级机构在中国大肆兼并扩张。目前，中国排名前五的评级机构中除大公国际以外，其余四家已经或正在被美国评级机构所控制。他们一方面通过参与国内重大债务融资项目的评级，尝试通过主导中国金融市场定价权的方式渗控我国金融主权，实现美国的战略图谋。② 另一方面，由于评级涉及企业的全方位信息，如果评级为国外评级机构所垄断，则不可避免地相关技术信息和重大商业秘密乃至国家经济信息为评级机构所掌握，从而使得企业和国家在激烈的市场竞争中处于劣势，因此国外评级机构对国家经济技术信息安全的严重威胁也不容小觑。

通过全球金融危机，各国已经清晰地认识到由美国垄断的评级体系的弊端所在，纷纷通过强化监管体制来保护本土评级机构的发展以维护国家的经济主权和金融安全。2009 年 4 月，二十国集团(G20)伦敦峰会一致强调，必须对承担着信用评级功能的信用评级机构严加监管，所有的信用评级机构都必须注册，并且纳入金融监管范畴。俄罗斯总理普京呼吁要建立本土信用评级机构，加强对国际信用评级机构的监管。而早在亚洲金融危机后，亚洲各国就开始重视本国信用评级机构的发展，例如韩国是全球少数规定评级机构设立必须申请批准的国家，在 2006 年 7 月以前，一直不允许外国评级机构在韩国独立开展业务。并明确规定所有债券发行必须采用双评级制度，韩国国家信息和信用评估有限公司是指定的双评级机构之一。日本则通过出资支持其控制的亚洲评级协会扩大日本评级机构在亚洲的影响。印度证券交易委员会(SEBI)在 1999 年颁布了信用评级机构监管规则，建立了信用评级机构的注册模式并赋

① 吴红：《信用评级与金融安全》，《中国发展观察》2009 年第 1 期。

② http：//www. wyzxsx. com/Article/Class4/201004/143728. html，[2010-4-30]。

予了SEBI广泛的监管和处罚权限。到2007年12月，印度最大的评级机构Credit Rating Information Services of India Limited（CRISIL）共对由4600多家发行人发行的6797项债券，总额达3430亿美元的债券评级，同时还对马来西亚、以色列和加勒比海地区提供评级技术服务。这些迹象表明：信用评级业的发展正被提升到国家经济安全的战略层面，通过发展民族评级业，增强自身评级话语权以打破现行的由美国垄断的国际评级体系正在成为一种主流方向，这就为我国参与后金融危机时代的国际评级规则制定，争取国际评级话语权，创造了一个难得的历史性机遇。国内的有识之士对此也纷纷提出相关建议。财政部部长助理朱光耀在2007年9月出席中日韩信用评级论坛的代表在发言中表示："亚洲国家应当根据自身国情发展本国的信用评级业，建立民族的评级事业。"①人民银行前副行长吴晓灵在2009年5月出席陆家嘴论坛时指出："此次金融危机使人们充分地认识到了信用评级工作在资本市场稳健运行中的重要作用，而信用评级制度和信用评级机构在中国的发展是薄弱环节。要加快自身金融的发展，其中一个方面就是要发展本国的信用评级事业。"②2009年5月，人民银行副行长苏宁在第六届中国信用评级发展前景论坛上强调，信用评级业的发展关系着国家经济金融的稳定，关系着我国在国际经济金融体系的话语权，我们要按照胡锦涛主席在G20伦敦会议上提出的"完善评级机构行为准则和监管制度"的要求，全面推动社会信用体系建设。要认真总结吸收国内外信用评级管理的经验，促进评级机构提高竞争力和公信力，逐步建立并完善我国的信用评级管理体系。③ 中央财经领导小组办公室吴红亦指出："为了维护中国的金融主权、保证金融市场的健康发展、确保国家经济技术信息安全，

---

① http：//www.sdiia.gov.cn/yznews/showdetail.aspx？id = 12716，［2009-11-15］。

② http：//www.sh.xinhuanet.com/zhuanti2009/2009-05/15/content_16541082.htm，［2009-11-15］。

③ http：//finance.ce.cn/bank/scroll/200905/22/t20090522 _ 14602496.shtml，［2009-11-15］。

我们必须建立强大的民族信用评级机构，以争取中国在国际评级领域的话语权地位，为中国企业进入国际资本市场发放通行证。”①因此，为了确保中国在未来全球竞争中保持强大的国际竞争力，顺利实施中国企业的“走出去”战略和中国“和平崛起”的国家战略，有必要从战略角度重视民族信用评级业的发展，从而实现国内资本市场的健康发展和增强中国在国际金融服务市场中的话语权。

第四节　完善我国信用评级机构监管的思路

在后金融危机时代，大力发展民族信用评级业已成为完善我国信用体系建设和金融市场建设刻不容缓的重大任务。而纵观国际评级业的发展历史，其规范发展既离不开市场的声誉机制约束，也离不开有效的法律监管机制。在强化对评级业的法律监管已成为全球共识的背景下，如何吸取国际经验，构建符合我国国情的信用评级机构监管法律制度是我们面临的重要课题。而作为金融市场的重要中介组织，信用评级业的发展与一国的政治文化背景和经济发展历程息息相关，没有任何国家的信用评级业的发展历程相同，因此，我国信用评级业的发展必须根据我国的社会经济发展实际来制定发展策略，而不能简单照搬国外的经验。信用评级业的法律监管也不例外。笔者建议从以下几个方面强化评级监管制度的建设。

一、制定完善多层次的信用评级监管法律体系

严格的信用评级立法是信用评级监管职能的法律保证和必要基础。因此，应尽快建立和完善信用评级业法律法规体系，使得评级机构的设立、运作和推出有法可依，有章可循。具体而言，信用评级业的法律法

① 吴红：《信用评级与金融安全》，《中国发展观察》2009年第1期。

规体系应包括四个层次：

一是制定有关信用管理方面的法律法规。信用评级作为信用管理业的重要组成部分，其规范发展离不开信用管理法律体系的建设。美国作为全球信用管理最为发达的国家，先后就信用管理颁布了十余部法律，共同交织构成了美国国家信用管理体系有效运转的法律环境。正是在这样的法律环境下，信用评级业得以不断发展壮大。但我国由于处在市场经济初级阶段，社会信用意识淡薄，信用管理立法尚属空白，迄今为止没有一部全国性的信用管理法规。而且，由于信用制度是涉及社会发展、经济繁荣的基本制度，根据《立法法》的规定，应当由法律树立其应有的权威。因此应加强信用管理基本法律的制定任务紧迫。

二是制定专门的就评级业务的准入、业务规范和违规处罚等问题进行规定的行政法规。此法应作为信用评级机构监管的基本法。一方面应在明确评级法律关系中各主体权利和义务的基础上，规定评级监管部门的职能和权限，以及评级不当和监管不当所应承担的法律责任，使信用评级和监管过程中的各项权利义务争议都有法可依。另一方面，应重点增加对评级流程和方法的检查评估，严格执行信息披露要求，建立评级结果跟踪和问责机制，保证评级机构权责对称等，从而实现提高评级质量、保护投资者的立法目标。

三是由各监管部门根据实际情况制定具体的评级业务开展的部门规章。由于评级的类型种类繁多，在目前金融分业监管的体制下，在不同领域的监管职能部门应制定符合本行业特点的具体的评级业务监管规章，使其在监管过程中更具可操作性。人民银行出台《信用评级管理指导意见》和证监会出台的《证券市场资信评级业务管理暂行办法》正是此类规章的有益尝试；

四是监管部门出台更为细化的标准、规范和行为指南等行业发展的指导性文件。如果说前面三项法律和规章构成了评级监管法律体系的躯干的话，那么各类标准、指南和规范则为这副躯干理清了脉络，充实了血肉。由于金融创新的不断涌现，相应的评级业务创新也很频繁，因此在保持法律法规相对稳定的前提下，监管部门应及时对新形式和新变化发布更为细致的规范、指南，有利于监管机构对评级领域的监管更加灵活、深入、细致和完善。通过现行法规配合即可对评级机构的执业质量进行有效监督，亦可更加明确界定评级机构的法律责任。

二、明确发展与监管并重的监管目标

从晚近主要发达国家对评级业监管的法律变革来看，美国和欧盟在监管目标上还是存在明显差异的。美国更加注重为产业注入更多的竞争，试图通过市场约束来实现评级质量的提高。而欧盟则旨在提高现有信用评级监管水平，改善评级质量，从而恢复投资者信心和加强投资者保护。从我国大力发展民族评级业的迫切性和当前评级机构发展的艰难性来看，采取后一种模式应是明智的选择。政府部门应当扮演评级市场的有力推动者和监管者的双重角色。如果一味只讲发展不讲监管，则可能重蹈个别社会中介业出现行业性诚信危机的覆辙而失去信用评级业应有的社会功能；而只讲监管不讲发展，则可能使我国的社会信用体系建设继续严重滞后，延误经济发展的大好时机。因此，发展与监管并重，边培育市场发展信用评级业，边实施有效的监督和管理无疑是我国信用评级业监管的最优选择。① 一方面，基于国家金融安全的战略考虑，应出台相关法律法规，严格控制评级行业中的外资持股比例，严格限制外资评级机构开展涉及国家经济安全的敏感性行业的信用评级业务。另一方面，在人民币债券发行业务、跨境贸易人民币结算试点、人民币离岸金融等业务中，规定必须由一家民族评级机构提供评级服务，并尽快建立“双评级”制度，对同一发行主体由国内具有相应业务资格的两家评级机构进行评级，并同时发布评级报告和结果。对于外资评级机构参与的、不涉及国家经济技术安全的评级业务，必须同时有一家民族评级机构提供评级服务，从而增加评级市场的有效需求，加快民族评级机构的

① 欧志伟，萧维等：《中国资信评级制度建设方略》，上海财经大学出版社2005年版，第113页。

发展步伐。

三、确定以法律监管为主，市场约束为辅的监管模式

纵观世界各国对于评级机构的监管，大体上可分为两类，一类是以美国为代表的市场竞争为主的政府干预模式，另一类是本土评级机构和评级市场完全是在政府大力推动下建立和发展起来的，金融监管机构对评级市场一直进行严密的监管，例如韩国、印度、智利等国家。从评级监管的历史看，前一类监管模式一直在全球占据主导地位。但因为评级机构近年来特别是在次贷危机中的糟糕表现，以及评级机构在现代金融市场上发挥着越来越重要的作用的事实，前一类市场的监管机构已经或正在考虑对当地评级市场和机构采取更为严格的监管措施。以政府法律监管为主、市场约束机制监管为辅的模式正成为世界各国的共同选择。由于我国处在市场经济的初级阶段，社会信用体系尚未有效建立，加之评级业还较为羸弱，市场对评级的有效需求不足，导致以声誉资本为基础的市场约束监管模式缺乏相应的制度环境，因此，在这种背景下，以政府为主导的法律监管会比市场监管更为有效，总成本更低，是实现社会整体效益最大化的必然选择。

与此同时，还应尽快建全行业自律机制。信用评级机构提供的是信用服务，良好的诚信水平是行业生存和发展的基础，而自律是实现行业诚信的重要保障。行业自律是在行业中各参与主体在共同价值观基础上的自觉规范行为。行业自律包括两个方面，一方面是行业内对国家法律、法规政策的遵守和贯彻，另一方面是用行业内的行规行约制约自己的行为。行业自律性组织则是促使这些共同的价值观得以充分贯彻执行的组织协调机构。① 以行业协会为代表的行业自律性组织的建设是提高信用评级质量的重要支柱。我国这方面工作已经起步。2007 年 8 月，

---

① 植凤寅：《信用评级机构行为准则和监管制度亟待完善》，《中国金融》2009 年第 12 期。

中国证监会发布《证券市场资信评级业务管理暂行办法》后，五家获准从事证券市场资信评级业务的机构均已加入中国证券业协会。① 证券业协会为了推进自律管理工作，在网站上公示了5家证券资信评级机构的信用等级划分及定义、评级方法、评级程序等信息，提高了透明度，并探索建立了证券评级机构信息管理系统。2008年9月，中国人民银行协调5家主要评级机构共同发起成立了国内第一家信用评级行业协会——深圳市信用评级协会，协会在推动行业规范、加强评级人员培训等方面发挥重要作用。在行业协会逐步建立和规范的基础上，监管部门应建立与行业协会的监管协商机制，就监管问题进行经常性的沟通和磋商，以分析行业发展的需求、反映行业动态、制定行业发展的指导性规定和政策，促进行业的规范发展。

四、建立统一的监管组织体系，确定合理的监管范围

目前，对于信用评级机构监管的主体大致有两种类型，一种是以美国为代表的直接融资的发达国家，由证券监管机构为主体负责对信用评级机构进行监管。一种是间接融资为主的国家，在《巴塞尔新资本协议》的倡导下，倾向于由银行监管机构为主体负责对信用评级机构的监管。如前文所述，我国目前的多元化分散的监管模式已不利于信用评级业的健康发展。鉴于评级产品的广泛性、现有的多元化的监管模式以及人民银行在征信领域的主导地位，笔者认为可以借鉴金融控股集团的伞状监管模式，即由人民银行牵头制定统一的监管标准，并负责全局性的监管协调任务，其他各个监管部门负责管本行业范围内具体监管的实施。这种“1+X”的伞形监管模式，可以有效避免“各自为政、政出多门”的监管差别化现象，同时也可避免出现监管盲区，提升对信用评级

① 这五家机构是中诚信证券评估有限公司、上海新世纪资信评估投资服务有限公司、鹏元资信评估有限公司、大公国际资信评估有限公司、联合信用评级有限公司。

行业的整体监管效率，并减少评级机构的合规成本。

在此基础上，监管机构应当确定合理的监管范围。从目前的评级机构监管的趋势来看，监管当局一般不对信用评级机构的评级方法、评级模型和评级技术进行干预，而是将合理的评级程序、严格的内部控制机制、完善的避免利益冲突制度和规范的信息披露机制作为监管的主要内容。同时加大对评级机构滥用市场地位、扰乱市场竞争秩序和提供虚假评级等行为的法律责任。因此，我国应着力加强以信息透明度为核心的监管体系建设，不断提高市场透明度，防范市场系统风险。同时注重制定合理的准入退出标准、持续性经营的监管规范和严格的法律责任，确保评级机构的规范运营。

(一) 市场准入方面

由于评级业是具有自然垄断性的高度集中行业，因此，在行业发展初期过分的市场竞争会浪费大量的社会资源。评级业后发国家如韩国、印度的发展经验也表明，通过合理的市场准入条件设定，能够有效提高评级质量并促进评级业的有效竞争。我国信用评级行业目前多处于小而散、评级人员素质低的发展初期，而我国社会信用制度建设和金融市场的发展迫切需要迅速培育壮大民族评级机构，综合考虑上述因素，如果准入门槛过高，会因竞争不足而不利于评级业的健康发展；准入门槛过低，则会引发恶性竞争，不利于市场的相对集中。

第一，应当明确官方认可的具体条件，主要应以资本金要求、人员的素质和结构、科学的评级体系、严谨合理的流程和健全的质量约束内控制度四项要件作为准入标准。

由于信用评级业是一个知识密集型行业，主要依靠评级分析师广博的知识和丰富的经验来开展评级，而一旦分析师出现失误，就会导致评级失准。所以对评级业从业人员的业务素质和职业道德修养提出较高的要求。因此，从这一角度而言，在准入条件中对人员素质的要求应胜过对资本金的要求。分析师的素质应是认可资格的一项重要指标。因此，作为评级机构准入制度的重要一环，我国还急需建立评级分析师的资格认证和年审制度，可以参考银行业、证券业从业人员资格管理的模式，设立专门的评级从业人员资格考试，评级分析师应当通过专业考试后方能执业上岗，而评级机构应当具备一定数量的评级分析师方能获得认可。同时还应建立专门的年审制度，强化对其执业操守的约束。

第二，应明确合理的准入审核程序规则，如：应当列明审核所需材料的详细清单；应建立合理的审核流程和时间限定等；应对准入审核未获通过的评级机构提供相应的复议程序；应明确取消认可资格的具体条件；为了适当增加评级业的竞争，还可考虑实行“储备认可”制度，对尚不满足全部条件的评级机构设定一个考察期，在此期间，该评级机构可享有与认可的评级机构相近的市场地位，通过考察其评级行为与程序，如果被证明是可靠的，则可在考察期满后正式获得官方的认可。上述与认可制度有关的信息，必须向社会公开，以确保认可过程的透明度和公信力。①

第三，应明确国外评级机构的准入政策。鉴于评级机构在资本市场的重要地位，此次危机后，各国都十分重视发展本国评级机构，限制外国评级机构进入以维护本国金融安全。比如，欧盟通过背书和认证程序来限制非欧盟评级机构评级的使用；韩国通过双评级制度扶持本国的国家信息和信用评估有限公司；马来西亚规定由其唯一的本土机构对本币债券发行进行评级。因此我国也应高度重视这一问题。具体而言可以采取以下措施：(1)限制国外评级机构参股国内评级机构的比例。可以参照外资金融机构入股中资银行的比例不得超过25%的规定予以限制，并不得直接或间接取得经营控制权。(2)明确限制外资评级机构的评级业务范围，凡涉及国家经济主权和安全的领域，严禁国外评级机构参与。(3)借鉴“双评级”制度，规定国外评级机构参与的评级必须同时至

---

① 柳永明：《美国对信用评级机构的监管争论与启示》，《上海金融》2007年第12期，第61页。

少有一家本国的评级机构出具评级报告。①

(二)持续性监管方面

第一，应制定统一的信用评级机构执业准则。在这一方面，可以参照发达国家的做法，以国际证监会组织新修订的《信用评级机构基本行为准则》为蓝本，打破行业限制，围绕评级质量控制体系、利益冲突管理、信息披露和保密等核心内容制定一部统一的评级机构执业标准。一方面通过要求评级机构引用该标准来制定内部行为准则，另一方面，逐步将该标准的内容纳入相关监管法规、制度的要求中，从而加强对信用评级业务的日常管理，督促评级机构不断完善内部业务规范，有效地规范评级机构运作程序和评级人员执业操守，不断提高信用评级结果的可靠性和可信度，推进评级行业公信力的树立。

第二，应进一步细化避免利益冲突的要求。在《信贷市场和银行间债券市场信用评级规范》中仅提及评级机构应建立业务回避制度，回避存在利益冲突的评级客户，但并未对利益冲突关系作出明确界定。而《证券市场资信评级业务管理暂行办法》第十一条规定评级机构与受评级机构或者受评级证券发行人有关联关系时应禁止评级；第十二条规定证券评级机构应当建立回避制度。对于本人或直系亲属存在持有被评级机构的证券、在被评级机构任职、与被评级机构有关联关系等情况下应当回避。与美欧等国的监管规则相比，所列举的利益冲突范围过窄，特别是对发行人付费情况下，评级机构面临的利益冲突并未提出规范性的要求，因此，应进一步细化对不同类型利益冲突的管理要求，完善利益冲突识别，管理和披露制度，从而保证评级过程的独立、公正和提高评级质量。

第三，要强化对评级机构信息披露的要求，通过评级信息的充分披

---

① 《美国渗控我国信用评级业严重威胁国家金融经济安全的研究报告》课题组：《美国控制我 2/3 信用评级市场　严重威胁国家金融主权和经济安全》，《经济参考报》2010 年 4 月 12 日第 008 版。

露来促进市场各方对评级质量的监督。目前我国监管规则中只提出了评级结果公布制度，对于评级方法和过程的信息披露要求并不明确，这一方面加大了对评级机构有效监管的难度，另一方面也限制了市场各方对信用评级的认识和对评级机构评级质量的监督。因此，应尽快建立评级机构的一般披露和定期披露制度，逐步扩大披露内容和披露范围，通过强制要求披露评级的程序、各种潜在或现实的利益冲突，评级结果的历史表现情况等内容，将可能对评级结果的独立性、客观性产生影响的因素公布出来，让投资者自己对评级结果的可信度作出独立判断并使评级结果接受市场各方的评价与监督。而监管部门也可以通过评级机构历史表现情况的披露，逐步建立以违约率为核心的评级结果事后监督机制，以此为依据可对评级质量不能达到监管要求的评级机构施行强制的优胜劣汰，实现对评级机构科学的“评级”。人民银行作为监管主体，应充分发挥其在信用数据库建设方面的优势，逐步建立以违约率为标准的检验平台，设计合理的评级质量考核评估体系，方便投资者对评级机构的比较和选择，使得评级机构的惩罚退出机制有章可循，有据可依，从而实现强化监管，规范评级市场发展的目标。

（三）法律责任方面

目前我国关于信用评级的法律责任主要集中在行政责任和刑事责任层面，而民事责任的规定很少并缺乏可操作性，主要还是依靠《证券法》第173条“有虚假记载、误导性陈述或者重大遗漏，给他人造成损失的，应当承担连带责任”的规定。就行政处罚而言，处罚手段侧重于罚款和警告，相较于违法行为所获得的巨额收益，行政责任的惩罚功能和预防功能明显被削弱。最具效力的市场禁入制度又面临法律定位的尴尬和执行力不足的困境。① 再加上刑事责任条款因其严厉性而极少启

---

① 证券市场禁入从性质上属于行政处罚的范畴，但我国现有的行政法规没有类似的规定，且超出了《行政处罚法》设定的处罚种类。而中国证监会颁布《证券市场禁入暂行规定》属于证监会的内部文件，证监会作为国务院授权的监管机构，不能以文件形式设定行政处罚。

用，因此，从效果而言，目前我国证券立法对于评级市场上的违法行为制约效果不佳。强化评级机构民事责任的任务十分迫切。

一是尽快参照 IOSCO 制定的评级机构行为准则制定我国评级机构统一的执业标准。将评级机构是否遵循法定的程序和严格执行执业标准作为判定评级机构是否应对评级结果承担责任的关键因素，这样，既能为民事责任的认定提供更具说服力的标准；也能对将来国际评级机构来华执业的监管适用国际标准，提高监管的规范性和有效性；同时也可以据此要求国内评级机构不断提高执业水平，提高其国际竞争力，打造具有国际影响的民族信用评级品牌。

二是合理界定评级机构民事责任的范围，特别是对于利益相关第三人的民事责任(即未购买、订阅而使用公开发布评级报告的其他投资人)。笔者认为，可将民事责任界定在“已预知的报告使用人”中，即指评级机构在提供评级报告之前已经被告知或明确知道的使用者。特别是在那些基于监管目的而公开发表使用评级报告的情况下，如评级报告用于公开发行债券的说明书中，则在公开发行后，在评级报告错误存续期间内购买该债券的投资者就是已预知的第三人。从而实现对评级信息使用者权益保护程度和对评级机构法律责任承担程度之间的平衡。

三是在归责原则方面，应遵循我国《民法通则》确定的对于侵权责任以过错责任为原则，无过错责任为例外的精神，以过错推定原则作为评级机构的归责原则。投资者只需要证实评级机构的评级报告存在错误或虚假陈述，除非评级机构能够证明自己主观上没有过错，否则就应当承担侵权损害赔偿责任。

五、加强监管的国际协调与合作

评级机构跨国经营已成为大型评级机构的普遍选择，但由于各国无论在监管目标、监管体制或是在监管方式和监管手段上往往都存在较大差异，一旦监管机构在信息分享上存在认识和制度上的偏差，实践上就很容易产生法律适用上的冲突与摩擦。因此，我国的评级机构监管当局要主动参与国际性(如IOSCO)和区域性(如ACRAA)组织关于评级机构执业规范和监管标准的制定，使得国际标准的制定更加符合我国的实际。同时还应加强与他国监管当局，特别是在我国设立分支机构的跨国评级机构的母国监管当局之间的双边或多边信息共享与合作的程序性安排，通过签署谅解备忘录等方式减少监管摩擦，充分发挥东道国和母国监管法律制度的双重作用，消除管辖权冲突，填补监管漏洞，实现对跨国评级机构的有效监管。

本章小结

随着我国金融市场的不断发展和日益完善，以及社会信用体系建设进一步加强，我国信用评级业的战略地位日渐突出，因此，建立起与我国经济社会发展相适应的，较成熟的信用评级监管模式，形成稳定、有序的信用评级行业格局，是促进信用评级业规范、可持续发展的重要环节。监管当局一方面要对评级机构的运行机制和评级人员的执业行为建立起强有力的法律制度约束，对违背公正、客观、独立准则的机构和人员施以严厉处罚，甚至强制其退出市场；另一方面，监管部门还应积极推动建立优胜劣汰的市场机制，让评级质量好的评级机构逐步壮大，而让那些评级水平低、可靠性差甚至依靠卖等级生存的机构自动淘汰出这一市场。同时，监管必须与社会、市场的约束、行业自律等相互协调，共同发挥作用，使得我国民族信用评级机构尽快强大起来，增强我国在国际评级领域的话语权。

参考文献

一、中文著作

1. [日]黑泽孝义，梁建华等译．债券评级[M]．北京：中国金融出版社，1991.
2. [美]理查德·比特纳，覃杨眉等译．贪婪、欺诈和无知：美国次贷危机真相[M]．北京：中信出版社，2008.
3. [美]约翰·C. 科菲．黄辉、王长河等译．看门人机制：市场中介与公司治理[M]．北京：北京大学出版社，2011.
4. [英]克恩·亚历山大，拉胡尔·都莫，约翰·伊特威尔，赵彦志译．金融体系的全球治理：系统性风险的国际监管[M]．大连：东北财经大学出版社，2010.
5. 次贷风波研究课题组．次贷风波启示录[M]．北京：中国金融出版社，2008.
6. 高汉．金融创新背景下的信用评级及监管的法律经济学分析[M]．北京：法律出版社，2012.
7. 郭敏华．信用评级[M]．北京：中国人民大学出版社，2004.
8. 洪玫．资信评级[M]．北京：中国人民大学出版社，2006.
9. 李国民．美国金融危机的成因与教训——基于估值、保证金、杠杆和流动性角度分析[M]．北京：中国经济出版社，2010.
10. 李信宏．信用评级[M]．北京：中国人民大学出版社，2006.
11. 李振宇．资信评级原理[M]．北京：中国方正出版社，2003.

12. 刘汉林．企业声誉资本研究[M]．北京：知识产权出版社，2010.
13. 欧志伟．中国资信评级制度建设方略[M]．上海：上海财经大学出版社，2005.
14. 盛世平．美国证券评级机构的法律责任[M]．南京：南京大学出版社，2005.
15. 石新武．资信评估的理论和方法[M]．北京：经济管理出版社，2002.
16. 文建秀．证券市场信息披露中注册会计师的法律责任[M]．北京：法律出版社，2003.
17. 夏敏仁，林汉川．企业信用评级——基于国外经验的中国体系研究[M]．上海：上海财经大学出版社，2006.
18. 谢怀拭等．合同法原理[M]．北京：法律出版社，1999.
19. 赵磊等．信用评级失灵的法律治理——美国次贷危机对中国的启示[M]．北京：中国政法大学出版社，2013.
20. 张路．从金融危机审视华尔街改革与消费者保护法[M]．北京：法律出版社，2011.
21. 张民安．过错侵权责任制度研究[M]．北京：中国政法大学出版社，2002.
22. 中国银行国际金融研究所课题组．新一轮市场化改革——“十二五”金融改革热点探讨[M]．北京：人民出版社，2010.
23. 中国人民银行．2013 中国金融年鉴[M]．北京：中国金融年鉴杂志社有限公司，2013.
24. 朱荣恩等．资信评级[M]．北京：中国时代经济出版社，2006.

二、中文论文

1. 陈虹．国际信用评级改革任重道远[J]．中国金融家，2011(10).
2. 陈三毛．美国信用评级业及其未来的监管政策调整[J]．投资与证券，2009(7).

3. 陈怡西．证券信用评级法律制度研究[D]．重庆：西南政法大学经济法学院，2008.

4. 陈颖．透过金融危机审视外部信用评级监管[J]．中国金融，2009(22).

5. 陈游．次级债危机对发展我国信用评级的启示[J]．统计与决策，2009(6).

6. 程合红．信用评级是发展公司债券市场的重要民事法律保障机制[N]．上海证券报，2007-3-20.

7. 楚建会．美国信用评级机构反垄断规制研究[J]．经济研究导刊，2011(1).

8. 段斌，马晓洁．我国信用评级业存在问题分析及政策建议[J]．现代管理科学，2009(12).

9. 甘靓．我国企业债券信用评级问题的研究[D]．上海：华东师范大学金融与统计学院，2009.

10. 高汉．金融危机背景下的信用评级机构监管问题分析[J]．河南师范大学学报(哲学社会科学版)，2009(11).

11. 龚宇．美国信用评级业监管体制变迁——“次贷危机”下的反思[J]．证券市场导报，2008(7).

12. 管晓峰．完善信用评级业法律规范研究[J]．中国金融，2006(16).

13. 何伟，周晓志．中国信用评级机构发展状况分析[J]．上海金融，2009(5).

14. 贺晓波，李杨．全球次级债危机对我国债券市场信用评级的启示[J]．现代财经(天津财经大学学报)，2008(4).

15. 黄良波．次贷危机对我国信用评级机构规范与发展的启示[J]．中国金融，2009(2).

16. 黄润源，刘迎霜：公司债券信用评级法律关系解析——以美国债券评级制度为模本[J]．学术论坛，2008(1).

17. 黄正威．运用信用评级手段完善金融监管体系[J]．金融研究，2001(11).

18. 江涌．国际三大信用评级公司透视[J]. 求是，2006(9).
19. 姜浩端，米建国．信用评级机构助推金融危机[N]. 中国经济时报，2009-4-15.
20. 姜天怡．信用评级的危机[J]. 黑龙江金融，2009(1).
21. 景学成，李德，王建华．我国信用评级机构的现状和发展前景[J]. 中国金融，2003 (21).
22. 鞠荣华．我国资信评级行业的制度供给：现状、问题及规制[J]. 中国金融，2004 (12).
23. 李曜崇．对信用评等做法制评等——台湾与美国信用评等机构法制建构之比较研究[J]. 台湾致理法学，2012(1).
24. 李增福．信用评级收费模式：机制与选择[J]. 上海金融，2008(1).
25. 刘铭．中国证券信用评级业发展研究[D]. 南京：南京师范大学商学院，2007.
26. 刘迎霜．公司债：法理与制度——以我国公司债法律制度梳理为中心[D]. 上海：华东政法大学经济法学院，2008.
27. 刘迎霜．“发行方付费”模式下的信用评级法律谜局解析[J]. 法律科学，2011(6).
28. 柳永明．美国对信用评级机构的监管—争论与启示[J]. 上海金融，2008(1).
29. 龙飞．证券投资咨询中的民事责任研究[D]. 长沙：中南大学法学院，2007.
30. 罗培新．后金融危机时代信用评级机构法律责任之完善[J]. 法学杂志，2009(7).
31. 罗平．从次贷危机看我国评级机构的监管[J]. 中国金融，2009(7).
32. 糜佳．法规与标准双管齐下监管评级市场[J]. 金融电子化，2007(3).
33. 倪受彬．施丹婷．金融危机背景下信用评级机构的法律责任问题初探[J]. 社会科学，2009(8).
34. 聂飞舟．美国信用评级机构法律监管演变与发展动向——多德法案前后[J]. 比较法研究，2011(4).
35. 聂飞舟. 信用评级机构法律监管困境及金融危机后的改革出路[J]. 法学，2011(3).
36. 彭宇松. 美欧信用评级监管体制改革及启示[J]. 中国金融，2009(14).
37. 彭秀坤. 国际社会信用评级机构规制及其改革研究[D]. 苏州：苏州大学法学院，2012.
38. 石友蓉，赵威. 次贷危机中信用评级机构问题研究[J]. 武汉理工大学学报(信息与管理工程版)，2009.
39. 史健忠. 次贷危机中评级机构的角色及影响[J]. 上海金融，2008(9).
40. 史庭怡. 我国信用评级披露制度研究[J]. 中国外资，2009(5).
41. 宋倩. 我国信用问题评级研究——美国次贷危机的启示[D]. 上海：华东师范大学金融与统计学院，2009.
42. 孙海荣. 国内信用评级机构监管准入条件的研究[J]. 经济研究导刊，2011(10).
43. 田薇琪. 证券中介机构虚假陈述对第三者的法律责任[D]. 重庆：西南政法大学经济法学院，2007.
44. 王晓丽. 欧盟对信用评级机构的立法监管及新动向[J]. 欧洲研究，2012(4).
45. 王彦鹏. 管控的失语与权力的高歌——美国信用评级机构助推次贷危机根源论[J]. 金融法苑，2009(1).
46. 王玉梅，张婷. 对信用评级的再审视——基于美国次贷危机的思考[J]. 商业会计，2009(7).
47. 王月. 从金融危机审视证券信用评级机构法律规制的缺失[J]. 经济视角，2009(6).
48. 王周伟. 国际信用评级业的规范化发展及启示[J]. 特区经济，2005(9).
49. 吴风云，赵静梅. 论美国证券信用评级霸权[J]. 世界经济，2005

(2).
50. 吴红．信用评级与金融安全[J]．中国发展观察，2009(1).
51. 吴晶妹，王欣妍．信用评级业：创新、升级、信用监管[J]．农村金融研究，2011(2).
52. 吴志攀．华尔街金融危机中的法律问题[J]．法学，2008(12).
53. 谢平，许国平，李德．运用信用评级原理加强金融监管[J]．管理世界，2001(1).
54. 姚煜．中国信用评级行业发展方向研究——兼论鹏元资信的战略制定[D]．上海交通大学 MBA 学位论文，2008.
55. 应娟．美国信用评级机构问题何在[N]．第一财经日报，2008-7-29.
56. 于洪辉．美国信用评级机构的“功”与“过”[J]．中国货币市场，2009(2).
57. 袁敏．美国评级业监管发展动向及述评[J]．证券市场导报，2008(1)
58. 袁敏．次贷危机、资信评级与评级质量改进[J]．证券市场导报，2008(12).
59. 岳振宇．危机下的反思：失信的信用评级及其制度完善[J]．证券市场导报，2009(9).
60. 翟伟峰，钟道国．信用评级机构行为与次贷危机[J]．经济与管理，2009(3).
61. 龙艳阳．信用评级机构民事责任研究[D]．金华：浙江师范大学法政经济学院，2011.
62. 张大土．金融危机时代 审视信用评级——“金融危机后信用评级的地位与作用”论坛综述[J]．商业文化，2009(1).
63. 张强，张宝．次贷危机视角下对信用评级机构监管的重新思考[J]．中央财经大学学报，2009(5).
64. 张为国，沈振宇．从削弱利益冲突入手规范资信评级业[N]．中国证券报，2003-12-8.
65. 张维，邱勇，熊熊．国际资信评级业监管模式及其借鉴[J]．国际金融研究，2007(9).
66. 张学安，金文杰．后危机时代信用评级机构利益冲突法律规制研究[J]. 征信，2012(4).
67. 张愈强．信用评级的国际实践及其对中国的借鉴[J]. 信用评级研究，2006 (38).
68. 郑杨．论金融市场信用评级及其法制建设[J]. 中国货币市场，2007(8).
69. 植凤寅．信用评级机构行为准则和监管制度亟待完善[J]. 中国金融，2009(12).
70. 中国人民银行天津分行课题组．我国信用评级机构监管问题研究[J]. 华北金融，2009(2)
71. 中国人民银行驻美洲代表处．美国次贷风暴中评级机构的问题和启示[J]. 中国金融，2007(19).
72. 中央国债登记结算公司债券信息部．2009 年债券市场年度分析报告[R]. 2010-1.
73. 朱顺泉．我国资信评级中存在问题及对策[J]. 经济论坛. 2004 (20).
74. 朱志强等．我国信用评级机构监管问题研究[J]. 华北金融，2009 (2).

三、英文论文

1. Ammer, John, Nathanael Clinton. Good News is No News? The Impact of Credit Rating Changes on the Pricing of Asset-Backed Securities [R]. Board of Governors of the Federal Reserve System International Finance Discussion Paper, No. 809, 2004.
2. Asgharian, Hossein. Reformation of the Credit Rating Industry—Is There a Need? [D]. Lund University School of Economics and Management, 2005.

3. Beaver, William H. , Catherine Shakespeare, Mark T. Soliman. Differential Properties in the Ratings of Certified vs. Non-Certified Bond Rating Agencies[J]. Journal of Accounting and Economics, 2006, 42 (3): 303-334.

4. Behr, Patrick, André Güttler. Does the Stock Market React to Unsolicited Ratings? [J]. Universität Frankfurt, Working Paper Series Finance and Accounting, No. 163, 2006.

5. BIS. The Role of Ratings in Structured Finance: Issues and Implications, 2005.

6. Blaurock, Uwe. Control and Responsibility of Credit Rating Agencies - General Report [J]. XVIIth Congress of the International Academy of Comparative Law Utrecht, 2006.

7. Boot, Arnoud W. A. , Todd T. Milbourn, Anjolein Schmeits. Credit Ratings as Coordination Mechanisms[J]. Review of Financial Studies, 2006, 19 (1): 81-118.

8. Bottini, Francis A. An Examination of the Current Status of Rating Agencies and Proposals for Limited Oversight of Such Agencies[J]. San Diego Law Review, 1993, 30: 579-620.

9. Brigitte Haar. Civil Liability of Credit Rating Agencies After CRA 3[R], 2014: 315-334.

10. Brookfield, David and Phillip Ormrod. Credit Agency Regulation and the Impact of Credit Ratings in the International Bond Market[J]. European Journal of Finance, 2000, 6 (4): 311-331.

11. Cantor, Richard and Frank Packer. Multiple Ratings and Credit Standards: Differences of Opinion and Selection Bias in the Credit Rating Industry [R]. Federal Reserve Bank of New York Staff Reports No. 12, 1996.

12. Cantwell, Joseph. Managing Credit Ratings and Rating Agency Relationships[J]. Treasury Management Association Journal, 1998:

1-22.

13. CESR (Committee of European Securities Regulators). Public Statement-Update on CESR's Dialogue with Credit Rating Agencies to Review how the IOSCO Code of Conduct is Being Implemented. Ref: 06-220, 2006a.
14. CESR (Committee of European Securities Regulators). Public Statement-Update on CESR's Dialogue with Credit Rating Agencies to Review how the IOSCO Code of Conduct is Being Implemented (Annexes). Ref: 06-220 Annexes, 2006b.
15. Champsaur, Amélie. The Regulation of Credit Rating Agencies in the U. S. and the E. U.: Recent Initiatives and Proposals [J]. Seminar in International Finance, LL. M. Paper, Under the Supervision of Professor Howell E. Jackson, 2005.
16. Cox, Christopher. Testimony: The Role and Impact of Credit Rating Agencies on the Subprime Credit Markets [EB/OL]. http://www.sec.gov/news/testimony/2007/ts092607cc.htm. [2007-9-26].
17. David J. Reiss. Ratings Failure: The Need for A Consumer Protection Agenda in Rating Agency Regulation [J]. Brooklyn Law School Legal Studies Research Papers, 2009(154).
18. EU Parliament (European Parliament). Directive 2006-48-EC Relating to the Taking up and Pursuit of the Business of Credit Institutions (recast)-Capital Requirements Directive (CRD) part 1 [J]. Official Journal of the European Union, L 177, 2006.
19. Ferri, Giovanni and Li-gang Liu. How Do Global Credit-Rating Agencies Rate Firms From Developing Countries? [J]. Asian Economic Papers, 2003, 2(3): 30-56.
20. Fisch, Jacob. Rating the Raters[J]. Davis Business Law Journal, 2004, 5(3).
21. Frost, Carol Ann. Credit Rating Agencies in Capital Markets: A Review of Research Evidence on Selected Criticisms of the Agencies. 2006.

22. Gerke, Wolfgang, Ferdinand Mager, and Alexander Röhrs. Pension Funding, Insolvency Risk and the Rating of Corporations [J]. Schmalenbach Business Review, 2005, Special Issue 2: 35-64.

23. Hill, Claire A. Rating Agencies Behaving Badly: The Case of Enron[J]. Connecticut Law Review, 2003, 35: 1145-1155.

24. Hill, Claire A. Regulating the Rating Agencies[J]. Washington University Law Quarterly, 2004, 82: 42-95.

25. Hull, John C., Mirela Predescu, Alan White. The Relationship Between Credit Default Swap Spreads, Bond Yields, and Credit Rating Announcements[J]. Journal of Banking & Finance, 2004, 28 (11): 2789-2811.

26. Husisian, Gregory. What Standard of Care Should Govern the World's Shortest Editorials?: An Analysis of Bond Rating Agency Liability[J]. Cornell Law Review, 1990, 75 (2): 411-461.

27. Iris H-Y Chiu. Regulating Credit Rating Agencies in the EU: In Search of a Coherent Regulatory Regime. 2014 EBLR: 269-294.

28. Jackson, Howell E. The Role of Credit Rating Agencies in the Establishment of Capital Standards for Financial Institutions in a Global Economy, in Eilís Ferran, and Charles A. E. Goodhart, eds., Regulating Financial Services and Markets in the Twenty First Century. 2001, 311-322.

29. Jappelli, Tullio and Marco Pagano. Information Sharing in Credit Markets: A Survey[J]. CSEF Working Paper, 2000(36).

30. John C. Coffee, Jr. Brave New World?: The Impact(s) of the Internet on Modern Securities Regulation, 52 Bus. Law. 1999: 1195, 1210-13, 1232-33.

31. Johnson, Richard. Rating Agency Actions Around the Investment-Grade Boundary[J]. Journal of Fixed Income, 2004, 13 (4): 25-37.

32. Jorion, Philippe, Zhu Liu, Charles Shi. Informational Effects of

Regulation FD: Evidence From Rating Agencies[J]. Journal of Financial Economics, 2005, 76 (2): 309-330.

33. Kerwer, Dieter. Standardising as Governance: The Case of Credit Rating Agencies[M]. in Adrienne Héritier, ed. , Common Goods: Reinventing European and International Governance. Lanham, 2002a: 293-315.

34. Kerwer, Dieter. Rating Agencies Setting a Standard for Global Financial Markets [J]. Economic Sociology European Electronic Newsletter, 2002b, 3 (3): 40-46.

35. Kerwer, Dieter. Holding Global Regulators Accountable: The Case of Credit Rating Agencies[J]. Governance, 2005, 18 (3): 453-475.

36. Kliger, Doron and Oded H. Sarig. The Information Value of Bond Ratings[J]. Journal of Finance, 2000, 55 (6): 2879-2902.

37. Kräussl, Roman. Do Changes in Sovereign Credit Ratings Contribute to Financial Contagion in Emerging Market Crises? [J]. CFS Working Paper Series, 2003.

38. Kräussl, Roman. Do Credit Rating Agencies Add to the Dynamics of Emerging Market Crises? [J]. CFS Working Paper Series, 2003: http: //www. ifk-cfs. de/papers/03_18. pdf.

39. Kuhner, Christoph. Financial Rating Agencies: Are They Credible?: Insights into The Reporting Incentives of Rating Agencies in Times of Enhanced Systemic Risk[J]. Schmalenbach Business Review, 2001, 53 (1): 2-26.

40. Levich, Richard M. , Giovanni Majnoni, Carmen M. Reinhart. Ratings, Rating Agencies and the Global Financial System. 2002.

41. Micu, Marian, Eli M. Remolona, Philip Wooldridge. The Price Impact of Rating Announcements: Which Announcements Matter? [J]. BIS Working Papers, 2006(207): http: //www. bis. org/publ/work207. pdf

42. Nicholls, Christopher. Public and Private Uses of Credit Ratings, Credit Rating Agencies: Need for Reform in Canada?. 2005.

43. Norden, L. M. Weber. Informational Efficiency of Credit Default Swap and Stock Markets: the Impact of Credit Rating Announce-ments[J]. Journal of Banking & Finance, 2004, 28 (11): 2813-2843.

44. Partnoy, Frank. The Siskel and Ebert of Financial Markets?: Two Thumbs Down for the Credit Rating Agencies[J]. Washington University Law Quarterly, 1999, 77 (3): 619-714.

45. Partnoy, Frank. How and Why Credit Rating Agencies are Not Like Other Gatekeepers, in Yasuyuki Fuchita, and Robert E. Litan, eds., Financial Gatekeepers: Can They Protect Investors?. 2006: 59-102.

46. Partnoy, Frank. Overdependence on Credit Ratings was a Primary Cause of the Crisis FEEM Working Paper, 2009(27).

47. Partnoy, Frank. Rethinking Regulation of Credit Rating Agencies: An Institutional Investor Perspective[J]. San Diego Legal Studies Paper, 2009(9, 14).

48. Partnoy, Frank. Barbarians at the Gatekeepers, 79 Wash. U. L. Q. 491 (2001).

49. Perraudin, William R. M., Alex P. Taylor. On the Consistency of Ratings and Bond Market Yields[J]. Journal of Banking & Finance, 2004, 28 (11): 2769-2788.

50. Pollock, Alex J. End the Government-Sponsored Cartel in Credit Ratings[J]. American Enterprise Institute for Public Policy Research, 2005.

51. Poon, Winnie P. H., Michael Firth. Are Unsolicited Credit Ratings Lower? International Evidence From Bank Ratings [J]. Journal of Business Finance & Accounting, 2005, 32 (9, 10): 1741-71.

52. Rajeshwer, Sharath Jutur. Credit Rating Agencies-Emerging Issues, 2005.

53. Rating the Rating Agencies[J]. The Economist, 2007(5).

54. Rousseanu, Stephane. Enhancing the Accountability of Credit Rating

Agencies: the Case for a Disclosure-based Approach [J]. McGill Law Journal, 2006, (12).

55. Rousseau, Stephane. Enhancing the Accountability of Credit Rating Agencies: The Case for a Disclosure-Based Approach [J]. Credit Rating Agencies: Need for Reform in Canada?, 2005.

56. Rutherfurd, John. Comments on Proposed Rules on Rating Agencies. http: //www. sec. gov/comments/s7-04-07/lclucido1705. pdf. [2007-3-8].

57. S&P. Corporate Ratings Criteria. www. corporatecriteria. standardand-poors. com.

58. Schwarcz, Steven L. The Role of Rating Agencies in Global Market Regulation, in Eilís Ferran, and Charles A. E. Goodhart, eds., Regulating Financial Services and Markets in the Twenty First Century. 2001: 297-309.

59. Schwarcz, Steven L. Private Ordering of Public Markets: The Rating Agency Paradox [J]. University of Illinois Law Review, 2002(1): 1-28.

60. SEC (Securities and Exchange Commission). Definition of Nationally Recognized Statistical Rating Organization [J]. Federal Register, 2005, 70 (78): 21306-21323.

61. Sinclair, Timothy J. The New Masters of Capital: American Bond Rating Agencies and the Politics of Creditworthiness. 2005.

62. Smith, Roy C., Ingo Walter. Rating Agencies: Is There an Agency Issue?, in Richard M. Levich, Giovanni Majnoni, and Carmen M. Reinhart, eds., Ratings, Rating Agencies and the Global Financial System. 2002: 289-318.

63. Sylla, Richard. A Historical Primer on the Business of Credit Rating, in Richard M. Levich, Giovanni Majnoni, and Carmen M. Reinhart, eds., Ratings, Rating Agencies and the Global Financial System. 2002: 19-40.

64. TBMA (The Bond Market Association). Rate the Raters. Investors' and

Issuers' Polls[J]. Rating Industry Day, 2006.

65. Timothy E. Lynch. Deeply and Persistently Conflicted: Credit Rating Agencies in the Current Regulatory Environment, 59 Case W. Res. 227: 230-304.

66. US Senate (Senate Committee on Governmental Affairs). Financial Oversight of Enron: The SEC and Private-Sector Watchdogs[J]. Report of the Staff, 2002.

67. West, Richard R. Bond Ratings, Bond Yields and Financial Regulation: Some Findings[J]. Journal of Law & Economics, 1973, 16: 159-168.

68. White, Lawrence J. The Credit Rating Industry: An Industrial Organization Analysis, in Richard M. Levich, Giovanni Majnoni, and Carmen M. Reinhart, eds., Ratings, Rating Agencies and the Global Financial System. 2002: 41-65.